LA SCIENCE

DE

LA LÉGISLATION.

TOME III.

LA SCIENCE DE LA LÉGISLATION,

LIVRE TROISIEME.

Des lois Criminelles.

PREMIÈRE PARTIE.

De la Procédure.

CHAPITRE PREMIER.

INTRODUCTION.

LES lois politiques et économiques, dont nous venons de parler, ont pour objet la *conservation des citoyens*. Les lois criminelles ont pour objet leur *tranquillité*. Il est inutile de prescrire aux hommes tout ce qu'ils doivent faire, et de leur défendre tout ce qu'ils ne doivent pas faire; il faut que l'intérêt personnel devienne la sanction de la loi. L'intérêt de chaque homme est d'aspirer au bien, et de s'éloigner du mal. L'espérance et la crainte sont donc les fondemens inébranlables des lois? La Législation criminelle ne doit employer que cette dernière affection de l'ame: les peines qu'elle prononce effraient celui qui seroit tenté de désobéir aux lois, et protègent ainsi la tranquillité des autres citoyens. Or cette *tranquillité* est ce qu'on appelle *liberté civile*, seule liberté qui puisse se concilier avec l'état social.

Mais ce ne sont pas seulement les peines établies contre les délits, qui rendent la Législation criminelle propre à inspirer cette liberté précieuse. Si les lois ne protègent pas l'innocence contre la calomnie; si, dans le même tems qu'elles ôtent tout espoir d'impunité à celui qui est véritablement coupable, elles ne garantissent pas l'innocent des attaques d'un calomniateur déterminé; alors elles deviendront une arme également redoutable, et pour le citoyen pervers qui desire de violer les droits d'autrui, et pour l'honnête homme qui les respecte. Au milieu du vain spectacle des supplices, le public, tourmenté par la défiance et la pitié, demandera si celui qu'on immole est innocent ou coupable. Loin de goûter cette joie pure et tranquille qu'inspire la protection des lois au moment qu'elles exercent leur empire, le spectateur éprouvera cette terreur secrète, qui nait de la crainte d'en être abandonné.

La Législation criminelle doit donc inspirer de l'effroi au méchant, et de la sécurité à l'innocence.

Malheureusement pour l'Europe, les lois criminelles, chez la plupart des nations, ne tendent ni à l'un ni à l'autre de ces objets. Les vices de la procédure criminelle, le mélange monstrueux des principes de la jurisprudence romaine, avec ceux de la Législation de nos barbares ancêtres, du systême féodal et des lois canoniques, principes en partie abolis, en partie subsistans; des maximes contraires à la liberté de l'homme, et destructives de tous les droits du citoyen, nées dans des circonstances où le besoin et l'ignorance pouvoient, sinon les rendre légitimes, au moins les excuser, adoptées ensuite, comme autant de règles de jurisprudence, dans les tribunaux où les erreurs et les préjugés se transmettent et se conservent, comme des fidéicommis qui passent, dans la même famille, de générations en générations ; enfin la scholastique, que la philosophie d'Aristote, commentée, ou, pour mieux dire, altérée par les Arabes, et portée par les Sarrasins en Palestine et en Espagne, introduisit dans la religion et dans la politique, et qui, inondant l'Europe, enveloppant tous les esprits, sacrifiant la réalité des choses à une nomenclature puérile, embrouilla toutes les idées de religion et de lois par des distinctions infinies ; et par tout cet appareil de subtilités métaphysiques, qui ne servoient qu'à montrer la sagacité de l'esprit humain, dans le moment même où il abuse de ses forces : telles sont les causes qui ont contribué à obscurcir la procédure criminelle, cette partie de la Législation qui devoit être la plus simple et la plus claire de toutes. Aussi l'on peut assurer qu'il n'est point de délit, quelque évident qu'il soit, qui ne puisse, à l'aide de cette méthode absurde et compliquée, demeurer impuni ; et qu'il n'est point d'homme honnête, quelque certaine que soit son innocence, qui puisse être sûr de n'être pas inquiété.

Les deux objets généraux de la Législation criminelle sont de trouver d'abord une forme de procédure très-simple, et ensuite d'examiner quelles peines on doit établir contre les différentes espèces de crimes, en proportionnant ces peines à la *qualité* et à la *gravité* des délits, c'est-à-dire, à toutes ces circonstances qui les rendent plus ou moins dangereux (1). Quelques mains bienfaisantes ont porté la lumière dans cette partie de la Législation qui concerne les *peines*. Les applaudissemens du public, des réformes salutaires, produites dans quelques Etats par l'instruction qu'elles ont répandue, les bénédictions de ce petit nombre d'hommes qui s'intéressent au bonheur de leurs semblables, ont couronné les écrits et récompensé les travaux de ces défenseurs de l'humanité (2) : mais l'autre partie de la Législation criminelle, la plus difficile et la plus intéressante à-la-fois, est demeurée dans son ancienne obscurité. Vainement on s'est élevé, d'un bout de l'Europe à l'autre, contre l'irrégularité de la procédure criminelle ; ce murmure universel n'a pas encore fait naître une forme que l'on puisse substituer à l'ancienne méthode. La philosophie a attaqué

---

(1) On saisira ces expressions dans toute leur étendue, lorsqu'on lira la seconde partie de ce livre.

(2) Lorsque le lecteur sera parvenu à la seconde partie de ce livre, il appercevra toute l'immensité de l'espace qu'il restoit encore à parcourir. L'ai-je parcouru ? Le lecteur en jugera.

quelques-uns des abus les plus dangereux de ce système ; mais elle n'a pas encore osé le combattre dans toutes ses parties : ainsi, presque tous les efforts de la raison sont devenus inutiles. Un système dont l'ensemble est vicieux, crée nécessairement des vices de détail. Le désordre s'accroît, lorsqu'on veut corriger ceux-ci, sans toucher à l'ensemble.

Renonçons donc à ces réclamations partielles ; parcourons le système de la procédure criminelle dans toute son étendue, et examinons-en soigneusement chaque partie. En montrant à l'homme honnête et paisible le fer qui est suspendu sur sa tête, offrons-lui aussi le bouclier impénétrable qui doit l'en garantir. Au détail des maux, joignons le tableau des remèdes. Dans ce travail, plus difficile à exécuter que le premier, soyons de bonne foi avec nous-mêmes. Efforçons-nous de surmonter tous les obstacles qui se présentent, et ne dissimulons pas ceux que nous n'aurons pas surmontés ; faisons ensorte que le lecteur connoisse toute notre force et toute notre foiblesse ; découvrons-lui les défauts les plus secrets de notre plan, si nous n'avons pu parvenir à les écarter ; mais ne recourons pas à l'adresse, ou à la mauvaise foi avec laquelle quelques écrivains superficiels cherchent à faire illusion à leurs lecteurs, plutôt qu'à les instruire ; ne travaillons à convaincre les autres, qu'après que nous serons nous-mêmes convaincus ; portons nos regards sur la Législation de tous les peuples et de tous les tems. Si la raison nous guide dans cet examen, nous pourrons trouver, même dans des lois vicieuses. les germes des bonnes lois. Consultons donc l'antiquité, et voyons si, parmi ces fragmens de la procédure criminelle des Grecs, des Romains, et des nations les plus éclairées, qui sont parvenus jusqu'à nous, nous trouverons quelque loi juste qui puisse être appropriée à l'état actuel des choses ; voyons si la contradiction qui existe entre la méthode des anciens et la nôtre, est l'ouvrage de la nécessité ou des abus ; si ces deux méthodes opposées pourroient se combiner entr'elles, de manière que l'une donnât a l'autre une nouvelle force. Profitons des lumières que nous offre le code criminel d'une nation célèbre de l'Europe, code qui, tout imparfait qu'il est, comme les autres, par rapport à la partie pénale, est véritablement admirable dans tout ce qui concerne la procédure ; examinons, en un mot, tout ce qu'on a fait autrefois, et tout ce qu'on fait aujourd'hui, afin d'apprendre en même tems tout ce qu'on devroit faire pour soustraire, autant qu'il est possible, l'innocent à l'effroi, le coupable à l'espérance, et le juge à l'empire de sa volonté.

Afin d'exécuter plus facilement ce projet, afin de mettre dans mes idées cet ordre et cette clarté qui doivent être inséparables de toute discussion politique, je diviserai en six parties la procédure criminelle. La première aura pour objet l'accusation; la seconde, la notification à l'accusé, et la sûreté de sa personne; la troisième, les preuves et les indices du délit; la quatrième, la répartition des fonctions judiciaires, et le choix des juges du fait; la cinquième, la défense de l'accusé; la sixième, le jugement.

Commençons par l'accusation (1).

---

(1) Je prie le lecteur de ne point s'effrayer à l'aspect des notes considérables qu'il trouvera dans cette partie de mon ouvrage. Les reproches d'ailleurs assez raisonnables, que les érudits font aux ouvrages des modernes, en les accusant de négliger avec dédain toutes les citations qui pourroient constater la vérité de leurs opinions, m'ont déterminé à ce travail. Celui qui voudra m'en croire sur ma simple assertion, pourra se dispenser de lire ces notes, qui ne sont destinées qu'aux lecteurs difficiles et soupçonneux : il suivra plus facilement, par ce moyen, le cours de mes idées.

CHAPITRE II.

Première Partie de la Procédure Criminelle.

De l'accusation judiciaire chez les Anciens.

La liberté, ou, pour mieux dire, le droit d'accuser, a toujours été une des prérogatives du droit de cité chez un grand nombre de nations, et pendant plusieurs siècles. L'intérêt commun que tous les membres d'une société ont à la conservation de l'ordre public, par conséquent à voir observer les lois, diminuer les crimes, et effrayer les méchans ; cet intérêt commun a fait croire, aux législateurs les plus éclairés, qu'on ne pouvoit refuser à un citoyen le droit d'en accuser un autre. Cette opinion, conforme à tous les principes sociaux, fut adoptée par les Hébreux (1), les Egyptiens (2), les Grecs (3), et les Romains (4).

Chez ces peuples, la tranquillité publique

---

(1) Deuteronom. XIX, 17 et XXV, 1. Sigonius, *de repub. Hebræor*, lib 6. cap 7, prouve évidemment que chez les Hébreux on ne connoissoit, dans les jugemens criminels ordinaires, d'autre manière de procéder que *l'accusation* : il nous a conservé la formule par laquelle l'accusateur intentoit sa plainte, et désignoit la peine qu'il croyoit devoir être infligée à l'accusé. *Judicium mortis est viro huic, quia hoc aut illud fecit.* Ibid. lib. 6, cap. 4 et 5.

(2) Non-seulement, chez les Egyptiens, l'accusation étoit permise à tout le monde; on y étoit encore obligé expressément pour certains délits. Si, par exemple, quelque personne, témoin d'un homicide, ne venoit pas en accuser l'auteur devant le magistrat, elle étoit punie. Voy. Diodore, lib. 1, pag. 88.

(3) Voy. Lucien, *de non temere credendo calumniæ;* trad. de Melanckton, tom. 1, pag. 818. Maxime de Tyr, dissertat. 38. *Tomasius, dissertat. de orig. process. inquisit.* La liberté de l'accusation entroit encore dans le plan de la célèbre Législation de Platon. Voy. dans son Traité de *legibus*, le dialog. 11, où il parle de l'homicide, du parricide, des faux témoins et des plaideurs turbulens; et le dialog. 12, où il parle de la peine qu'on doit infliger à l'accusateur qui n'avoit pas pour lui la cinquième partie des suffrages, etc.

(4) *Leg.* 8, ff. *de accusat.* Dans cette loi et dans les suivantes, on voit à quelles personnes, par une

et la sûreté particulière étoient garanties par l'inspection réciproque des citoyens, et par les peines rigoureuses établies contre les calomniateurs. D'un côté, la liberté d'accuser permettoit difficilement au coupable de cacher son crime : l'impunité étoit rare, les délits étoient moins communs. De l'autre, la sévérité avec laquelle la calomnie étoit punie, assuroit la tranquillité de l'innocent, et épouvantoit celui qui auroit été tenté de la troubler. Alors un bras mercenaire n'entraînoit pas dans le fond d'un cachot, sur l'indice le plus léger, un citoyen honnête ; on ne violoit pas tous les droits de l'homme, sous des prétextes frivoles. L'accusateur devoit être bien sûr du délit qu'il dénonçoit, puisque la calomnie de l'accusation faisoit retomber sur sa tête toute la rigueur de la loi. Cette accusation étoit publique ; elle étoit intimée à l'accusé ; elle étoit accompagnée des promesses les plus terribles. Pendant toute la durée de la république,

---

exception de la règle générale, il n'étoit pas permis de former une accusation : nous l'observerons dans peu. Je ne rapporte point ici les délits dont la dénonciation n'appartenoit qu'aux parties offensées ; ces délits sont connus. Voy. *Sigonius, de judiciis, lib.* 2, *cap.* 11.

et dans les beaux jours de l'empire, le Romain qui formoit une accusation, devoit promettre de ne point la retirer avant que le juge eût rendu sa sentence (1); et s'il étoit convaincu de calomnie, il subissoit la peine du talion (2) : c'étoit lui qui devoit donner

---

(1) *Leg.* 7, *princip. et* §. 1, *ff. de accusat.* Il ne suffisoit pas que l'accusateur promît de ne point retirer son accusation, il falloit encore qu'il offrît des cautions de cette promesse. *Leg.* 3, *cod. qui accusare non possunt; et leg.* 1 *et* 2, *cod. ad senatusconsult. Turpil.* L'objet de cette loi étoit d'empêcher les calomnies et la prévarication; car si l'accusateur eût pu se retirer avant le jugement, ou transiger avec l'accusé, il auroit éludé la peine établie par la loi contre les calomniateurs. Une loi des Athéniens exigeoit aussi, par la même raison, une pareille promesse de l'accusateur, comme nous le verrons plus bas. Si l'accusation tomboit sur un délit capital, il ne suffisoit pas que l'accusateur offrît sa promesse et sa caution; les lois romaines ordonnoient qu'il se constituât prisonnier, à moins que ses emplois ne le missent à l'abri de tout soupçon de fuite. Voy. *leg.* 2, *cod. de exhib. reis, et leg. ult. cod. de accusat.*

(2) *Leg.* 2, *cod. exhib. et transmit. reis.* Voici la formule par laquelle l'accusateur se soumettoit à la peine du talion. *Ego ille adversum te in rationibus publicis adsisto. Si te injuste interpellavero, et victus exinde apparuero, eadem pœna, quam in te vindicare pulsavi, me constringo, atque conscribo partibus tuis esse damnandum; et pro rei totius firmi-*

les preuves du délit, et leur insuffisance opéroit la justification de l'accusé (1). L'absolution de celui-ci produisoit d'ordinaire la ruine de l'accusateur. A peine le préteur avoit-il prononcé cette formule épouvantable, par laquelle il déclaroit l'accusation calomnieuse, que l'accusateur subissoit le châtiment que la loi avoit destiné au délit

tate manu propria firmo, et bonorum virorum judicio roborandum dabo. Voyez les formules de Brisson, liv. 5. Je prie le lecteur de se rappeler que j'ai dit que cette méthode salutaire subsista à Rome pendant toute la durée de la République et dans les beaux jours de l'Empire. On sait, en effet, qu'il exista un tems où ces lois étoient tombées en désuétude. La maxime atroce de Sylla, qu'il ne falloit point punir les calomniateurs, fut adoptée par les tyrans de Rome. Les récompenses qu'on accordoit aux délateurs dont parle Tacite (*Annal.*) et Cicéron (*Orat. pro Roscio*), et le nom même de *quadruplator, sectator*, etc., nous montrent l'altération qu'avoit éprouvée à Rome, dans certaines circonstances, cette partie de la Législation. Mais sous le règne de quelques empereurs plus honnêtes, on vit réclamer l'observation des lois anciennes, et établir de nouvelles lois contre la calomnie. On sait tout ce que firent, à cet égard, Titus, Nerva, et Trajan. Voy. Pline, *in Panegyric. Traj.* Suétone, *in Vita Vespasiani*; et Pollet *histor. fori roman.*, *lib.* 4, *cap.* 2.

(1) *Leg.* 4, *cod. de edendo.*

dont il avoit accusé un homme innocent. À la peine du talion se joignoit celle de l'infamie (1). La loi Remmia ajouta une nouvelle peine à l'ancienne, pour assurer plus fortement la liberté civile (2); que l'offensé fût

(1) Si, après le jugement qui déclaroit l'accusé absous, le Préteur disoit à l'accusateur, *non probasti*, celui-ci n'étoit soumis à aucune peine; il devoit seulement payer les frais du procès. (*Argument. leg. 3, cod. de his qui accus. non poss.*) Mais s'il prononçoit cette terrible formule, *calumniatus es*, alors il étoit déclaré infame par l'édit du Préteur; (*Leg. 1, ff. de his qui non infam.*) et il étoit en même tems condamné à la peine du talion. (*Leg. non potius, 7, et leg ult. cod. de calumn.*) La peine du talion contre le calomniateur est très-ancienne. Diodore (lib. 1, pag. 88, 89) dit qu'elle étoit établie depuis long-tems chez les Egyptiens. Denis d'Halicarnasse nous offre une preuve de l'ancienneté de cette peine, non-seulement chez les Romains, mais même dans les autres villes du Latium. Voy. ses *antiquités romaines, liv. 4*, où il parle de la calomnie tramée contre Turnius Erdonius Latinus, par Tarquin le Superbe, dans une assemblée des villes du Latium. Il est certain que les lois des douze tables prononçoient la même peine. Voy. *Pollet, hist. fori romani, lib. 4, cap. 5.*

(2) Voyez Cujas, *in leg. 1. ad senatuscons. Turpil.* Je n'ignore pas que les uns ont appelé cette loi *Memia*, les autres, *Mummia*, et *Rhemmia*. Quant à moi, je me suis servi du nom que lui donnent les

lui-même accusateur, que ce fût le magistrat, la calomnie manifeste ne demeuroit jamais impunie. La loi oublioit alors toutes les exceptions établies en faveur de l'un et de l'autre; elle condamnoit au talion et à l'infamie, l'accusateur de mauvaise foi (1). Non contente des menaces terribles par les-

éditions ordinaires des Pandectes. (*Leg.* 1. §. 1. *ff. ad S. C. Turpil. leg.* 13, *ff. de testibus.*) Cette loi ordonnoit qu'outre la peine du talion, on imprimât, avec un fer chaud la lettre K sur le front du calomniateur. Je n'entrerai point ici dans de grandes discussions, pour savoir si la lettre qu'on imprimoit étoit un C, un D ou un K; je laisse aux commentateurs ces recherches minutieuses. Voyez ce qu'a écrit, à ce sujet, Henri Brencman, dans deux traités dont l'un est intitulé : *Lex Rhemmia, sive de legis Rhemmiæ exitu, liber singularis*; et l'autre : *Fata calumniatorum sub Imperatoribus* : ils sont insérés dans le *Trésor de droit* d'Evrard Oston. Voyez encore le savant commentaire du jurisconsulte *Bernardo de Ferrante*, sur cette loi.

(1) Voy. *Anton. Mathæ. ad lib.* 48, *ff. tit.* 17, *cap.* 3, §. 5, 6, 7 *et* 8. Ce célèbre jurisconsulte concilie l'antinomie apparente qu'on trouve sur cet objet, entre la loi 2, *cod. de his qui accus. non possunt*; la loi 2, *cod de his qui ut indig*; la loi 14, *ff. ad leg. Jul. de adult.*; et les lois 2 et 4, *cod. de calumn.*; *leg.* 30, *cod. ad leg. Jul. de adult.*; *et leg.* 37, *ff. de minor.*

quelles elle avoit voulu éloigner les citoyens de ce délit destructeur de la sûreté publique, elle eut recours à un moyen propre à en rendre le succès plus difficile. L'accusé étoit autorisé, par la loi, à donner à l'accusateur un garde qui devoit suivre tous ses pas, et s'assurer de la manière dont il cherchoit à soutenir la vérité de son accusation (1); il avoit droit d'assister à tous ses discours, soit qu'il parlât à ses juges, soit qu'il s'entretînt avec les témoins. Cet inspecteur, dit Plutarque, étoit tellement attaché à la personne de l'accusateur, que celui-ci ne pouvoit penser, en quelque sorte, sans que l'autre en fût instruit (2).

A ce moyen direct, qui, d'un côté, épouvantoit l'accusateur de mauvaise foi, et de l'autre rassuroit l'accusé, les lois romaines ajoutèrent d'autres moyens indirects, propres à prévenir la calomnie, plutôt qu'à la punir; elles interdisoient le droit d'accuser, aux personnes suspectes, ou par leur sexe, ou par leur âge, ou par la bassesse de leur caractère, ou par leur indigence, ou

(1) Pollet, *hist. fori romani, lib. 4, cap. 7.*

(2) Voy. Plutarque, dans la vie de Caton d'Utique, et dans le traité, *de la manière dont on peut profiter de l'adversité.*

par

par leur mauvaise foi, ou par leur autorité; les femmes (1), les pupilles (2) les esclaves (3), les personnes devenues infâmes par le crime ou par leur profession (4); ceux qui, pour quelque délit dont ils avoient été

---

(1) *Lèg.* 1, 2 *et* 8, *ff. de accusationib. leg.* 4, 5, 9, 14, *cod. qui accus. non poss.*; *leg.* 19, *cod. ad. leg. Cornel. de fals.* On voit, par ces lois, que les femmes n'avoient le droit d'accuser que lorsqu'il s'agissoit de poursuivre la réparation d'une injure personnelle, ou relative à leur famille : elles avoient encore le pouvoir d'accuser, lorsqu'il s'agissoit d'un délit qui intéressoit toute la république. *Leg. in quœstionib.* 8, *ff. ad leg. Jul. majest.*; *leg.* 13, *ff. de accusationib.*; *leg. ult.* §. *ult. ff. ad leg. Jul. de annot.*

(2) *Leg.* 2 *et* 8, *ff. de accusationib.*

(3) Les esclaves ne pouvoient accuser personne; mais lorsqu'il s'agissoit des délits *de fraudata annona*, *de fraudato censo*, de fausse monnoie, ou de lèze-majesté, ils pouvoient accuser même leur maître. Voy. *leg.* 7, §. 2, *ff. ad leg. Jul. majest. et leg.* 53, *ff. de judiciis.* Ils pouvoient encore accuser celui qui avoit tué leur maitre. *Leg.* 1, *cod. de precibus Imperatori offerendis.* Il leur étoit aussi permis d'accuser leur maitre, s'il avoit supprimé les tables du testament dans lesquelles on ordonnoit leur liberté. *Leg.* 7, *ff. ad leg. Cornel. de fals.*

(4) *Leg.* 4 *et leg.* 8, *ff. de accusat.*

accusés, étoient encore *sub judice* (1); ceux qui étoient condamnés à une peine qui les privoit, ou de la patrie, ou de la liberté, ou de l'estime publique (2); ceux qui avoient, en même tems, accusé deux autres personnes, ou qui avoient reçu de l'argent pour accuser ou pour ne pas accuser (3); ceux qui ne possédoient pas une somme déterminée par la loi (4); ceux qui avoient été condamnés, dans un jugement public, comme calomniateurs, prévaricateurs, ou faux témoins (5); enfin les magistrats et tous ceux qui exerçoient quelque charge (6), ne pouvoient être accusateurs que dans les délits qui intéressoient tout le corps de la république, qui attaquoient leur personne ou leurs parens (7).

---

(1) *Leg.* 19, *cod. qui accus. non poss.*; *leg.* 9, §. 2, *ff. de accusat.*

(2) *Leg.* 5, *ff. de public. judic.*

(3) *Leg.* 8, *ff. de accusat.*

(4) *Leg.* 10, *ff de accusat.*

(5) *Leg.* 4 *et leg.* 9, *ff. de accusat.*

(6) *Leg.* 8, *ff. de accusat.*

(7) Voyez les lois citées et surtout *la loi* 11 *et* 13 *ff. de accusat.* Il est question des délits de majesté. Ces sages établissemens, au rapport de Plutarque, firent de l'accusation une action très-honorable chez les Romains : *Id accusandi studium, vel*

Il y a plus ; si pour prévenir la calomnie on privoit quelques personnes du droit d'accuser, on donnoit à d'autres personnes le droit de n'être point accusées. Les magistrats, les députés, et tous ceux qui, pour l'intérêt de l'Etat (*Reipublicæ causâ*), étoient loin de la patrie, ne pouvoient être accusés des délits commis avant leur départ (1) ; la loi ne vouloit pas donner à un ennemi le pouvoir de profiter de leur absence pour les calomnier ; elle ne vouloit pas que la condition de l'accusateur fût plus favorable que celle de l'accusé, et que les magistrats jugeassent un homme qui ne pouvoit se défendre lui-même.

C'est par un motif aussi raisonnable, que le père ne pouvoit être accusé criminellement par son fils (2), le patron par l'affranchi (3),

---

sine privata occasione haud ignobile videbatur ; quin imo plurima delectatione eos mirari laudareque juvenes consuevere, quos scelestis, ac flagitiosis hominibus ceu feris generosos catulos, acerrime cernerent incumbentes. (*Plutarch. in Lucull.*)

(1) *Leg. hos accusare*, 12, *princip. ff. de accusat. leg.* 15, *ff. ad leg. Jul. de adul.* Voy. encore Valère Maxime, *lib.* 3, *cap.* 7.

(2) *Leg.* 11, §. 1, *ff. de accusat.*

(3) *Leg.* 8, §. *ult. ff. de accusat.*, *et leg.* 21, *cod. qui accusar. non poss.*

le frère par son frère (1), le mari par sa femme (2), la mère par son fils (3), le père de famille par celui qui habitoit dans sa maison (4), ou qui avoit été élevé au sein de sa famille (5). La loi voyoit un accusateur suspect dans celui qui ne savoit pas respecter les liens du sang, ou les devoirs sacrés de la reconnoissance.

Enfin la loi fixoit le tems où toute accusation devoit être prescrite : c'est par cette disposition qu'elle mettoit le dernier sceau à la tranquillité du citoyen. Si, pour garantir la propriété, il avoit fallu établir une prescription dans les actions civiles, il étoit juste, pour assurer la vie, l'honneur, et la liberté du citoyen, d'établir aussi une prescription dans les actions criminelles. Rien n'est plus difficile que de se défendre d'une

---

(1) *Leg. si magnum*, 13; *leg. si sororem*, 18, *cod. qui accus. non poss.* La loi parle des délits un peu graves.

(2) Elle pouvoit seulement l'accuser d'adultère, lorsque le mari avoit formé contre elle la même accusation. *Leg.* 13, §. 5, *ff. ad leg. Jul. de adult. leg.* 2, §. 5, *ff. eodem; leg.* 1, *cod. eodem.*

(3) *Leg.* 5, *cod. ad leg. Corn. de fals.*

(4) *Leg. pen. cod. qui accus. non poss.*

(5) *Leg. iniquum* 17, *cod. qui accus. non poss.*

accusation formée un grand nombre d'années après le crime. Le tems, en effaçant le souvenir des circonstances qui ont accompagné le délit, ôte à l'accusé tous les moyens de s'en justifier, et offre, à un calomniateur déterminé, le voile qui doit couvrir ses impostures. Ces réflexions n'échappèrent point aux sages législateurs de Rome; ils établirent une prescription dans les accusations criminelles. Elle étoit de vingt ans pour quelques délits, de cinq, de deux, et d'un an pour quelques autres (1).

Ce ne sont pas là toutes les dispositions des lois romaines, relativement aux accusations publiques. Si la tranquillité particulière exigeoit qu'on employât tous ces moyens pour prévenir les calomnies, la tranquillité publique exigeoit qu'on employât encore d'autres moyens pour empêcher la prévarication des accusateurs. Les législateurs romains virent que la collusion entre l'accusateur et l'accusé pouvoit rendre inutile la ri-

---

(1) *Leg. quærela* 12, *cod. ad leg. Corn. de fals.*; *leg.* 1, §. *præscriptio et seq. ff. de jure fisci.*; *leg.* 5 *et* 28, *cod. ad leg. Jul. de adult.*; *leg.* 29, §. *sex. mensium et seq. ff. eodem.*; *leg.* 1, §. *accusationem. ff. ad S. C. Turpill.* Voy. encore *Anton. Mathæus, in lib.* 48 *digesti*, *tit.* 19, *cap.* 4.

gueur des lois, et favoriser l'impunité du crime; ils sentirent que la liberté d'accuser pouvoit devenir un objet d'industrie dans les mains d'un accusateur vénal; qu'un citoyen pouvoit, ou vendre son silence à un coupable, ou, après l'avoir appelé devant le tribunal, cacher les preuves du délit, et lui procurer l'impunité par l'un ou l'autre moyen; ils virent que les richesses, le pouvoir, les rapports d'amitié ou d'intérêt pouvoient mettre un coupable à l'abri de la punition des lois. Pour prévenir de pareils désordres, ils ne se contentèrent pas d'établir les peines les plus sévères contre l'accusateur qui prévariquoit, ils rendirent encore la prévarication funeste à l'accusé lui-même. Si l'accusateur avoit transigé avec le coupable avant l'accusation, s'il en avoit reçu de l'argent ou des promesses, il étoit puni comme *concussionnaire* (1) : si la prévarication étoit postérieure à l'accusation, l'accusateur étoit encore puni; on continuoit l'instruction. Le magistrat prenoit la place de l'accusateur; et la loi considéroit, dès ce moment, l'accusé

---

(1) Voyez l'ouvrage de Noodt, intitulé, *Diocletianus et Maximianus, sive de pactione et transactione criminum. Lib. singularis*, cap. 12.

comme convaincu du délit par son propre aveu (1). L'accusateur étoit condamné à la même peine que la loi avoit prononcée contre le coupable qu'il avoit appelé en jugement: et à la peine du talion se joignoit celle de l'infamie (2).

A ce moyen direct les législateurs romains ajoutèrent un moyen indirect. Si plusieurs citoyens se présentoient comme accusateurs du même coupable, pour le même délit; alors le magistrat devoit donner la préférence à celui qui avoit un plus grand intérêt de l'accuser, ou qui méritoit une plus grande confiance (3): les autres accusateurs souscrivoient l'accusation; ils n'étoient pas obligés de comparoître en jugement, mais chacun d'eux avoit le droit de fournir à l'accusateur principal les preuves du délit et de surveiller sa conduite. Il sollicitoit lui-même, d'ordinaire, les secours des coaccusateurs; mais s'il leur cachoit ses démarches, si le magistrat le soupçonnoit de mauvaise foi, il l'o-

---

(1) *Leg.* 4, 20, 34, *ff. de jure fisci.*; *leg. ult. ff. de prævaricat.*, et Vinnius *tractat. de transact. cap.* 7, *num.* 24, et 25.

(2) *Leg. pen. ff. de prævaricat.*; *leg.* 1 *et leg.* 4, §. *pen. ff. de his qui notantur infamia.*

(3) *Leg.* 16, *ff. de accusat.*

bligeoit de rendre compte de tous ses procédés aux autres accusateurs; et non-seulement d'accepter leur adjonction, mais de se soumettre à leur surveillance (1).

Voilà de quelle manière on concilioit à Rome la liberté d'accuser avec la difficulté de calomnier ou de prévariquer, et l'accusation publique avec la tranquillité particulière; voilà comment on inspiroit de l'effroi au méchant et de la sécurité à l'innocence. Des moyens à-peu-près semblables produisoient les mêmes effets à Athènes. Les fragmens de la Législation de cette république célèbre, qui sont parvenus jusqu'à nous, nous montrent assez quel étoit, chez les Athéniens, le systême de l'accusation judiciaire. Un auteur célèbre, qui nous a transmis une partie des lois et des mœurs de ce peuple, en nous traçant la vie de ses législateurs, rapporte une loi de Solon, par laquelle il

---

(1) *Asconius in divin. argum. Aul. Gell. lib.* 2, *cap.* 4. *Cicer. Divinat. cap.* 16. Asconius, interprétant ce passage de Cicéron, *custodem Tullio me apponite*, croit que par ce mot, *custodem*, Cicéron ne vouloit pas exprimer le garde que l'accusé faisoit donner à l'accusateur, mais le coaccusateur qui, ayant souscrit la plainte, devoit surveiller l'accusateur à qui le magistrat avoit donné la préférence; il méritoit en effet le titre de garde.

étoit permis à chaque citoyen d'accuser celui qui avoit outragé un autre citoyen (1).

Une autre loi, rapportée par Démosthène, accordoit, dans certains cas, une récompense à l'accusateur (2); une autre loi, rapportée par Andocide, établissoit, à côté de cette liberté d'accuser et de ces récompenses, les peines les plus terribles contre la calomnie (3); une autre loi ordonnoit que l'accu-

---

(1) *Cuivis eum, qui alteri contumeliam intulerit, accusare permissum esto.* Plutar. in vita Solonis. A Athènes, comme à Rome, il y avoit des accusations publiques et des accusations particulières. Les premières appartenoient à tous les citoyens; les secondes, à ceux qu'on avoit offensés. Cette différence est clairement établie par Isocrate, *orat. de jugo.* Les accusations publiques se subdivisoient en sept classes ou espèces, dont chacune renfermoit un certain nombre de délits. Sigonius, dans son traité *de Republica Atheniensium, liber.* 3, *cap.* 1, a détaillé les différens délits qui appartenoient à chacune de ces accusations. Je ne puis en faire ici l'énumération; je me contenterai d'observer que, dans la plus grande partie des délits, l'accusation étoit publique. Voy. *Potter. archæolog. græc. lib.* 1, *cap.* 22.

(2) *Dodrans bonorum, quæ fisco cedunt, illius esto qui detulerit.* Demosth. in Theocrinem.

(3) *Indici vera indicanti, impune; sin falsa, capital esto.* Vid. Andocid. de mysteriis, et Isocrates in oratione de Antidosi.

sateur ratifieroit, avec serment, la promesse de ne point se désister de son accusation avant le jugement (1) : c'étoit là, comme nous l'avons observé, un moyen de prévenir la *calomnie* et la *prévarication*. Enfin la dernière loi relative à cet objet, est celle qui nous a été conservée par Philostrate : elle ordonnoit que l'accusateur qui n'avoit pas pour lui la cinquième partie des suffrages, paieroit une amende de mille drachmes (2).

Les lois que nous connoissons sur cette matière peuvent faire juger de celles que le tems nous a fait perdre : on peut encore présumer qu'une grande partie des lois romaines, dont je viens de parler, découloient de cette source. Dans une république, où l'objet le plus important de la loi étoit de défendre la liberté du citoyen, le législateur devoit s'occuper principalement du soin de régler l'accusation judiciaire. Il n'est donc

---

(1) *Accusator juramentum dato, se actionem prosecuturum*, etc. Voy. Demosth. in Midiam. Les Romains, comme nous avons observé, adoptèrent cette loi des Athéniens.

(2) Voyez Philostrate, liv. 1, Vies des Sophistes : vie d'Eschine. Cet orateur fut, comme l'on sait, condamné à cette amende, lorsqu'il accusa Ctesiphon. Démosthène (*in Aristocratem*) parle aussi de cette disposition des lois d'Athènes.

pas étonnant que nous trouvions à cet égard des lois si sages à Athènes et à Rome.

Mais qui le croiroit? Que l'on considère les codes des nations barbares, que l'on porte le flambeau de la philosophie dans cette multitude immense de réglemens; rien de plus bizarre, rien de plus absurde au premier aspect: mais que l'on réfléchisse un moment aux circonstances et aux siècles qui les ont vu naître, on verra que ces lois étoient combinées avec l'état de ces sociétés, avec la nature des gouvernemens, le caractère des peuples, leurs préjugés, leur ignorance; et les codes modernes de l'Europe qui nous sont connus, sont bien loin d'avoir avec nous des rapports semblables. On verra, dans la Législation de ces tems que nous nommons barbares, *l'accusation judiciaire* dirigée avec plus de sagesse et de justice qu'elle ne l'est aujourd'hui chez les peuples les plus éclairés de l'Europe. Le code des Visigots, l'édit de Théodoric, le code des Lombards, celui des Allemands, la loi Salique, les capitulaires de Charlemagne et de Louis le Débonnaire, nos constitutions de Fréderic; tous ces recueils de lois sont pleins de dispositions très-sages, relativement à cet objet.

J'ai examiné ces recueils avec la plus grande attention, et je n'en ai trouvé aucun où le droit d'accuser fût interdit aux citoyens (1); dans tous, au contraire, on s'est attaché à étendre la liberté d'accuser, et à rendre en même tems la calomnie difficile. Je vois partout la calomnie punie ou prévenue. Dans quelques-uns, le calomniateur passe au pouvoir de l'accusé, et est condamné au talion, comme à Rome (2); dans d'autres, l'accusateur est obligé de se constituer prisonnier, et de se soumettre à la même peine, lorsqu'il ne pourra prouver la vérité de son accusation (3). Ici, il est exposé à

---

(1) Ce n'étoit pas seulement un droit chez les Francs; c'étoit encore, dans certains cas, un devoir. Dans la collection des lois saliques, et particulièrement dans le pacte *pro tenore pacis dominorum Childeberti et Clotarii, Regum, cap.* 3, on punit comme un voleur celui qui, connoissant l'auteur d'un larcin, ne l'accuse pas. Dans les capitulaires de Charlemagne et de Louis le Débonnaire, il est défendu aux magistrats de juger, lorsqu'il n'y a point d'accusateur légitime. Voyez ces capitulaires, *lib.* 5, *cap.* 248, *de non judicando quemquam absque legitimo accusatore.* Voyez encore l'édit de Théodoric, *cap.* 20.

(2) Voyez le code des Visigots, *lib.* 6, *tit.* 1, *de accusationibus criminosorum, cap.* 6, *qualiter ad Regem accusatio deferatur.*

(3) Voyez le célèbre édit de Théodoric, *cap.* 13. Ce n'est pas dans le seul code des Visigots et dans

toute la fureur de l'accusé, auquel la loi accorde un droit barbare, il est vrai, mais qui effraie un accusateur de mauvaise foi (1); là, il est soumis à une amende plus considérable qu'aucune des peines pécuniaires dont tous les délits étoient punis dans ces codes (2). Ailleurs, je vois interdire toute accusation secrète (3); je vois défendre au juge de juger

---

l'édit de Théodoric qu'est établie la peine du talion contre le calomniateur; on la trouve aussi dans les capitulaires de Charlemagne et dans nos constitutions de Frédéric. Voyez les capitulaires, *lib. 6, cap. 329, de his qui innocentes apud Principem, vel apud alios accusaverint; et lib. 7, cap. 180, quod eamdem pœnam passurus sit accusator, si convincere accusatum non potuerit, quam reus passurus erat.* Voyez dans les constitutions de Sicile, la loi de Frédéric, et particulièrement *lib, 2, tit. 14, de pœna calumniæ contra calumniantes stabilita.*

(1) Code des Allemands, chap. 44.

(2) Il est ordonné, dans la loi Salique, que celui qui accusera quelqu'un d'un délit grave, et qui sera convaincu de mensonge, payera 200 sous, et 62 si le délit est peu important; peine très-rigoureuse, si on la compare aux peines prononcées par cette loi contre les autres délits. Voy. la loi Salique, *tit.* 20, §. 2.

(3) Voyez l'édit de Théodoric, *cap.* 50. *Occultis secretisque delationibus nihil credi debeat, sed eum, qui aliquid defert, ad judicium venire convenit, ut si, quod detulit non potuerit adprobare, capitali subjaceat ultioni.*

dans l'absence de l'une des deux parties, ou avant que l'accusé ait entendu, de la bouche de l'accusateur lui-même, ce qu'on a à lui reprocher, et qu'il ait répondu aux griefs de son accusateur (1). D'un côté, d'après l'usage de Rome et d'Athènes, l'accusateur est obligé à ne point retirer son accusation avant le jugement, afin que ce jugement puisse frapper sur lui, dans le cas où l'accusé seroit absous (2); d'un autre côté, on prive du droit d'accuser, ceux qui ont donné des preuves de leur mauvaise foi (3), ou qui, par l'abjection de leur état et par leurs délits, ne peuvent mériter la confiance de la loi (4); enfin il est défendu au juge de rece-

(1) Capitul. de Charlemagne et Louis, *lib.* 7, *cap.* 145 et 168.

(2) Voyez les deux constitutions de Frédéric, dans le recueil des constitutions de Sicile, *lib.* 2, *tit.* 13 et 15.

(3) Voyez le code des Lombards, *lib.* 2, *tit.* 51, *de testibus*, § 8.

(4) Capitul. de Charlemagne et Louis, *liv.* 1, *cap.* 45, *de accusatione vilium personarum*; *lib.* 6, *cap.* 144, *de non credendo servo, si super dominum suum vel super alium liberum crimen injecerit*; et *lib.* 6, *cap.* 298, *de illis, qui quum diversis sceleribus implicati sunt, ad accusationem vel ad testimonium non admittuntur.*

voir l'accusation qu'un esclave porte contre son maître, ou un domestique contre le père de famille, ou un affranchi contre celui qui lui a accordé sa liberté (1).

Ce petit nombre de lois, extraites des codes des nations barbares, et beaucoup d'autres que je néglige de rapporter, me font naître une foule d'observations que je ne pourrois placer ici, sans perdre de vue l'objet de ce chapitre; je me contente d'avoir montré quel étoit le systême de l'accusation judiciaire chez un grand nombre de nations et pendant plusieurs siècles. Rapprochons-nous maintenant des tems modernes. Je porterai dans ce parallèle la plus grande impartialité, et je laisserai le lecteur former lui-même son opinion sur ce sujet.

---

(1) Dans l'exception faite par la loi en faveur du maître, du père de famille, et du *Patron*, étoient encore compris leurs enfans. Voy. l'édit de Théodoric, chap. 48 et 49.

CHAPITRE III.

De l'accusation judiciaire chez les modernes.

Un concours de différentes causes dont la plus grande partie doit son origine à la superstition et au despotisme, a donné, presque chez toutes les nations de l'Europe, une nouvelle forme à cette branche de la procédure criminelle. L'histoire en seroit trop longue à décrire ; je me contenterai d'observer l'état où elle se trouve (1).

On a vu qu'autrefois l'accusation faisoit partie des droits de la cité. Aujourd'hui le citoyen a perdu cette prérogative ; il ne peut accuser que la personne dont lui ou ses proches parens ont reçu quelque offense ; il ne peut, dans plusieurs Etats, demander autre chose que la réparation du tort qu'il

(1) Voyez Thomasius, dans sa dissertation *de origine processus inquisitorii ;* et Bohemer, dans l'ouvrage intitulé, *Jus Ecclesiasticum Protestantium, lib.* 5, *tit.* 1, §. 80 *et seq.*

a souffert (1). Une personne publique est établie par la loi pour suivre les coupables et en requérir la punition ; le juge doit chercher et découvrir le véritable auteur du délit, xaminer les circonstances qui l'ont accompagné, et poser lui-même les fondemens de la procédure.

Cette opération se fait dans le secret ; elle est, en grande partie, confiée aux mains vénales des ministres subalternes du juge, qui ne pourroit, sans eux, remplir l'objet de sa commission.

Autrefois tout étoit public. Dans la Grèce, à Rome, chez les barbares eux-mêmes, l'accusateur formoit son accusation en présence de l'accusé (2) ; les témoins faisoient leurs dépositions devant lui ; l'accusé, interrogé par le juge en face de l'accusateur et des témoins, répondoit à tous à-la-fois ; il les interrompoit dans leurs récits, il leur faisoit des questions, il disputoit avec eux ;

---

(1) C'est pour cette raison que l'on appelle, en France, la partie offensée, *partie civile.*

(2) On peut voir encore dans les actes des Apôtres avec quelle précision les lois romaines ordonnoient que l'accusé vit l'accusateur, et que l'accusation fût prononcée devant lui. Actes des Apôtres, *chap.* 25, §. 2, *v.* 16; voy. *Cujas, lib.* 9, *tit. de quæst.*

il exposoit aux juges, et les motifs de récusation des témoins qui étoient suspects, et les exceptions qu'il pouvoit alléguer contre l'accusateur, et les preuves de son innocence (1). Chez les Romains, il pouvoit avoir

---

(1) On trouve, dans le corps de droit et dans les anciens Ecrivains, beaucoup de passages qui prouvent que l'accusé assistoit aux dépositions des témoins. *Leg. si postulaverit*, 27, §. *quæstioni*, *ff. ad leg. Jul. de adult.*; *leg.* 16, *et penult. cod. de testib. leg.* 18, *cod. de fid. instrum. novell.* 90, *cap. ult.* On ordonne, dans ce chapitre de la novelle 90, que les témoins ne pourront être entendus qu'en présence des deux parties.

On lit, dans un passage de Cicéron (*in orat. pro Flacco*), que l'art de l'orateur consistoit à bien interroger les témoins, et à leur faire des reproches lorsqu'ils obscurcissoient les faits qui pouvoient être utiles à son client, etc. Un passage d'Asconius (2, in Verr.) nous montre, qu'on ne pouvoit commencer de parler avant d'avoir interrogé les témoins, et qu'ils étoient interrogés par celui même contre lequel ils venoient déposer. Pline, liv. 3, épit. 9, dit : *Concipere animo potes, quam simus fatigati, quibus toties agendum, toties altercandum, tam multi testes interrogandi, sublevandi, refutandi.* On trouve le même fait dans Quintilien. (instit. orat. 7.) J'ai voulu rapporter toutes ces autorités, parce que les docteurs, interprétant mal ces paroles de la loi *nullum* 14, *cod. de testib. Testes intrare judicii secretum*, etc., croient que chez les Romains les dé-

encore auprès lui un avocat pour le conseiller et parler en son nom (1). Notre procédure est absolument contraire à celle-là. Si vous en exceptez l'Angleterre, où la procédure criminelle ressemble beaucoup à celle des Romains, chez toutes les nations, un secret mystérieux et arbitraire dirige les premiers pas de l'instruction. Que le délit parvienne à la connoissance du juge, par le rapport des préposés du gouvernement, par l'avis d'un dénonciateur, ou par l'accusation de la partie offensée, l'information est toujours secrète. Le citoyen sur lequel tombe, ou l'accusation de la partie, ou l'avis du

---

positions des témoins étoient secrètes : d'où il s'ensuivroit que c'est de là qu'est venu l'usage barbare, consacré dans la plus grande partie des tribunaux de l'Europe, de ne faire connoître à l'accusé que le serment prononcé par le témoin, sans lui communiquer sa déposition. Le mot *secretum*, qui a donné lieu à cette équivoque, signifie le tribunal du juge, dans cette loi, comme dans plusieurs autres où il est employé. *Intrare secretum*, pour dire, parler en secret, ne seroit pas une expression latine. Quant à ce qui concerne le système que l'on suivoit à cet égard dans les tems barbares, voyez ce qui a été dit dans le chapitre précédent ; voyez encore Beaumanoir, chap. 61, pag. 315.

(1) Voyez Pollet, *Histor. fori romani*, *lib.* 4.

dénonciateur, ou le soupçon du juge, ignore tout ce qu'on trame contre lui; et, s'il est innocent, il ne peut se défier de l'orage qui menace sa tête.

Si sa condition l'expose au soupçon de prendre la fuite, ou si le délit qu'on lui reproche est de quelque importance, un léger indice suffit pour le priver de sa liberté, de sa famille, de son honneur. On vient, à main armée, le surprendre, l'outrager, et le conduire dans un cachot où toute communication lui est interdite : c'est de cette manière qu'on lui apprend qu'il a été accusé ou calomnié. Mais il ignore encore, et il doit long-tems ignorer tout ce qu'on a projeté contre lui. Plusieurs semaines, plusieurs mois s'écoulent avant qu'il ait rien appris à cet égard. La multiplicité des affaires ne permet pas au juge de commencer tout de suite l'instruction de l'affaire; et quelquefois aux occupations de sa charge se joignent encore les distractions de ses plaisirs.

Pendant tout ce tems, l'état de l'accusé est un état de violence et d'horreur. Si sa conscience ne lui reproche aucun délit, son imagination le tourmente et l'effraie; l'obscurité de sa prison, les chaînes qui l'entourent, l'éloignement de ses amis et de ses parens, la solitude où il est abandonné, cette solitude, si affreuse dans le danger, tout lui annonce la mort : il se rappelle qu'il a des ennemis, il sait avec quel art l'imposture combine ses attentats ; sa mémoire lui offre le nombre infini de malheureux qui en ont été les victimes ; ses réflexions, interrompues par des gémissemens, ne lui offrent que les infortunes des hommes et les erreurs des lois ; il adresse ses paroles à la justice, que son imagination échauffée personnifie ; il réclame, devant ce fantôme impuissant, les droits que son innocence lui donne à la liberté, à la sûreté, à l'honneur ; il lui montre le pain qu'il baigne de ses larmes, il lui découvre les plaies dont son corps est couvert, il lui raconte tous les détails de sa vie, et fait devant elle l'apologie de sa conduite. A l'histoire de ses désastres, il ajoute celle de la honte, du désespoir, et de la misère de sa famille ; il lui peint ses pauvres parens, courbés de vieillesse, assis à la porte d'un juge qui n'est accessible qu'à l'opulence et à la grandeur ; ses amis courant de tous côtés pour trouver des protecteurs, et ne rencontrant que des hommes durs ou indifférens ; sa famille outragée par ses ennemis qui triomphent, ses enfans près de mourir de faim, sa vertueuse compagne placée entre la vie et la mort. Tout-à-coup il se rappelle qu'il est seul ; il voit que tout est en silence auprès de lui, et que ses discours ne font qu'échauffer et tourmenter vainement l'imagination qui les enfante ; il se tait, et commence de nouveau à rechercher quel homme a pu être son accusateur, et de quelle nature est l'accusation. Cette incertitude l'effraie, il desire d'en sortir ; mais il redoute la présence du juge ; il ne sait pas quelles demandes lui seront faites, et comment il doit y répondre ; il craint, en employant le langage de la vérité, de confirmer les indices qui sont contre lui, et de mettre le sceau à ses infortunes. L'état d'un vrai coupable est plus favorable que le sien, parce que celui qui a commis un délit, et qui connoît toutes les circonstances qui l'ont accompagné, peut aisément prévoir tout ce qu'on peut lui reprocher, et éluder les objections par ses réponses. L'innocent doit donc être effrayé de son innocence même.

Tels sont les premiers effets d'une méthode absurde et féroce, que le despotisme seul pouvoit imaginer, que la superstition seule pouvoit répandre, que l'ignorance des siècles et la barbarie des gouvernemens pouvoient seules adopter et soutenir dans une grande partie des tribunaux de l'Europe. J'examinerai, dans les chapitres suivans, les autres défauts de la procédure moderne : je ne parle ici que de l'accusation, et je trouve sur cet objet deux contrariétés principales entre la méthode ancienne et la méthode moderne. 1°. Je vois, chez les anciens, l'accusation permise à tous les citoyens ; 2°. je la vois notifier à l'accusé, au moment même qu'elle est formée. L'une et l'autre pratique sont abolies chez les modernes. Je cherche si c'est là une conséquence nécessaire du principe qui détermine la bonté des lois, dans leur rapport avec l'état des nations à qui on les donne ; et j'observe que l'auteur de *l'Esprit des Lois*, qui s'élève avec tant de raison contre le second de ces usages, trouve, dans la diversité des gouvernemens, un motif de défendre le premier. J'examine sa proposition, et je vois qu'elle est déduite d'un faux principe, et appuyée sur des faits qui ne prouvent rien.

« A Rome, dit-il, il étoit permis à un » citoyen d'en accuser un autre : cela étoit » établi selon l'esprit de la république, où » chaque citoyen doit avoir, pour le bien » public, un zèle sans bornes, où chaque » citoyen est censé tenir tous les droits de » la patrie dans ses mains. On suivit, sous » les empereurs, les maximes de la répu- » blique, et d'abord on vit paroître un genre » d'hommes funestes, une troupe de déla- » teurs. Quiconque avoit bien des vices et

» bien des talens, une ame bien basse et
» un esprit ambitieux, cherchoit un crimi-
» nel dont la condamnation pût plaire au
» prince ; c'étoit la voie pour aller aux hon-
» neurs et à la fortune, chose que nous ne
» voyons point parmi nous. ---- Nous avons
» aujourd'hui une loi admirable ; c'est celle
» qui veut que le prince établi pour faire
» exécuter les lois, prépose un officier dans
» chaque tribunal, pour poursuivre en son
» nom tous les crimes ; de sorte que la fonc-
» tion des délateurs est inconnue parmi nous :
» et si ce vengeur public étoit soupçonné d'a-
» buser de son ministère, on l'obligeroit de
» nommer son dénonciateur (1) ».

Que l'on me permette d'examiner, avec le secours de la saine critique, ce raisonnement de Montesquieu ; on verra ensuite si son opinion méritoit de devenir aussi générale. Je respecte les erreurs de ce grand homme ; mais lorsqu'elles me paroissent funestes au genre humain, je me fais un devoir de les combattre, et je les attaque avec plus d'ardeur, lorsque je vois qu'elles ont fait une plus forte impression sur l'esprit des hommes.

Croire que la liberté d'accuser soit utile dans une république, et dangereuse dans une

(1) Esprit des lois, liv. 6, chap. 8.

monarchie, parce que, dans la république, un citoyen doit avoir, pour le bien public, un zèle sans bornes, et que dans la monarchie il pourroit abuser de ce droit pour favoriser les caprices du prince; attribuer à cette liberté l'origine des délateurs à Rome; fonder, sur une pareille raison, l'apologie du systême de presque toutes les nations de l'Europe, qui détruit cette liberté pour charger une personne publique des fonctions d'accusateur; assurer enfin que le métier de délateur est inconnu parmi nous; c'est détruire les principes les plus raisonnables de la politique, c'est confondre les idées les plus différentes, c'est ne pas connoître cette partie de la jurisprudence ancienne et de la jurisprudence moderne, c'est déduire d'un principe une conséquence toute contraire à celle qu'on doit naturellement en tirer. Voici comment je le prouve.

Si la liberté d'accuser renfermoit la facilité de calomnier, la loi ne pourroit accorder ce droit barbare à un citoyen, ni dans une république, ni dans une monarchie. Les effets d'une pareille prérogative seroient également funestes dans tous les gouvernemens, parce que la tranquillité du citoyen seroit sans cesse en danger. Rome libre et Rome esclave auroient toutes les deux éprouvé cet abus destructeur de la liberté civile. Lorsque l'on parle de la liberté d'accuser, il faut donc supposer qu'elle est combinée avec la plus grande difficulté de calomnier. La sévérité des peines, et cette multitude de moyens que les législateurs de Rome et d'Athènes imaginèrent pour punir et prévenir la calomnie, nous montrent assez le peu de confiance qu'ils avoient dans ce *zèle pour le bien public*, sur lequel Montesquieu établit la liberté d'accuser dans une république. En supposant donc que la liberté d'accuser soit combinée avec la plus grande difficulté de calomnier, je ne vois pas comment elle pourroit être utile dans une république, et funeste dans une monarchie; je ne vois pas comment elle pourroit, dans le gouvernement d'un seul, devenir un instrument d'oppression. Il ne faut pas confondre la monarchie avec le despotisme. Dans l'une, le prince qui a fait la loi, est obligé de la faire exécuter; dans l'autre, ou la volonté arbitraire du prince est la loi, ou, s'il y a des lois établies, le pouvoir de les faire exécuter est entre les mains du despote lui-même qui les a dictées; il peut, à son gré, les faire agir, ou les faire taire. Il n'en est pas ainsi dans une monarchie. Si la loi punit le calomniateur; si elle veut, qu'après avoir déclaré le coupable absous, le juge examine la conduite de l'accusateur ; si elle condamne à la peine du talion et à l'infamie l'accusateur de mauvaise foi, la liberté d'accuser ne pourra, dans aucun cas, être dangereuse : elle deviendra une arme inutile entre les mains de celui qui voudroit en abuser. Un scélérat ambitieux pourroit, avec plus de sûreté, assassiner un homme devenu suspect au prince, que se servir de la liberté d'accuser, pour troubler sa tranquillité, pour attaquer son innocence par une accusation calomnieuse. Peut-être l'un de ces attentats demeureroit impuni, parce qu'il seroit obscur; mais, certes, l'autre n'auroit pas le même succès. Commis sous les yeux de la loi et en présence des juges, ce crime, attesté par toute la solennité qui doit accompagner une accusation judiciaire, ce crime, si facile à prouver quand la publicité des jugemens fait évanouir le mystère de la délation, échappera-t-il donc aux rigueurs de la loi ? Les juges s'efforceroient-ils, sans scandale, de le laisser impuni? et le prince lui-même pourroit-il absoudre le calomniateur à la face des lois qui en ordonnent la punition, et de l'accusé innocent qui la sollicite, sans détruire l'autorité de ces lois dont il est dépositaire, sans altérer la constitution de l'Etat, sans exciter une défiance générale, sans exposer son trône aux plus grands dangers.

L'histoire de Rome est la preuve de cette vérité. Quand Sylla, Auguste, Tibère, Caligula, et les autres tyrans de l'empire cherchèrent des délateurs dans Rome, il fallut anéantir la rigueur des lois qui punissoient l'accusateur de mauvaise foi; il fallut séparer la liberté d'accuser, de la difficulté de calomnier; il fallut laisser l'accusation libre et la calomnie impunie (1). L'autorité toute puissante du chef de l'empire, qui disposoit arbitrairement du Sénat, des magistrats, du peuple, et des lois, pouvoit récompenser le crime, punir la vertu, et légitimer en quelque sorte les actions les plus contraires à la justice; ellepouvoit enfin faire d'une volonté momentanée et capricieuse, l'unique règle des jugemens, et le seul code

---

(1) Voyez la note 1 du chapitre précédent, page 12. Dans la loi Cornélia, publiée par Sylla pendant sa dictature, relativement aux crimes de lèze-majesté, on lit cette horrible disposition : *Calumniatoribus nulla pœna sit. Majestas est*, écrit Cicéron à Atticus, *ut Sylla voluit, ut in quemvis impune declamari liceat.* Cette loi de majesté, établie par Sylla, fut insérée, par César et Auguste, dans les lois *Julia.* Voilà pourquoi on ne trouve aucun titre sur cette loi, ni dans le digeste, ni dans le code.

de la nation (1). Mais ces abus existeroient-ils dans une monarchie bien organisée? Y a-t-il jamais eu sur la terre de despotisme plus atroce que celui des premiers empereurs de Rome? Si la liberté d'accuser doit produire, sous le gouvernement d'un seul, ces maux effroyables que Montesquieu lui attribue, pourquoi ne les vit-on pas renaître à Rome sous cette forme de gouvernement? Lorsque Titus, pour la première fois, et Nerva, pour la seconde, rappelèrent l'observation des anciennes lois contre les calomniateurs; lorsque, pendant près d'un siècle, l'Etat fut gouverné par les vertus et les talens de Trajan, d'Adrien, et des deux Antonins; lorsque la modération d'une monarchie tempérée remplaça, sous ces princes vertueux, la férocité du despotisme; lorsque, sous cette paisible domination, on chercha de nouveaux moyens de garantir la sûreté

(1) Si le lecteur veut être convaincu de la vérité de ce fait, il n'a qu'à lire l'histoire d'un Empereur que les Ecrivains ne placent pas d'ordinaire à côté des plus détestables tyrans de Rome : qu'il jette les yeux sur cette suite de sénateurs et d'autres personnages distingués, mis à mort par Septime Sévère, *sine causæ dictione*, et il aura une idée du despotisme le plus effréné qui ait tourmenté l'espèce humaine. *Eli. Spartian. in Severo*, 12, 14, 15.

particulière des atteintes de l'envie et de la calomnie, la liberté d'accuser, combinée de nouveau avec la difficulté de calomnier, eut-elle des effets dangereux ? ne devint-elle pas aussi utile qu'elle l'avoit été pendant la liberté de la république (1)?

---

(1) Voyez Jules Capitolin, dans la Vie de Marc Antonin le Philosophe 11 ; et tout ce qu'ajoute à ce sujet Casaubon, *in histor. Aug. tom.* 1, *pag.* 331, *num.* 1, *édit.* 1671. Voyez surtout le Panégyrique de Trajan. Pline, après avoir parlé de tout ce que Titus et Nerva avoient fait à cet égard, expose avec beaucoup d'éloquence tout ce qu'a fait Trajan. Je vais rapporter ici ce passage, afin de montrer les heureux effets de la vigilance de ce Prince. *Quem juvat cernere ærarium silens et quietum, et quale ante delatores erat, nunc templum illud, nunc vere Deus, non spoliorum civium cruentarumque prædarum sævum receptaculum, ac toto in orbe terrarum adhuc locus unus, in quo optimo principe, boni malis impares essent, manet tamen honor legum, nihilque ex publica autoritate convulsum, nec pœna cuiquam remissa, sed addita est ultio, solumque mutatum, quod jam non delatores sed leges timentur ;* et en parlant des peines des délateurs, il dit : *Contigit, de super intueri delatorum ora supina, retortasque cervices agnoscebamus, et fruebamur, cum velut piaculares publicæ sollicitudinis victimæ supra sanguinem noxiorum ad lenta supplicia gravioresque pœnas ducerentur.* La même chose arriva pendant le règne très-court de Pertinax, comme on peut le voir dans Jules Capitolin, *in Pertinac.* 6, 7, 9, 10.

Ce n'est donc pas le gouvernement d'un seul en général, c'est le despotisme qui peut rendre funeste la liberté d'accuser, comme toute autre prérogative, tout autre droit attaché à la qualité de citoyen. Entre les mains de la servitude, tout dégénère, tout s'altère et se corrompt. Le meilleur esclave du monde est celui à qui on laisse le moins de prérogatives. Prêt à abuser de tout, il est moins dangereux, à proportion qu'il a moins de moyens de l'être. Le pire des despotismes est celui où l'esclave est couvert de l'habit du citoyen. Tel étoit le despotisme de Rome, sous le règne des délateurs.

Mais adoptons les idées de Montesquieu à cet égard, confondons les idées les plus opposées : sans distinguer la monarchie du despotisme, supposons que la liberté d'accuser soit, dans le gouvernement d'un seul, un instrument dangereux, toujours prêt à favoriser les vues oppressives du despote ; et dans cette supposition, voyons si l'on doit adopter l'apologie qu'il fait du système, généralement reçu en Europe, qui supprime cette liberté, et établit un *vengeur public* pour exercer les fonctions d'accusateur.

Je demande d'abord ce que c'est que *ce vengeur public*. C'est un magistrat créé par le prince, payé par le prince, qui doit au prince tout ce qu'il a. Dignité, honneurs, fortune, il tient tout de la faveur du monarque; et tout peut lui être enlevé par la même main qui le lui a donné. Or, comme l'intérêt est le grand mobile des hommes, je voudrois apprendre de l'Auteur de l'Esprit des Lois, si un citoyen qui n'a pas tous ces rapports avec le chef de la nation, pourroit abuser de la liberté d'accuser, et avoir plus de disposition à favoriser ses desseins, que n'en a ce *vengeur public*, qui, pour son propre intérêt, doit plutôt se regarder comme le vengeur du prince? Une multitude de faits pourroit confirmer la vérité de cette idée: chaque lecteur peut se rappeler ceux qui lui sont connus.

Il se présente ici une autre réflexion. Les Romains distinguoient deux espèces de calomnies, la calomnie proprement dite, et la calomnie *manifeste*. L'une et l'autre supposoient le *dol* et la mauvaise foi; mais ce *dol* devoit être plus évident dans la dernière. Si, par exemple, il y avoit de légers soupçons contre l'accusé, et des preuves très-fortes de son innocence; et qu'un citoyen, instruit de toutes ces preuves, formât une accusation contre lui, cette accusation étoit appelée simplement calomnieuse. S'il

S'il n'existoit pas le moindre soupçon contre lui, la calomnie étoit alors *manifeste*. Il y avoit, suivant les principes de la jurisprudence romaine, quelques personnes privilégiées, qui ne pouvoient être punies que que pour une calomnie *manifeste*. Tels étoient, entre autres, l'avocat du fisc, et le magistrat qui accusoit d'*office* (1). Nos lois, qui se sont tant éloignées des principes de la jurisprudence romaine, relativement à l'accusation judiciaire, ont adopté religieusement tout ce qu'elle avoit de moins favorable à la liberté civile. Il ne suffit pas d'une simple calomnie, il faut donner des preuves d'une calomnie manifeste, pour faire punir la mauvaise foi du *vengeur public*. Celui qui sait combien il est facile de trouver, dans l'innocence la plus évidente, quelques légers indices d'un délit, peut voir si le magistrat a le moyen de calomnier un malheureux avec la plus grande sécurité.

(1) Voyez *Antonius Mathæus*, *in comment. ad lib.* 48 *digesti*, *tit.* 17, *cap.* 3, §. 7. On mettoit encore dans ce nombre tous ceux qui accusoient *d'office* dans les procédures extraordinaires, et qu'on appeloit *curiosi*, *stationarii*, etc. *Argum. leg. exquidem* 7, *cod. de accusat.*; *leg.* 1, *cod. de curios. et stationn.*; *leg.* 6, §. *nuntiatores*, *ff. ad S. C. Turpil.*; *leg. divus* 6, *in fine*; *ff. de custod. et exhib. reor.*

Si l'on réfléchit, d'ailleurs, à la dignité de sa charge, au pouvoir dont il dispose, à l'influence dont il jouit; on sentira que ce magistrat a, pour abuser de son ministère, plusieurs moyens de plus, et plusieurs obstacles de moins que n'en auroit un simple citoyen, si la liberté d'accuser existoit dans toute sa vigueur.

Enfin, pour être persuadé de l'injustice de la Législation moderne à cet égard, il suffit d'observer que dans le même tems où l'on a aboli la liberté d'accuser, on a établi la liberté de dénoncer. Je ne puis accuser l'agresseur d'une personne qui m'est étrangère, mais je puis le dénoncer. La différence qu'il y a entre l'accusation et la dénonciation, c'est que la première est publique, et la seconde secrète. L'accusation est un duel qui se fait à corps découvert et à armes égales; la dénonciation est un trait lancé à coup sûr par une main inconnue. Le malheureux a beau regarder autour de lui, un mur épais dérobe l'assassin à ses regards (1). L'accusateur doit soutenir son

(1) L'illustre citoyen, qui, dans les beaux jours de Rome, appeloit en jugement un autre citoyen puissant, montroit, dans le *forum*, le même courage qu'il avoit montré dans le camp; son patriotisme étoit récompensé par la loi et par l'opinion,

accusation, comparoître en jugement, fournir des preuves contre l'accusé. Le dénonciateur, au contraire, aussitôt après avoir fait sa dénonciation, se retire, et n'est plus mêlé à l'instruction de l'affaire ; son nom ne paroît jamais dans les actes de la procédure, sa dénonciation même n'est pas souscrite par lui ; il peut devenir encore témoin du crime qu'il a dénoncé : voilà sans doute une manière fort commode de troubler à son gré le repos d'un honnête homme. Chacun croira voir autour de soi une foule de délateurs toujours armés. Tel est le moyen le plus sûr d'anéantir la confiance publique, et de dissoudre les liens de la société.

Je ne parle pas des peines établies contre les calomniateurs. Nos lois, qui respirent encore, dans la punition des autres délits, toute la férocité des tems qui les ont vu naitre, offrent une indulgence meurtrière aux calomniateurs. A cette indulgence de

---

et le vil délateur étoit un monstre aux yeux de ses concitoyens. *Sueton. in Jul. c. 4 ; Cicer. divinat. c. 20, pro Cœlio, cap. 7 et 30, ad Quint. lib. 3, epist. 1 et 2* Cicéron, orat. pro Balbo, cap. 25, dit que l'accusateur qui faisoit condamner un citoyen pour crime de brigue et de faction, obtenoit, en récompense, le droit de suffrage dans la tribu de celui qui avoit été jugé.

la loi, se joint encore l'impression qu'a faite sur tous les esprits une maxime despotique, adoptée comme un axiome de politique, et comme une règle de jurisprudence dans nos tribunaux, où les usages et les opinions des juges ont plus de force que les lois. Si les calomniateurs sont punis, on ne trouvera plus de dénonciateurs, ont dit quelques êtres animés de l'esprit de Sylla et de Tibère. Quelle différence entre la manière de penser de nos jurisconsultes, et celle des législateurs de Rome? Ceux-ci voulurent que la condition de l'accusateur fût plus favorable que celle du délateur. La loi punissoit celui-ci dans plusieurs cas, quoiqu'il ne fût pas coupable de calomnie; il suffisoit que celui qu'il avoit appelé en jugement fût absous (1). Quel dénonciateur, même con-

---

(1) *Leg.* 2, *in princ. et* §. *divus Pius*, *leg.* 15, §. 1 *et* 2; *leg.* 22, §. *ult.*; *leg.* 23, *leg.* 24, *ff. de jure fisci.* Nous avons observé, dans le chapitre précédent, que l'accusateur auquel le Magistrat disoit simplement *non probasti*, n'étoit exposé à aucune peine. (Voy. la note 2, page 15 du chapitre précédent.) Il n'en étoit pas ainsi du délateur. L'empereur Constantin le Grand défendit enfin d'écouter les délateurs. Nous ne pouvons, disoit-il, soupçonner l'innocence d'un homme qui n'a point eu d'accusateur, quoiqu'il eût un ennemi. Voyez la

vaincu de calomnie, a jamais été puni parmi nous?

Ces réflexions, que je ne fais qu'indiquer, suffiront, je l'espère, pour montrer la nécessïté de réformer cette première partie de la procédure criminelle. J'exposerai, dans le chapitre suivant, mes idées sur ce sujet.

---

loi 6, *cod. Theodos. de famos. libell.*; voyez aussi les autres lois, portées par lui et par ses successeurs, contre les délateurs; et surtout les lois 1, 2, 8 et 10, *cod. Theodos. de petition. et ultrò datis et delatoribus*.

CHAPITRE IV.

Nouveau systême sur l'accusation judiciaire.

Si la liberté d'accuser, comme je crois l'avoir démontré, loin d'être dangereuse, dans quelque espèce de gouvernement que ce soit, lorsqu'elle est combinée avec la difficulté d'en abuser, est, au contraire, utile et nécessaire, parce qu'elle établit entre les citoyens une sorte d'inspection réciproque, qu'elle empêche les crimes de rester ignorés, qu'elle rend l'impunité plus rare et les délits moins fréquens ; si cette liberté, pour me servir de l'expression d'un politique célèbre (1), *ouvre une issue aux humeurs qui naissent dans une ville contre quelque citoyen ;* si, en un mot, la liberté d'accuser est une prérogative qu'on ne peut séparer de la qualité de citoyen, sans tomber dans les plus grands désordres, le premier objet d'une réforme, dans la procédure

(1) Machiavel, Disc. sur la Ire. décad. de Tite-Live, liv. 1, chap. 7.

criminelle, doit donc être de rendre ce droit au citoyen, et le second de le combiner avec la difficulté d'en abuser. Le premier ne suppose qu'une concession ; le second exige différens moyens. Parmi ceux que nous offrent les Législations anciennes, il en est qu'il faudroit adopter, il en est qu'il faudroit modifier et approprier à l'état actuel des choses.

Les dispositions des lois romaines contre le *prévaricateur* devroient être adoptées sans aucun changement ; les lois contre le calomniateur devroient l'être de même, excepté pour la marque du fer rouge sur le front : la peine du talion et celle de l'infamie seroient le châtiment de l'un et l'autre. Le front du calomniateur ne seroit soumis à cette ignominie ineffaçable, que dans le cas où cette peine auroit été établie contre le crime dont il auroit accusé un innocent.

Le lecteur appercevra le motif de cette modification, lorqu'il sera arrivé à la seconde partie de ce livre, qui contient le systême pénal. J'y exposerai mes idées sur l'ordre et la manière suivant lesquels on devroit procéder au jugement de *prévarication* et de *calomnie* : mon plan ne me permet pas d'adopter sur cet objet, sans aucun changement, le systême des anciens. Il n'en est pas de même des dispositions relatives aux personnes qui ont droit d'accuser, ou qui peuvent être accusées.

A Rome, comme je l'ai observé, tout le monde n'avoit pas droit d'accuser; tout le monde n'étoit pas soumis à l'accusation: quelques personnes ne pouvoient accuser que leurs aggresseurs, ou les ennemis de la patrie (1); d'autres ne pouvoient être accusés par aucun citoyen (2); il y en avoit qui ne pouvoient l'être que par quelques personnes (3). Je ne crois pas que sur aucun de ces objets il y ait le moindre changement à faire aux dispositions que les législateurs romains avoient déterminées avec tant de sagesse.

Je ne rapporte pas ici toutes ces exceptions dont j'ai parlé ailleurs (4). Ces excep-

---

(1) Les femmes, les pupilles, les esclaves, les gens infames, etc. Voy. la page 17.

(2) Les magistrats, les ambassadeurs, et tous ceux qui étoient absens pour l'intérêt de la République, ne pouvoient être accusés pour des délits commis avant leur départ. Voy. la page 19.

(3) Le père ne pouvoit être accusé par son fils, le patron par l'affranchi, etc. Voy. la page 19.

(4) Je prie le lecteur de relire la page citée; il y verra ces exceptions, et les motifs par lesquels elles furent établies.

tions sont des remèdes contre la calomnie, qu'il faudroit adopter partout, en rétablissant la liberté d'accuser. Dans le nombre de ceux qui étoient privés de cette liberté, on comptoit une classe d'hommes, qui, heureusement, n'existe plus aujourd'hui : c'étoient les esclaves. Nous avons, à la vérité, une classe d'individus qui, en Italie, porte le même nom, quoiqu'elle ne soit pas dévouée à la même infortune ; qui a, d'ordinaire, tous les vices de la servitude, quoiqu'elle jouisse des droits de citoyen ; qui vend, pour un tems indéterminé, sa liberté personnelle, en conservant la liberté civile, et qui par conséquent n'est pas digne de la confiance de la loi, quoiqu'elle ait un droit certain, comme tous les membres de la société, à la protection publique : cette classe est celle de nos serviteurs mercenaires. Ils devroient être privés, comme les esclaves des Romains, des Grecs et des barbares, du droit d'accuser, excepté dans le cas d'une offense personnelle (1), ou de crimes commis contre la société.

Aux exceptions qui concernoient les per-

---

(1) Dans ces mots, *d'offense personnelle*, je renferme aussi les offenses faites aux proches parens.

sonnes, les lois romaines ajoutèrent, comme on sait, des exceptions relatives aux délits. Il y en avoit qui ne pouvoient être dénoncés que par les personnes offensées : tels étoient les délits *privés* (1). Il ne faut point négliger cette distinction. Dans la seconde partie de ce livre, où je traiterai de la différence des délits, je ferai voir quels sont les délits *publics*, c'est-à-dire, ceux dans lesquels chaque citoyen peut devenir accusateur ; et quels sont les délits *privés*, c'est-à-dire, ceux dans lesquels la partie offensée a seule droit de former une accusation.

Il faudroit ensuite obliger l'accusateur à ne point se désister de son action avant le jugement. Nous avons observé les motifs et les avantages de cette obligation, que les lois d'Athènes, de Rome et de quelques autres nations barbares opposoient à l'accusateur (2).

On joindroit à cela l'usage de quelques formules claires et précises, pour intenter l'accusation. On ne peut procéder avec trop d'exactitude, lorsqu'il s'agit de troubler le

(1) *Mathæus, de criminib. cap. 4 ; et Sigonius de judiciis, lib. 2.*

(2) Voyez les pages 12, 25, 30.

repos d'un homme. A mesure que l'accusation prend une forme plus précise, l'innocence acquiert plus de sûreté, la calomnie devient plus difficile, la volonté du juge est moins arbitraire, le calomniateur est plus facilement convaincu et puni. Nous voyons, dans le jurisconsulte Paul, une formule d'accusation qui peut nous faire juger de la vigilance des législateurs romains sur cet objet (1). Il paroit, par cette formule, que l'accusateur devoit désigner exactement l'an et le jour où il intentoit son accusation; il devoit énoncer son nom, celui de l'accusé, le lieu, le mois et le nom du consul de l'année où le crime avoit été commis; la nature de ce crime, et la loi portée contre lui.

---

(1) Je rapporte ici les paroles de ce Jurisconsulte: *Coss. illis, die illo, apud illum Prætorem, Proconsulem L. Titius professus est, se Mœviam lege Julia de adulteriis ream deferre, quod dicat eam cum C. Seio in civitate illa, domo illius, mense illo, consulibus illis adulterium commisisse.* Voyez la loi 3, *ff. de accusat.;* voyez *Sigonius de judiciis, lib.* 2, *cap.* 10, *et lib.* 3, *cap.* 7. Les divers noms des actions publiques, que l'on trouve dans le Traité de cet auteur, *de Republica Atheniensium,* nous prouvent que les législateurs de cette République ne furent pas moins attentifs à cet égard, que les législateurs de Rome. Voy. cet ouvrage, *lib.* 3, *cap.* 1.

Toutes ces formalités devoient nécessairement servir de base à l'accusation. En Angleterre, on exige encore quelque chose de plus.

L'accusation doit contenir le nom, le surnom, l'état et la condition de l'accusé ; le nom de la ville, du village, de la comté où il habite ; le jour et le lieu où le délit a été commis. S'il s'agit d'un homicide, il faut indiquer la largeur et la profondeur de la blessure, l'instrument dont on s'est servi, le tems qui s'est écoulé depuis le coup jusqu'à la mort. Dans quelques délits, il faut encore se servir de certaines expressions déterminées par la loi, et si propres à en offrir une idée précise, qu'aucune autre expression, quelque synonime qu'elle soit en apparence, ne peut la suppléer (1). Cette pré-

---

(1) Dans le crime de trahison, par exemple, il faut dire ; on a commis cette action *traîtreusement et contre la foi jurée* ; dans d'autres tems, on disoit, en latin, *proditorie et contra ligeantiæ suæ debitum ;* dans l'accusation d'homicide, il faut dire, un tel a *assassiné* un tel ; car il ne suffiroit pas de dire simplement qu'il l'a tué. L'expression latine de la basse latinité étoit *murderavit*; dans l'accusation de *félonie*, on doit se servir précisément de ce mot; dans celle de rapt, le mot anglais *ravished*, (ravie) est nécessaire; dans celle de vol, il faut se servir des mots

cision paroîtra trop minutieuse à des esprits superficiels ; mais les hommes intelligens, pour qui j'écris, en sentiront toute l'importance (1).

La prescription des accusations est encore un moyen qu'il seroit utile d'adopter. Celle des Romains étoit trop longue ; nous avons observé qu'elle étoit de vingt ans pour plusieurs délits (2). En Angleterre, elle est de trois (3). Il est plus difficile de se défendre d'une calomnie après vingt ans, qu'après

---

suivans, *feloniously took and carried away* (c'est-à-dire, il a pris et enlevé perfidement.) Voyez le Statut 1 d'Henri V, chap. 5 ; et Blackstone, comment. sur le code criminel d'Angleterre, chap. 23.

(1) Lorsqu'il s'agira de la répartition des fonctions judiciaires, je répondrai à la difficulté qu'on pourroit faire ici sur les moyens d'instruire l'accusateur de la formule d'accusation relative au délit qu'il dénonce devant le juge.

(2) Voyez la page 20 de ce livre. Dans les délits, où la prescription étoit moins de trois ans, nous adopterons celle qui étoit prescrite par les lois romaines.

(3) Le Statut 7 de Guillaume III, chap. 3, défend de poursuivre en jugement quelque crime que ce soit, si le *bill* d'accusation n'a été présenté dans les trois années qui ont suivi le délit. On n'a excepté que les attentats contre la vie du roi.

trois : c'est pour cette raison qu'il faudroit suivre, à cet égard, l'exemple des Anglais.

Mais que dirons-nous de la partie offensée qui accuse? A Rome, un tel accusateur ne pouvoit être puni, dans un grand nombre de cas, que pour une calomnie *manifeste*. La calomnie *simple* ne suffisoit pas pour lui faire encourir la rigueur de la loi (1).

On avoit la même indulgence, comme nous avons dit, pour l'avocat du fisc, et pour tous ceux qui accusoient *d'office* (2); partialité funeste, contraire à la sûreté ci-

---

(1) Le père qui dénonçoit la mort de son fils, ou le fils qui dénonçoit la mort de son père, n'étoit pas puni pour une *simple* calomnie; *leg.* 2 *et* 4, *cod. de calumn.; leg. ult. ff. de public. judic.; leg. in S. C.* 15, §. *eos, ff ad S. C. Turpill.* Il en étoit de même de la femme qui poursuivoit en jugement des offenses personnelles, ou faites à ses parens, (*leg. de crimine* 12, *C. qui accusare non possunt*) de l'héritier étranger qui, par ordre du testateur, accusoit quelqu'un d'empoisonnement. *Dict. leg.* 2, *cod. de calumn.* Du mari, qui, dans l'espace de soixante jours, accusoit sa femme d'adultère. *Jure mariti, leg. quamvis* 30, *cod. ad leg. Jul. de adult.* Des tuteurs et des curateurs qui accusoient au nom de leurs pupilles; *leg.* 2, *cod. de his qui accus. non poss.; leg.* 2, *cod. de his quib. ut indig.*

(2) Voyez ce que nous avons dit sur l'Avocat du fisc.

vile. S'il y a dans l'Etat une seule personne qui puisse me calomnier impunément, ma liberté est en danger ; la protection des lois n'est plus suffisante pour la défendre. Le glaive de la justice, auquel j'ai confié le soin de ma défense, ne peut plus effrayer celui qui médite ma perte, ou qui veut troubler mon repos. Des indices trompeurs, des soupçons légers, des conjectures subtiles ; tout cela suffit-il pour autoriser un imposteur audacieux à me calomnier impunément (1)? Mais il faut excuser, disent les jurisconsultes, les transports de la douleur. Et pourquoi n'excusent-ils pas aussi les transports de la vengeance? pourquoi punit-on un père qui tue le meurtrier de son fils, et le justifie-t-on lorsqu'il accuse d'assassinat le malheureux qu'il a les raisons les plus fortes de croire innocent? pourquoi punit-on le mari qui tue le séducteur de sa femme, lorsqu'il ne l'a pas surpris au milieu de ses perfides jouissances, et le justifie-t-on lorsqu'il calomnie sa compagne, qu'il n'a aucune raison de croire infidelle? pourquoi punit-on le magistrat qui abuse de son ministère pour violer les lois, et justifie-t-on le magistrat qui ca-

(1) C'est l'espèce de calomnie à laquelle les Jurisconsultes donnent le nom de *simple*.

lomnie? Toutes ces contradictions monstrueuses ne prouvent-elles pas la nécessité d'abolir des exceptions aussi contraires à l'uniformité de la justice et à l'impartialité des lois?

La calomnie est toujours un délit : elle doit donc être toujours punie. L'unique soulagement qu'on pourroit accorder à la partie offensée, seroit de lui permettre de recourir au juge, de lui dénoncer l'offense qu'elle a éprouvée, et de l'obliger à en rechercher lui-même l'auteur, lorsqu'elle ne le connoît pas. Ce ne seroit plus alors une accusation, ce seroit une plainte qui n'outrageroit et ne compromettroit personne. Lorsque le délit est constant, et que l'auteur en est inconnu; lorsqu'il n'existe point d'accusateur, et que la partie offensée ne fait que se plaindre; alors le gouvernement doit travailler à découvrir le coupable, et à l'appeler en jugement. Une telle procédure seroit nécessaire, et nous en trouvons des exemples dans Rome même. Dans les provinces, comme dans la capitale, on sentit le besoin de recourir à cette manière extraordinaire de poursuivre les délits pour lesquels il n'y avoit point d'accusateur (1). Quoi qu'en dise

(1) Anton. Mathæ. comment. ad leg. dig. 48, tit. 20, cap. 1.

Thomasius

Thomasius (1), nous savons quels étoient dans les provinces le devoir des *présidens* (2), et la fonction de ces magistrats subalternes, qu'on nommoit *Irenarchi*, *Curiosi*, *Stationarii* (3). Nous savons quel étoit dans Rome l'objet de l'inspection du préfet de la cité (4); et nous connoissons les différentes lois qui offrent des vestiges non équivoques

---

(1) De orig. process. inquisit. dissert.

(2) Voici ce que dit Ulpien : (*leg.* 13, *pr. ff. de offic. præsid.*) *Congruere bono et gravi præsidi, curare ut pacata, atque quieta provincia sit, cumque id non difficile obtenturum, si sollicite agat, ut malis hominibus provincia careat, eosque conquirat; nam et sacrilegos, latrones, plagiarios, fures conquirere debet, et prout quisque deliquerit in eum animadvertere, receptatoresque eorum coercere.* Voy. encore la *loi* 4, §. 2, *ff. ad leg. Jul. pecul.*

(3) Leur fonction étoit de découvrir les coupables des délits constans, pour lesquels il n'y avoit point d'accusateur, de les saisir, et de les envoyer au juge compétent, avec leurs rapports, que l'on nommoit *elogia*, *notoria*, *nuntiationes*; etc. Le Magistrat écoutoit les accusés, et l'*Irenarque* devoit se présenter, pour prouver tout ce qu'il avoit avancé contre eux. Voyez la *loi ea quidem* 7, *cod. de accusat.*; *leg. div.* 6, *ff. de custod. et exhib. reorum*; *leg.* 1, *cod. eodem.*; *leg.* 1, *cod. de curios. et station.*; *leg.* 6, §. *nuntiatores*, *ff. ad S. C. Turpill.*

(4) *Leg.* 1, §. *quies*, *ff. de offic. pr. urb.*; *leg.* 1; *pr. cod. de custodia reorum.*

de cette espèce de procédure (1). Qu'on se rappelle les événemens qui accompagnèrent la conjuration de Catilina ; qu'on examine toutes les mesures que prit Cicéron pour convaincre et punir les complices d'un délit qui n'étoit poursuivi par aucun accusateur particulier (2) : cette procédure suffit pour faire condamner à mort un grand nombre de citoyens qui se trouvoient impliqués dans la conjuration (3). César, qui, dans le même tems, se trouvoit préteur, et étoit l'ami de Catilina, voulant sauver la vie à ses complices, déjà tous convaincus, harangua, dans le sénat, contre le décret qui les condamnoit à la mort : il rappela aux sénateurs, que, pour légitimer un acte contre la vie d'un citoyen romain, il falloit recourir à l'autorité du peuple ; que le sénat n'avoit point ce droit terrible ; qu'il étoit dangereux de le mettre en possession d'une prérogative dont il pourroit facilement abuser ; que le

---

(1) Outre les lois que nous venons de citer, voyez la *loi* 2, §. *si public. ff. ad leg. Jul. de adult.* ; *leg. jubemus, cod. de probat.* ; *leg. nullum, cod. de testib. leg.* 19, *cod. de calumn.*

(2) Voyez Salluste, *in bello Catilin.* ; et Cicéron, *III Catilin.*

(3) Sallust. *ibidem*, numéros 41, 52, 53 et 55.

glaive, une fois dirigé, par l'ordre du sénat, contre un citoyen romain, ne cesseroit d'ensanglanter la patrie (1). Telles sont les raisons qu'il opposa au décret de mort qui venoit d'être prononcé : il n'osa pas condamner comme illégitime la procédure *d'information* qu'avoit suivie le consul, faute d'accusateur. A Rome, lorsqu'un crime étoit constant, et qu'il n'y avoit point d'accusateur particulier pour appeler le coupable en jugement, on recouroit à l'*information d'office* (2). Tel est précisément le système

---

(1) *Ubi hoc exemplo, per Senatus decretum, Consul gladium eduxerit, quis illi finem statuet, aut quis moderabitur?* (Sallust. in bello Catil. n°. 51). Il rapporte toute la harangue de Cicéron, prononcée après que le décret de mort eut été rendu par le consul Silanus, son collègue.

(2) Il y a des auteurs qui croient qu'après l'établissement des *questions publiques et perpétuelles*, dont parle Pomponius (*leg.* 2, §. 32, *ff. de origin. jur.*), et de celles qui avoient été auparavant établies l'an 604 de Rome, et dont parle Cicéron (*in Bruto*); les préteurs, chargés de ces *questions*, étoient, non-seulement obligés de recevoir les accusations, et de connoître des délits compris dans leurs *questions* respectives, mais qu'ils devoient encore faire des recherches sur les auteurs de ces délits, lorsqu'il n'y avoit point d'accusateur. Baudouin (*comment. ad edict. veter. princip. de Christia-*

qu'il faudroit adopter aujourd'hui. L'*accusation* devroit être la base de la procédure ordinaire, et l'*information d'office*, la base de la procédure extraordinaire. Mais cette information devroit-elle être ce qu'elle est en ce moment, soit relativement aux actes de la procédure, soit relativement aux personnes à qui elle est confiée ? Ne pourroit-on

---

nis.), en citant avec éloge une lettre de Trajan à Pline, qui faisoit à ce Prince quelques questions sur les affaires des Chrétiens, est de cette opinion. Il paroît que le célèbre Gerard Noodt l'a aussi adoptée, comme on peut le voir dans son traité *de transactione et pactione criminum*, *cap.* 11. A l'autorité de ces Ecrivains se joignent aussi quelques faits. En voici un. César, se trouvant revêtu du titre qu'on appeloit *Judex quæstionis de sicariis*, se servit de l'autorité de sa charge pour faire assigner devant son tribunal, et pour condamner comme meurtriers (*sicarii*), ceux qui avoient été impliqués dans la proscription de Sylla, et qui avoient reçu de l'argent pour tuer un citoyen romain. Cette assignation ne fut précédée d'aucune accusation particulière. (Voy. Plutarque, Vie de Cicéron; et Suetone, Vie de César, n. 11.) Je ne dissimulerai pas cependant que plusieurs Jurisconsultes sont d'une opinion contraire. Voyez, entre autres, Bohemer, *Jus ecclesiasticum Protestantium*, lib. 5, tit. 1, §. 81, et seq.; et Thomasius, dans sa Dissertation *de origin. process. inquisit.* : leurs objections sont très-foibles.

pas la rendre plus conforme aux principes de la raison, de la justice et de l'humanité? ne pourroit-on pas trouver le moyen de rapprocher l'information de la simplicité de l'accusation? dans l'une et l'autre procédure ne pourroit-on introduire la publicité de l'instruction, et inspirer plus de confiance et de sécurité aux accusés innocens? A ce nombre immense de ministres subalternes de la justice, qui remplissent tous les tribunaux de l'Europe, infestent la société, et troublent le repos public, ne pourroit-on substituer une magistrature respectable, qui fût en même tems l'instrument de la justice publique et de la sûreté particulière? C'est ce que je vais examiner dans le chapitre suivant.

CHAPITRE V.

De la réforme qu'il faudroit faire dans le systême de la Procédure d'information.

Il est aisé de sentir, qu'après avoir rétabli la liberté de l'accusation, après avoir rendu au citoyen cette précieuse prérogative, en adoptant à cet égard le systême des peuples les plus libres de l'antiquité, on ne manqueroit d'accusateurs que dans un petit nombre de circonstances extraordinaires : mais puisque ces événemens sont possibles, les lois doivent s'armer de toute leur vigilance pour les prévenir. La sûreté du citoyen exige que, lorsqu'au défaut d'accusateur on est obligé de recourir à l'information d'office, cette information soit exempte de tous les vices dont la férocité de la superstition semble l'avoir accablée, et que l'indifférence des gouvernemens laisse encore subsister. Afin de raisonner avec exactitude, voyons d'abord quels sont les principaux inconvéniens de cette procédure, dans l'état où elle est aujourd'hui ; nous chercherons ensuite les moyens d'y remédier.

Après avoir long-tems réfléchi sur un objet aussi intéressant, j'ai apperçu qu'une partie de ces défauts naît de la nature même de l'information actuelle, et une autre partie, de ceux à qui on l'a confiée; j'ai vu qu'un systême de procédure, où le juge doit exercer les fonctions d'accusateur, est extrêmement vicieux en lui-même; j'ai vu que la base de l'information étant, ou la *dénonciation secrète*, ou la *clameur publique*, pour me servir de l'expression du barreau, un moyen de cette nature est équivoque, dangereux, injuste; j'ai vu que la liberté, le repos, l'honneur du citoyen étoient ainsi continuellement exposés aux attaques d'un scélérat déterminé, et à tous les soupçons que la méchanceté d'un ennemi et l'imprudence d'un homme indiscret peuvent répandre sûr la réputation (1); j'ai vu que, suivant le cours ordinaire de l'esprit humain, l'erreur particulière produit sur-le-champ l'erreur géné-

---

(1) *Famam atque rumores, pars altera consensum civitatis, et velut publicum testimonium vocat; altera sermonem sine ullo certo auctore dispersum, cui malignitas initium dederit, incrementum credulitas, quod nulli non innocentissimo possit accidere, fraude inimicorum falsa vulgantium. Quintil. instit. orat. tit.* 5, *cap.* 3.

rale, comme l'erreur générale produit l'erreur particulière ; j'ai vu que la voix publique, rarement constante dans ses jugemens, ne peut jamais avoir qu'une base incertaine ; j'ai vu qu'elle a condamné Socrate à boire la ciguë, qu'elle a fait mourir Anaxagore, qu'elle a traîné sur l'échafaud, ou rendu infâmes une foule d'hommes innocens, de sages, et de héros. Considérant ensuite ceux à qui l'on a confié la plus grande partie de cette procédure, je n'apperçois que des ames viles et corrompues. C'est à des hommes entièrement privés de la confiance publique, et déshonorés dans l'opinion commune, que la loi confie aveuglément le sort des citoyens : ce sont eux qui sont revêtus du ministère le plus délicat et le plus important de la justice ; ils sont, en quelque sorte, les maîtres du résultat de l'information. Frappé de ces abus, aussi honteux pour les gouvernemens, que funestes aux peuples, j'ai cherché les moyens propres à détruire un ordre de procédure qui attaque la sûreté civile. Si l'esprit du bien public, dont je suis animé, ne me fait point illusion, je crois avoir trouvé ces moyens dans le système de la jurisprudence romaine, en y joignant quelques modifications nécessaires.

Chez ce peuple, comme on a vu, l'on recouroit à l'information, lorsque la procédure ordinaire ne pouvoit avoir lieu. Mais l'information des Romains étoit différente de la nôtre : le juge ne remplissoit pas les fonctions d'accusateur. Lorsqu'il n'existoit point d'accusateur particulier, il y avoit un accusateur public; lorsqu'il n'y avoit point de *libelle* (*libellus*) d'accusation, il y avoit une plainte (*elogium*) du magistrat chargé de découvrir le crime, mais non de juger, de punir. Ce magistrat n'étoit point en même tems l'objet de la défiance publique et de la confiance aveugle des lois : sa charge avoit de l'illustration, son ministère étoit honoré; et cependant la loi n'attachoit pas une plus grande importance à son accusation, qu'à celle d'un simple particulier. Ces magistrats étoient appelés *Curiosi*, *Stationarii*, *Irenarchi* : leur fonction étoit de découvrir les auteurs de ces délits sur lesquels il n'y avoit point d'accusateur particulier, et de remettre aux tribunaux compétens les informations qu'ils avoient prises, les coupables qu'ils avoient trouvés, et les motifs de leurs conjectures; ils devoient enfin se présenter comme des accusateurs particuliers, pour soutenir tout ce qu'ils avoient écrit et avancé (1).

---

(1) Voyez la note du chapitre précédent, pag. 65, et la *loi* 6, *ff. de custod. et exhib. reor.*

C'est après avoir étudié ce système des Romains, que j'ai imaginé un plan de réforme sur ce sujet. Ce plan se réduit à donner à la procédure d'information d'office toute la simplicité de la procédure d'accusation. Une nouvelle magistrature seroit établie pour cet objet (elle devroit être composée de *magistrats accusateurs*, choisis parmi les hommes les plus distingués par leurs vertus et leurs lumières, et par conséquent les plus propres à faire respecter leurs fonctions; on y attacheroit des honoraires convenables, et on exigeroit, de ceux qui voudroient y prétendre, des conditions et des facultés qui les missent à couvert de toute idée de vénalité et de prévarication. Ces magistrats accusateurs seroient distribués dans toute la nation: chacun d'eux auroit une partie de territoire assignée pour son inspection.

Cette nouvelle magistrature, ainsi établie, se livreroit à la recherche des auteurs de tous les délits sur lesquels il n'y auroit point d'accusateur particulier. Ces magistrats les appeleroient devant le tribunal, et les accuseroient avec les formules et les règles prescrites pour les accusations particulières. Egalement obligés de ne point se désister de leur accusation jusqu'à la fin du jugement, ils feroient les mêmes promesses, et seroient exposés aux mêmes dangers : mais ces magistrats, à la différence de ceux de Rome, devroient être punis comme les autres accusateurs, non-seulement pour une calomnie manifeste, mais même pour une simple calomnie. Ce seroit ajouter un nouveau degré de force à la confiance que le peuple doit avoir dans leur terrible ministère ; ce seroit opposer un obstacle à l'abus de leur autorité.

Mais comment concilier, me dira-t-on, cette nouvelle magistrature avec la jurisdiction féodale ? Je l'avoue, cela seroit impossible ; mais je dois aussi convenir que toute réforme, dans le systême de la procédure criminelle, sera constamment impossible, tant que le simulacre de ce monstre antique, qui a si long-tems désolé l'Europe, ne sera pas anéanti. Les gémissemens des peuples, et les ouvrages énergiques et profonds des philosophes ont déjà commencé cette heureuse révolution : c'est à l'activité et au courage des souverains qu'appartient le bonheur de l'achever. Fasse le ciel que je puisse me glorifier un jour d'avoir accéléré le succès de ce grand ouvrage ! Le triomphe de la justice, de la raison, de la liberté de l'homme me dédommageront des amis que j'aurai eu le malheur de perdre, me soutiendront contre les ennemis puissans que je me serai attirés, et me feront braver les clameurs du fanatisme et les calomnies de l'ignorance.

Pour ne pas troubler l'ordre de mes idées, je renvoie la discussion de ces objets à la quatrième partie de la procédure criminelle. Replaçons-nous au point d'où nous sommes partis.

Il est aisé de voir, d'après tout ce que je viens de dire, qu'en adoptant un pareil systême, les inconvéniens de l'information *d'office* disparoîtroient bientôt; le juge ne rempliroit plus les fonctions d'accusateur, la dénonciation secrète n'existeroit plus; la *clameur publique*, ce moyen si équivoque, si trompeur, ne seroit plus, dans les mains de l'imposture et de la séduction, un prétexte ou un motif légitime d'enlever à un homme sa liberté. Dans la procédure d'accusation, comme dans la procédure d'information, nous aurions alors un accusateur, et une accusation solennelle. Il n'y auroit d'autre différence entre ces deux procédures, que celle qui naîtroit de la condition politique de ceux qui devroient en établir les fondemens. Dans l'une et dans l'autre, l'accusateur devoit produire les preuves qui existent contre l'accusé. L'accusateur seroit véritablement chargé de l'information; le juge ne feroit autre chose qu'en examiner le degré d'importance et de force, et rendre son jugement d'après cet examen. Tous les actes postérieurs à l'accusation seroient parfaitement semblables ; le cours de la justice pourroit être toujours régulier et uniforme; ses opérations se succéderoient dans le même ordre. La première de toutes devroit être l'assignation de l'accusé, jointe à la sûreté de sa personne.

CHAPITRE VI.

SECONDE PARTIE DE LA PROCÉDURE CRIMINELLE.

De l'assignation de l'accusé, et de la sûreté de sa personne.

L'ACCUSATION ayant été légitimement établie, ou par le magistrat accusateur ou par un citoyen particulier, l'assignation de l'accusé devroit suivre la première opération de la procédure criminelle. A Rome, ces deux actes étoient, d'ordinaire, inséparables : l'accusateur conduisoit l'accusé devant le préteur, et formoit son accusation en sa présence (1); mais si l'accusé refusoit de venir,

(1) *Reum fieri, est apud Prætorem legibus interrogari; cùm in jus ventum esset, dicebat accusator apud prætorem reo : Aïo te siculos spoliasse; si tacuisset, lis ei æstimabatur, ut victo; si negasset, petebatur à Magistratu dies inquirendorum ejus criminum et instituebatur accusatio.* (Asconius.) Cette méthode avoit également lieu dans les jugemens

s'il pouvoit être soupçonné de prendre la fuite, s'il étoit absent; la loi, qui n'exigeoit pas de l'accusateur un effort supérieur à ses forces, venoit alors à son secours, et prescrivoit la marche qu'il falloit suivre dans ces différentes circonstances.

Si l'accusé étoit absent, on l'assignoit jus-

---

civils et criminels; avec cette seule différence, que dans les premiers, le silence de l'accusé suffisoit pour produire la conviction. Il n'en étoit pas de même dans les jugemens criminels; car l'aveu seul de l'accusé, comme nous l'avons observé, ne pouvoit rendre, par lui-même, la preuve complète. Lorsqu'Asconius dit, *si tacuisset, lis ei æstimabatur ut victo*, il parle donc de l'effet pécuniaire ou civil que produisoit le silence, et non de l'effet pénal; car la loi avoit établi, contre le délit dont il est ici question, outre la restitution, la peine de l'exil. En un mot, dans le cas dont parle Asconius, le silence de l'accusé faisoit convertir l'accusation criminelle en accusation civile; et comme dans l'accusation civile le silence ou l'aveu de l'accusé suffisoit pour rendre la preuve complète, le préteur ordonnoit ce qu'on appeloit *æstimatio litis*: mais si l'accusateur insistoit sur la peine, alors on peut présumer que, malgré le silence de l'accusé, il falloit poursuivre le jugement pour pouvoir condamner. Les jurisconsultes instruits ne rejeteront peut-être pas ma conjecture à cet égard; je l'établis, sans rapporter toutes les preuves qui peuvent la justifier.

qu'à trois fois, et il y avoit toujours, entre chacune de ces assignations, un intervalle de neuf jours (1). Si, trente jours après la première assignation, il ne se présentoit pas devant le magistrat, ses biens étoient saisis, et il ne pouvoit purger sa contumace que dans le cours de l'année. Après ce terme, le trésor public s'emparoit de ses biens; et pour le punir de sa désobéissance, on le privoit du droit de les recouvrer, s'il venoit, dans la suite, à démontrer son innocence (2).

---

(1) Voilà pourquoi on l'appeloit, *citatio per trinundinum. Vid. leg.* 1, *et seq. ff. de req. vel. absent. damn.*, *et leg.* 10, *ff. de public jud.*

(2) C'est ce qu'on trouve établi dans les lois suivantes, *leg.* 1 *et* 2, *ff*, *de requirendis vel absentibus damnandis ; leg.* 1, 2 *et* 3, *cod. de requirendis reis ; leg.* 2, *cod. de exhib. et transmitt. reis.* Cet usage existoit à Athènes, à peu de chose près. *Pollux. leg.* 8, *cap.* 9. La même chose étoit à-peu-près établie dans le code des Lombards, et dans les capitulaires de Charlemagne et de Louis le Débonnaire : on exigeoit seulement une assignation de plus, et l'intervalle d'une assignation à l'autre étoit plus considérable. Voyez le code des Lombards, liv. 2, tit. 43; et les capitulaires de Charlemagne et de Louis le Débonnaire, liv. 3, chap. 45, *de monitione secundum legem ad mallum*. Voyez encore tout ce que la loi Salique, tit. 1, et le code des Visigots, liv. 2, tit. 1, chap. 18, ordonnent sur cet objet.

C'est dans ces bornes qu'on avoit restreint la sévérité nécessaire de la loi contre les contumaces : elle n'avoit pas le pouvoir de les condamner avant de les avoir entendus (1). Cet usage barbare, dont nous parlerons bientôt, est postérieur à la Jurisprudence des Grecs et des Romains ; il doit son origine à des circonstances particulières (2) ; et son existence présente, en Europe, à la négligence criminelle de ceux qui la gouvernent.

Mais l'assignation n'étoit pas le seul moyen dont la loi se servit pour appeler l'accusé en jugement, et pour lui notifier l'accusation. Si l'accusé étoit appelé devant le tribunal d'une manière légitime, et qu'il refusât de comparoitre ; ou si le délit dont il étoit accusé étoit d'une assez grande importance, pour que la perte de ses biens et de sa patrie ne dût pas l'empêcher de prendre la fuite ;

---

(1) *Leg.* 3, *ff. de absentibus ; lib.* 5, *ff, de pœnis ; leg.* 1, *ff. de requir. vel absent. damnator.* Voici les paroles de Marcian sur cette loi : *Hoc jure utimur, ne absentes damnentur ; neque enim inaudita causa quemquam damnari æquitatis ratio patitur, etc.* Voyez encore ce que dit Gordien, *leg.* 6, *cod. de accusat.*

(2) Voyez les constitutions de Sicile, de Fréderic, lib. 2, tit. 3.

alors la loi permettoit au magistrat d'ordonner *la prise de corps*, afin que le délit ne demeurât pas impuni (1) : mais elle ne recouroit à ce terrible et nécessaire expédient, que dans un très-petit nombre de circonstances, où le crime étoit énorme, et où le mépris du citoyen, pour l'autorité légitime, étoit évidemment établi. C'étoit une sorte de guerre que l'intérêt public faisoit à la liberté particulière ; mais dans cette guerre, on respectoit les principes de la justice ; et le citoyen qui en étoit l'objet, s'appercevoit toujours que la main qui le poursuivoit étoit la main d'un père, et non celle d'un tyran.

Il se confirmoit encore dans cette juste et salutaire opinion, lorsqu'il paroissoit devant le magistrat compétent ; il trouvoit son accusateur, il entendoit l'accusation, et répondoit aux demandes du magistrat concernant la vérité des faits qu'on avoit avancés contre lui. La simplicité, la clarté, le respect que l'on doit au citoyen, accompagnoient cette sommation juridique (2). S'il nioit, s'il dé-

---

(1) *Leg. 7, ff. de custod. et exhib. reor.* ; et la loi citée, 2, *cod de. exhib. et transm. reis.*

(2) *Leg. divus 6, dig. de custod. et exhib. reor.* Il pouvoit encore opposer les exceptions appelées *dilatoires*, si l'accusateur n'avoit pas le droit d'ac-

claroit fausse l'accusation intentée contre lui, on accordoit un certain nombre de jours à l'accusateur pour prouver la vérité de son accusation, et à l'accusé pour se défendre (1). Si dans quelques cas on le conduisoit en prison, pour s'assurer de sa personne, son innocence n'en recevoit aucune atteinte; on ne concevoit pas contre lui une défiance injurieuse : il voyoit que l'accusateur étoit soumis à la même condition, et que la loi étoit impartiale (2). Ordinairement, on lui laissoit sa liberté, sur la parole d'une *caution* (*fidejussor*), et on le mettoit sous la garde de quelque personnage distingué (3).

---

cuser, si le juge étoit incompétent, si le *libelle* d'accusation renfermoit quelque irrégularité, s'il avoit le privilège de ne pouvoir être accusé, etc. Ces exceptions devoient être opposées avant que l'accusé fût mis en cause, c'est-à-dire, avant que l'affaire fût devenue contradictoire; *leg.* 15, §. 7, *ff. ad leg. Jul. de adult.*; *leg.* 33, *cod. ad leg. Jul. de adult.*

(1) *Sigonius*, *de judiciis*, *lib.* 2, *cap.* 10.

(2) *Leg.* 2, *cod. de exhib. et transmitt. reis*; *leg. ult. cod. de accusat.* Elles ordonnent que la personne de l'accusateur soit gardée comme celle de l'accusé, lorsque l'accusation est de nature à faire perdre la vie à celui-ci.

(3) *Leg.* 1, *dig. de custod. et exhib. reor.* Nous savons que les complices de Catilina, lorsqu'ils fu-

Une loi bien favorable à la liberté de l'homme, que les Romains puisèrent peut-être chez les Athéniens (1), et que les Anglais ont reçue des Romains, défendoit au magistrat de retenir en prison l'accusé qui trouvoit, dans quelque citoyen, une caution de sa personne : elle n'exceptoit que les hommes accusés des plus grands attentats (2) ; encore

---

rent découverts par le Consul et appelés dans le Sénat, furent mis sous la garde de plusieurs sénateurs, quoique leur crime dût être puni de mort après le jugement. (*Sallust. in conjurat. Catilinæ.*)

(1) Voici cette loi des Athéniens, telle que Démosthène nous l'a conservée. *Jus ne esto senatui Atheniensium aliquem vincire, si sponsores tres dederit ejusdem census ; nisi quis ad urbem prodendam, aut popularem statum evertendum conspiraverit.* (*Demosth. in Timocrat.*) Les magistrats, en prenant possession de leurs charges, devoient promettre, avec serment, d'obéir à cette loi. (*Potter. archælog. græc. lib.* 1, *cap.* 18.

(2) Ulpien, *lib.* 7, *de officio Proconsulis*, dit : *Divus Pius ad epistolam Antiochensium græce rescripsit, non esse in vincula conjiciendum eum qui fidejussores dare paratus est ; nisi tam grave scelus admisisse eum constet, ut neque fidejussoribus, neque militibus committi debeat ; verum hanc ipsam carceris pœnam ante supplicium sustinere. Vid.* leg 3, ff. de custod. et exhib. reor. Voilà précisément l'*habeas*

étoient-ils traités comme citoyens jusqu'à l'instant de la conviction la plus complète. « Notre justice (dit un empereur dans une » loi), qui ne sauroit être assez rigoureuse » contre le coupable, et notre humanité, » qui ne peut être assez grande envers l'in- » nocent, ne permettent pas que celui qui a » le malheur d'être accusé, soit traîné en » prison, que ses bras y soient chargés de » fers honteux, destinés aux crimes, et que » la profondeur d'un cachot lui dérobe la » lumière du jour; elles ordonnent au con- » traire que ces lieux de sûreté ne soient, ni » construits sous la terre, ni cachés dans » l'obscurité; elles veulent que les malheu- » reux qui y sont détenus, soient accompa- » gnés, aux approches de la nuit, dans le » vestibule de la prison, où ils pourront » jouir d'un air plus libre et plus sain; qu'en- » fin, au commencement du jour, ils aient » la douceur de voir le ciel, de respirer l'air » frais du matin, et de se réchauffer aux pre- » miers rayons du soleil (1) ».

---

corpus des Anglais. Voyez Blackstone, code criminel, chap. 22.

(1) *Leg.* 1, *cod. de custod. reor.* Voyez encore les autres lois, qui ordonnoient de ne point prolonger les jugemens des accusés détenus en pri-

Législateurs de l'Europe, telles sont les lois d'un peuple, qui malgré la perte de sa liberté, inspiroit encore du respect à ses oppresseurs. Par quelle funeste destinée vos peuples sont-ils condamnés à être privés de ces deux biens à-la-fois? Si, par notre foiblesse, nous avons perdu le droit d'exiger de vous le respect qui nous est dû, que notre affreuse destinée sollicite au moins votre pitié. Au sein de l'opulence et de la grandeur, environnés de l'éclat du trône et de toutes les jouissances attachées à la royauté, au milieu des plaisirs bruyans et de la joie factice de tous ceux qui vous environnent, au milieu de cette harmonie enchanteresse dont retentissent vos palais; les soupirs des malheureux qui gémissent sous vos lois barbares, ne peuvent parvenir jusqu'à vous. Ah! l'homme le plus sensible a besoin, pour s'attendrir sur le malheur, d'en avoir lui-même éprouvé l'amertume. Comment l'ame d'un roi pourroit-elle s'ouvrir au sentiment de la douleur d'autrui? Osez donc vous dérober à cette infortune de la grandeur, osez faire le sacrifice de quelques instans de plai-

---

son : *leg.* 1, §. 1, *cod. de custod. reor.*; *leg.* 5, *cod. eod.*; *leg. ult. cod. ut int. cert. temp. crim. quæst. term.*

sirs ; jetez les yeux sur ces prisons, où des milliers de vos sujets languissent dans le délaissement et l'effroi, considérez ces tristes monumens de la misère des hommes, et de la dureté de ceux qui les gouvernent ; approchez-vous de ces murs épouvantables, où la liberté est entourée de fers, et où l'innocence est confondue avec le crime. Dépouillez-vous des ornemens de la souveraineté, prenez le vêtement d'un simple citoyen ; ensuite faites-vous conduire vers ce souterrain, où la lumière du jour n'a jamais pénétré ; vers ce souterrain, où vit enseveli, non un ennemi de la patrie, un vil assassin, mais un citoyen innocent et paisible, que la main d'un ennemi inconnu y a précipité, et qui a eu le courage de soutenir son innocence devant un juge aveugle ou pervers. Si l'infection de ce tombeau, si le bruit des chaînes, si les gémissemens dont il retentit ne vous effraient pas, faites-en ouvrir la porte; approchez-vous du spectre qui l'habite ; considérez, à la lueur de la lampe lugubre qui éclaire ce monument, la pâleur de la mort qui couvre son visage; voyez ce corps chargé de plaies, étendu sur la paille. Hélas ! cet infortuné a autrefois passé des nuits tranquilles dans ses foyers domestiques, sous la protection de ces mêmes lois qui le dévouent aujourd'hui aux angoisses et à la mort (1). Si votre cœur s'émeut à ce spectacle, faites éloigner celui qui vous a conduit dans ces sombres demeures. Seul avec cette victime de vos lois, demandez-lui la cause de ses malheurs.

« Je suis sûr, vous dira-t-il, de n'avoir jamais fait de mal à personne; mais je ne suis pas également sûr de ne point avoir d'ennemi. Je vivois tranquille, par le sentiment de mon innocence et de la protection de la loi, lorsque je me suis vu sur-le-champ arracher du sein de ma famille et conduire dans les cachots. A cet instant, l'effroi s'empara de mon ame : mais que devins-je, ô ciel! lorsque je fus appelé devant un juge que je ne connoissois pas, et dont le seul aspect me fit éprouver toutes les horreurs de la mort! Entraîné tout d'un coup, du milieu des ténèbres et de la solitude, à la lumière du jour; effrayé de mille idées sinistres qui s'étoient présentées à mon imagination; trem-

---

(1) Luctus, et ultrices posuere cubilia curæ,
Pallentesque habitant morbi, tristisque senectus,
Et metus, et malesuada fames, et turpis egestas.

(*Virgil. Eneid. lib.* 6, *vers.* 278 *et seq.*)

Voilà une description bien vraie de nos prisons.

blant, j'osai à peine lever un œil timide et incertain vers l'arbitre de ma destinée. J'aurois cru voir dans lui mon accusateur, si l'on ne m'eût averti que c'étoit mon juge; la fierté de son visage, la dureté de son regard, l'aigreur de sa voix lorsqu'il m'interrogeoit, ses menaces, ses séductions, tout m'offroit en lui un ennemi : je lisois d'avance, dans les traits de sa figure, l'arrêt de ma condamnation. Sans m'expliquer le motif pour lequel il m'avoit appelé devant lui, il me fit des demandes vagues sur plusieurs faits, dont quelques-uns m'étoient connus, et dont beaucoup d'autres ne l'étoient pas. Sans pouvoir pénétrer l'objet de ses demandes, ni la liaison qu'il y avoit entr'elles, je répondis d'abord avec la plus grande vérité, ne dissimulant ni ce que je savois, ni ce que j'ignorois; tantôt je voyois sur son visage un air sombre et hagard; tantôt je le voyois se radoucir et devenir riant, comme s'il m'eût surpris dans mes réponses; d'autres fois il m'accusoit de mensonge et de contradictions. Si je lui répondois en tremblant, il attribuoit ma crainte à la conscience de mon crime; si je lui répondois avec courage, il appeloit ma fermeté, l'audace étudiée et l'effronterie d'un scélérat. Ces reproches, ces fausses interprétations qu'il donnoit à mes paroles et au ton même de ma voix, accrurent le désordre de mes idées, en troublant ma raison, déjà fatiguée de la multiplicité et de la disparité de toutes ces demandes. Dans ce moment, je ne me rappelai plus, ni ce que j'avois dit, ni ce que j'avois su; j'observai seulement que les questions, qui d'abord m'avoient paru indifférentes, devenoient des questions d'une très-grande importance. Alors je cédai à ma foiblesse et à mes craintes : je commençai à me taire et à nier. Ne me souvenant plus de ce que j'avois dit, je ne voulois pas m'exposer au danger d'être surpris en contradiction avec moi-même. Plus embarrassé de mon innocence qu'un coupable ne l'eût été de la conviction de son crime, je voyois que plus mon interrogatoire se prolongeoit, et plus la prévention du juge contre moi se fortifioit, plus je préparois ma ruine. En un mot, après ce long et terrible combat, je fus ramené dans le lieu où vous me trouvez, sans savoir ce qu'on avoit fait contre moi, sans imaginer quelle seroit ma destinée.

Une seule fois, j'ai vu cette porte s'ouvrir; c'est lorsqu'on m'a reconduit devant ce juge pour être confronté aux témoins, dont j'ignorois les dépositions. On me demanda si je les connoissois, et si j'avois quelque reproche légitime à proposer contre eux : c'étoit la première fois que j'avois entendu prononcer leurs noms et vû leurs visages. J'ignore quelle relation ils peuvent avoir avec mon calomniateur et avec l'objet de l'accusation puisqu'on ne m'a fait connoître encore, ni ce calomniateur, ni son accusation. J'étois donc obligé de les admettre, puisque je n'avois rien à leur opposer; mais qui sait s'ils ne sont pas conjurés pour me perdre? Je dois le croire, parce que s'ils n'avoient pas déposé contre moi, ils n'auroient pas été appelés devant le juge pour y être confrontés avec moi. Mon imagination me représente toute l'horreur de la trame qu'on a ourdie, et les tourmens que j'endure sont les avant-coureurs de la mort. Si mon aveu est nécessaire pour achever ma perte, je ne tarderai pas à offrir cet avantage à mes ennemis; car je ne puis plus supporter l'état affreux où je suis. Je l'aurois déjà donné cet aveu, si j'eusse connu toutes les circonstances du délit auquel il doit se rapporter, et si la religion ne m'eût empêché de mentir. Le geolier de ce cachot m'encourage sans cesse à faire cette déclaration; il offre de me procurer toutes les instructions nécessaires à cet égard; il me prive d'une partie du pain que la loi fixe pour ma subsistance; il me fait passer des jours entiers dans les ardeurs de la soif;

quelquefois il vient m'insulter par des menaces de torture, et par l'espérance de satisfaire mes besoins lorsque j'aurai prononcé l'aveu mensonger; aveu, dit-il, qui ne peut d'ailleurs servir à autre chose qu'à hâter l'instant du jugement, puisque je ne laisserai pas d'être convaincu sans cela.

A ces menaces de torture, il en joint d'autres plus épouvantables : il me dit qu'on m'a préparé un cachot cent fois plus horrible que celui où je me trouve, et que j'y serai conduit, si je lasse la patience du juge. D'après la peinture qu'il m'en a faite, cette prison n'est pas plus haute que la moitié de mon corps, et elle n'a en longueur que l'espace nécessaire pour pouvoir demeurer assis. Afin d'ôter encore à mes bras le peu de liberté que me laissent les fers dont ils sont entourés, on les attachera à mes pieds, ajoute-t-il, et une main étrangère viendra mettre dans ma bouche quelques morceaux de pain et y faire couler quelques gouttes d'eau. C'est ainsi que l'on conservera ma vie pour les derniers tourmens que je dois éprouver.

Je n'ai aucune raison de penser que ces menaces sont vaines, et que cette peinture est exagerée : l'état où je me trouve me dispose à croire capables de toutes sortes d'excès, et les lois qui dirigent les juges, et les juges qui les font exécuter. Je suis donc disposé à prononcer cet aveu mensonger, puisqu'il doit accélérer une mort que j'invoque à chaque instant, et dont le seul parjure qui doit la précéder, m'a jusqu'à présent empêché de me rendre coupable ».

Législateurs, rois, monarques, pères des peuples, comme vous vous appelez dans vos édits, voilà ce que vous verriez, ce que vous entendriez, si vous alliez un moment visiter cette portion de vos sujets qui épuise la coupe de la douleur, en soupirant après sa liberté perdue. Le tableau que je viens de vous offrir n'est point orné par l'éloquence, ou animé par l'enthousiasme; j'ai même, par respect pour l'humanité, dérobé à vos regards, et peut-être à la démence effrénée de l'imitation, un usage plus atroce encore, qui déshonore un empire de l'Europe. Si ces écrits parviennent jusqu'à vous, s'ils franchissent les obstacles qui éloignent la vérité du trône, s'il n'y a autour de vous aucun courtisan qui les tourne en ridicule, aucun ignorant qui les calomnie, pourrez-vous ne pas frémir en voyant tous les phénomènes de la tyrannie se manifester chaque jour dans des monarchies, modérées par vos vertus, et despotiques par vos lois. Au milieu d'un siècle où la raison a fait de si grands progrès, où les erreurs ont été combattues avec tant de courage et de succès, devons-nous donc être les victimes des absurdités révoltantes que la superstition a introduites dans la procédure criminelle? devons-nous ressentir encore aujourd'hui dans nos lois les atteintes de cette terrible *inquisition*, qui, pendant cinq siècles, a persécuté l'innocence, la philosophie, la religion, a tourmenté l'humanité tout entière? Nous qui avons adopté tant de lois des Romains, dont plusieurs ne conviennent plus à l'état actuel des choses, dont quelques-unes sont inutiles, et quelques autres absurdes, devrions-nous négliger précisément celles qui favorisent le plus la liberté civile? devrions-nous souffrir que le système d'un pontife ambitieux l'emporte encore sur celui que la sagesse des Grecs et des Romains avoient créé au sein de la liberté; que *l'inquisition* proscrite de l'église conserve encore son trône dans le temple de la justice? Ah! jetons les yeux sur les codes de ces tems barbares qui nous inspirent tant d'effroi, et rougissons en lisant les articles de leur procédure criminelle (1).... Mais non, couvrons

(1) Nous avons déjà fait remarquer les dispositions de plusieurs de ces codes, relativement à l'accusation judiciaire. On trouve, dans quelques-uns

d'un voile cet horrible tableau des dangers auxquels est exposée notre liberté. Au lieu de gémir inutilement sur les maux, occupons-nous du choix des remèdes, et que la facilité de les mettre en usage puisse du moins nous consoler. Voyons comment il seroit possible de corriger cette partie de la procédure criminelle dont nous venons de montrer tous les défauts.

---

d'entre eux, le systême des cautionnemens (*fidejussio*) des Romains, ou de *l'habeas corpus* des Anglais. Voyez les capitulaires de Charlemagne et de Louis le Débonnaire, liv. 4, chap. 29; les constitutions de Sicile, lib. 2, tit. 10, *de his qui fidejussores dare possunt, ne incarcerentur.* Je me rappelle avoir lu, dans le code des Visigots, une loi qui établissoit le systême des cautionnemens; mais je ne me souviens pas sous quel titre elle est placée.

CHAPITRE VII.

Réforme à faire dans cette partie de la procédure criminelle.

S'IL est une partie de la procédure criminelle où le systême de la jurisprudence romaine doive être entièrement adopté, c'est assurément celle qui concerne l'assignation de l'accusé et la sûreté de sa personne : nous avons vu combien elle étoit simple et favorable à la liberté du citoyen. Assigner un homme qui est accusé d'un délit, le conduire devant le magistrat compétent, lui faire connoître son accusateur, lui montrer l'accusation, l'interroger sans mystère sur la vérité de tout ce qu'on avance contre lui, ne laisser paroître la moindre prévention en faveur d'aucune des parties ; accorder le même nombre de jours à l'accusé pour se justifier, et à l'accusateur pour fournir la vérité de son accusation ; abolir tous ces actes *extra-judiciaires*, toutes ces disputes indécentes entre le juge et l'accusé, toutes ces violences, ces pièges qui déshonorent le systême actuel de la procédure, et en font naître un

si

si grand nombre d'attentats; dégager la justice de cette obscurité volontaire où elle s'enveloppe par le mystère de *l'information*; supprimer ces sermens inutiles qu'on exige de l'accusé, et dont l'unique effet est de multiplier les parjures en affoiblissant ce lien précieux, qui n'enchaîne les hommes que lorsqu'on s'en sert avec réserve; ne point passer de cette sommation à l'emprisonnement, excepté dans le cas où l'on peut craindre la fuite de l'accusé, et où l'on doit punir son mépris pour l'autorité légitime (1); laisser sa personne libre, sur la parole d'une

---

(1) C'est-à-dire, lorsqu'un homme, légitimement assigné, refuse de comparoitre. Dans l'état actuel de la procédure, le décret d'emprisonnement doit être précédé de quelques indices, nommés *ad capturam*. Mais, en adoptant le système d'accusation que nous proposons, la seule accusation devient un indice *suffisant*, puisque l'accusateur, ou public ou particulier, ne pourroit, sans les plus forts indices, courir le risque de s'exposer à la peine du talion, laquelle seroit une suite nécessaire de toute accusation faite par caprice ou par mauvaise foi. On ne devroit recourir à cet acte violent d'emprisonnement, que dans les cas dont nous venons de parler; c'est-à-dire, lorsque l'accusé refuseroit d'obéir à l'assignation, et lorsque la gravité du délit, ou la condition particulière de *domicile* et d'*honneur*, le rendroit suspect de fuite.

caution, lorsque la nature du délit et la rigueur de la peine portée par la loi n'exigent pas une plus grande sûreté; faire ensorte que, même dans ce cas, la garde de l'accusé ne soit pas indigne d'un innocent; consacrer une portion des revenus publics à la construction des prisons, où les ministres subalternes de la justice ne s'occuperoient qu'à offrir l'image honorable de la modération, du respect avec lequel la société traite encore les individus qui ont mérité toute sa défiance: en un mot, agir avec l'accusé comme avec un citoyen, tant que son délit n'est pas entièrement prouvé; voilà les heureux effets de ce système de liberté des Romains, et ces effets se renouvelleroient encore de nos jours, si nous avions le courage de l'adopter (1).

De là naîtroit une autre réforme. Les accusés ne seroient plus mêlés dans la même prison avec les coupables convaincus. Un homme qui est accusé d'un délit, ne doit

(1) Toutes les objections que cette méthode peut faire naître dans l'esprit du lecteur, seront discutées dans le cours de ce livre. Sans cette distribution de matières, je serois souvent forcé d'intervertir l'ordre que je me suis prescrit, ou de répéter plusieurs fois les mêmes choses.

pas perdre ses droits à l'opinion publique, tant qu'il n'est pas convaincu de l'avoir commis. Or, cette opinion publique, déterminée par les moyens, plutôt que par l'objet, a attaché une sorte d'infamie à l'emprisonnement. Il faudroit, pour détruire cette infamie, distinguer les accusés des coupables. On éviteroit, par ce moyen, un autre inconvénient plus funeste encore; c'est l'union du crime et de l'innocence dans le même lieu. Un accusé n'est pas toujours criminel, mais il le deviendra peut-être, en vivant à côté d'un scélérat. Renfermé avec des coupables déjà condamnés, il ne respire que l'air du crime: et qui sait jusqu'à quel point cet atmosphère contagieux peut agir sur son esprit et sur son cœur! qui sait si le malheureux qui s'en pénètre, pour ainsi dire, par tous les pores, aura la force de résister à sa maligne influence! Un accusé, non convaincu, quoique coupable, a le plus grand intérêt de cacher sa dépravation; mais celui à qui la peine de son crime a déjà été prononcée, et qui n'a plus le même intérêt, ouvre son cœur perverti à tous ses compagnons; il leur parle des plaisirs dont ses vices l'ont fait jouir; il échauffe leur imagination par l'histoire de ses féroces attentats; il est l'apôtre du crime.

Or l'homme s'accoutume à tout; et l'horreur pour les forfaits s'affoiblit par l'habitude d'en entendre parler. Le crime a son enthousiasme qui se communique tôt ou tard; il fait des prosélytes comme la vertu, et la crainte n'est plus un frein suffisant pour retenir un cœur qu'il anime de toute sa puissance. Un accusé qui étoit entré innocent dans la prison, doit donc nécessairement en sortir criminel. L'intérêt général, l'honnêteté publique, le respect que l'on doit à l'infortune, à l'honneur, à la probité, tout exige donc une réforme à cet égard. Plusieurs monumens attestent que cet objet n'échappa point à la vigilance des législateurs de Rome (1). Je laisse au lecteur le soin d'analyser les motifs et les avantages d'une réforme aussi nécessaire: il me suffit

(1) Les Romains distinguoient des *prisons* les lieux qu'ils appeloient *liberæ custodiæ :* il paroît que celles-ci étoient destinées aux accusés qui ne pouvoient jouir du bénéfice de la caution (*fidejussio*). Les autres étoient destinées aux accusés déjà convaincus. Le passage de Salluste sur les conjurés de Catilina, cité ci-dessus; un morceau de Tite-Live, cité par Sigonius (*lib.* 2, *cap.* 3, *de Jud.*) une loi de Venuleius, et une autre loi de Scevola, au tit. du digeste *de custodiâ reorum*, autorisent cette conjecture.

d'avoir observé les objets qu'elle doit embrasser, et indiqué le plan d'après lequel elle doit être exécutée. Je terminerois ici cette théorie, si l'ordre de mes idées ne m'offroit un abus que je n'ai fait qu'énoncer au chapitre précédent, et qui mérite d'être examiné dans tous ses détails. C'est la condamnation *par contumace*, adoptée dans tous les codes criminels de l'Europe, et que je retrouve même chez une nation libre (1), qui semble la conserver encore comme un reste monstrueux de son antique barbarie.

---

(1) L'Angleterre.

CHAPITRE VIII.

De la condamnation par contumace.

On punissoit autrefois les contumaces comme contumaces : aujourd'hui on les punit comme contumaces, et on les condamne comme coupables. Nous avons vu, dans la jurisprudence romaine, la contumace punie par la perte des biens, et non par la perte des droits précieux de la vie et de la défense naturelle (1). Il étoit réservé à la jurisprudence moderne de porter ce dernier coup à

---

(1) Voyez ce que j'ai dit, chapitre 6, page 80. Nous ne trouvons dans les Législations anciennes aucun monument de cette férocité. A Rome, le contumace étoit puni comme tel, mais non comme coupable du délit dont il étoit accusé. Voyez la collection des lois d'Athènes par Petit, *lib.* 4, *de judicibus*, *tit.* 2, *leg.* 2. Les lois juives étoient d'une extrême sévérité dans tout ce qui concernoit la poursuite des crimes; cependant nous voyons, par une de ces lois, qu'on ne pouvoit condamner personne sans l'avoir entendu; *num.* 35, 12. Cet abus tire son origine des nations barbares, comme je l'observerai bientôt.

la liberté civile, et aux droits imprescriptibles de la justice et de la raison.

Les lois romaines défendoient, comme on a observé, la condamnation des absens; et nous les condamnons, par le même motif, parce qu'ils sont absens (1). Si un malheureux, effrayé des dangers auxquels l'innocence la plus évidente est exposée, par les vices de la procédure actuelle, prend la fuite ou se cache, et que, du fond de la retraite où il est enseveli, il n'obéisse pas aux ordres multipliés de la justice; si, malgré le sentiment de son innocence, il n'ose pas s'exposer à un combat dont tous les risques doivent être contre lui; s'il va chercher au loin un asile qu'il ne croit pas trouver au milieu de ses foyers, il est sûr d'être

(1) Plusieurs Jurisconsultes ont osé soutenir qu'il n'est pas nécessaire que le délit soit prouvé, pour condamner un contumace; que la fuite de l'accusé est une preuve du délit, et que, par le mépris qu'il montre envers la justice, lorsqu'il refuse de comparoître, il mérite la même punition que s'il étoit convaincu. C'est avec de tels principes qu'on administre la justice dans une grande partie des Tribunaux de l'Europe, où les erreurs des lois se joignent aux délires de quelques hommes sans mission, qui semblent ne se servir de leur talent que pour rendre la Législation plus féroce.

condamné sans être entendu. La loi, armée de ce mot terrible de contumace, le considère comme criminel : sa désobéissance donne aux juges, avec le droit de le déclarer coupable, le droit encore plus absurde de prononcer contre lui des peines que la loi a prononcées contre le crime, et de les faire exécuter sur l'effigie de ce malheureux. Si le contumace, ignorant tout ce qu'on a fait contre lui, ou n'osant se livrer aux horreurs d'une révision de procédure, dont il craint d'être la victime, ne se présente pas dans l'espace de tems fixé par la loi, il n'a plus de ressources ; le jugement devient définitif, il n'a nul moyen de se défendre, sa fortune est perdue, sa personne et sa famille sont à jamais couvertes d'infamie (1). A cette injustice, on en ajoute,

---

(1) J'ai dû me servir de quelques expressions générales en parlant de cette condamnation par contumace, parce que, quoique dans le fond les codes des Nations de l'Europe soient uniformes, ils diffèrent néanmoins sur certains objets qu'il étoit inutile de rapporter, et qui n'appartiennent point à mon sujet. Ayant observé les ordonnances de France, les constitutions de Savoie, les édits de Genève, les constitutions de Naples, et le code criminel d'Angleterre, j'ai vu partout la même injustice adoptée, avec des modifications différentes.

dans certains pays, une autre plus grande encore. Quelquefois on condamne l'accusé, et on donne à tout le monde le droit de le tuer; on met sa tête à prix, et l'on récompense de cette manière un crime qui seroit puni par la mort dans d'autres circonstances. La loi rompt tout d'un coup les liens qui unissent le contumace aux autres citoyens; elle ordonne un attentat qui accoutume les hommes à mépriser la vie de leurs semblables, et à voir sans horreur leurs mains teintes du sang de leurs frères. Les siècles de barbarie ont vu naître cette féroce institution; et nous, constamment appliqués à rechercher, dans les codes des nations anciennes, ce qu'ils offroient de plus absurde et de plus inique, nous avons adopté, avec un respect religieux, un usage contraire à tous les principes de la nature et de la raison (1).

(1) La loi de Frédéric, comprise sous le titre de nos constitutions, *de forbannitis et forjudicatis*, subsiste encore chez nous malheureusement dans toute sa force. Dans cette loi, on donne à tout le monde le droit de tuer le contumace *forjudicatus*, et l'on parle de la récompense destinée à celui qui le tue. Voyez la collection des lois barbares de Lindenbrock, page 762. La même barbarie existoit anciennement en Angleterre. Le contumace, dans quel-

Mais comment corriger cet abus, sans réformer en même tems tout le systême de la procédure criminelle? Qu'on se rappelle ce que j'ai dit au commencement de ce livre. Les vices de l'ensemble entraînent nécessairement des vices de détail. Corriger ceux-ci, sans toucher à l'ensemble, c'est multiplier les abus et augmenter le mal. Tant que le systême de la procédure criminelle ne sera pas entièrement réformé, tant que tous les dangers seront pour l'accusé, tant que l'on outragera son honneur et que l'on tourmentera son existence, tant qu'on ne lui facilitera pas les moyens de se défendre, en un mot, tant qu'on ne rendra pas sa condition plus favorable, en adoptant les

---

ques délits, étoit réputé avoir une tête de loup (*caput lupinum*), que chacun avoit droit de couper. Aujourd'hui ce droit est aboli; mais on a conservé le systême de condamner le contumace comme convaincu du crime pour lequel il a été appelé en justice. Voyez Blackstone, code criminel d'Angleterre, chapitre 24. Bohémer rapporte la formule terrible dont on se sert en Allemagne pour publier le ban de *forgiudica*. N'est-il pas vraiment étrange que les lois des peuples que nous appelons civilisés, puissent adopter un langage qui feroit horreur dans la bouche d'un Iroquois? Voyez *Bohémer, Elem. jur. crimin. sect.* 1, *cap.* 17, §. 130.

moyens que nous avons indiqués; la loi, qui le punit de sa fuite ou de sa désobéissance par une condamnation aussi féroce, sera un mal nécessaire : elle ne peut être abolie sans faire naître de nouveaux désordres (1).

On doit dire la même chose de la caution, dont j'ai parlé dans le chapitre précédent. C'est un des moyens les plus propres à défendre la liberté personnelle du citoyen; mais comment la concilier avec le systême actuel de la procédure criminelle? de quoi serviroit-elle à une nation où tous les délits sont punis par la mort, ou par la perte éternelle de la liberté? Le mystère de l'information ne rend-il pas nécessaire la détention de l'accusé? Comment pourroit-on, sans la publicité des jugemens criminels,

(1) Dans l'état actuel des choses, si la perte des biens étoit la seule peine établie contre le contumace, comme cela se pratiquoit à Rome, l'Etat verroit chaque jour s'enfuir de son sein des citoyens honnêtes, qui, n'ayant point de biens à perdre (et l'on sait que la plus grande partie des citoyens, dans toute l'Europe, est malheureusement dans cet état), préféreroient l'exil de leur patrie, à tous les risques auxquels ils devroient s'exposer en se présentant en justice. Pour adopter le systême des Romains, il faut corriger la procédure.

laisser l'accusé libre, sur la parole d'une caution, puisque ce cautionnement ne peut être établi que dans les délits où la peine prononcée par la loi ne pourroit engager l'accusé à abandonner sa patrie, à trahir sa caution, à perdre tous ses biens? Si le code pénal d'une nation est tellement féroce, qu'il n'y ait point de délit, pour ainsi dire, qui ne soit soumis à une peine plus forte que celle qui naît de cette fuite, ce remède ne seroit-il pas alors aussi complètement inutile, qu'il seroit avantageux pour les pays où le systême pénal auroit plus de modération?

Si l'on veut abolir les condamnations par contumace, et adopter le systême du cautionnement, à l'exemple des Grecs et des Romains, il faut donc commencer par réformer tout le systême de la procédure criminelle, et adoucir le code pénal de la nation (1).

---

(1) En Angleterre, on s'est occupé de la réforme de la procédure; mais on a négligé d'adoucir le code pénal : il est encore un des plus atroces de l'Europe. Si l'on réformoit cette partie de la justice criminelle, l'*habeas corpus* deviendroit infiniment plus favorable à la liberté personnelle des Anglais : la raison en est évidente. Ce privilège deviendroit plus utile, à mesure qu'on multiplieroit pour les citoyens les cas

Je viens de montrer les réformes qu'il faudroit faire dans les deux premières parties de la procédure criminelle. Il est tems de passer à la troisième partie, la plus difficile peut-être de toutes : elle a pour objet les indices et les preuves des délits. Tâchons de porter une nouvelle lumière au milieu de l'obscurité qui couvre cette partie de la jurisprudence, et que l'humanité et la philosophie nous donnent le fil qui doit nous guider dans ce labyrinthe effrayant.

---

où il leur seroit permis de l'exercer. Or, pour multiplier ces cas, il faudroit adoucir les peines. Je ne dois pas oublier de dire, que le magistrat qui auroit reçu une accusation contre un contumace, devroit faire enregistrer d'une manière authentique, et les preuves de l'accusateur, et les dépositions des témoins, afin de pouvoir recommencer la procédure toutes les fois que le coupable se présenteroit, ou tomberoit dans les mains de la justice.

CHAPITRE IX.

TROISIÈME PARTIE DE LA PROCÉDURE CRIMINELLE.

Des preuves et des indices des délits.

Il n'est aucune partie de la Législation où les contradictions et les mauvais raisonnemens de la plupart des législateurs et des interprêtes des lois, se montrent d'une manière plus frappante, que dans le systême des preuves et des indices des délits. Il suffit d'ouvrir les volumes innombrables qui renferment notre jurisprudence criminelle, c'est-à-dire, cet assemblage confus d'une partie des lois romaines, de quelques principes du droit canonique, des dispositions des codes barbares, des opinions des docteurs, et de l'ancienne pratique judiciaire : il suffit, dis-je, d'ouvrir tous ces livres d'erreur et de désordre, pour sentir comment une métaphysique subtile et une logique absurde et puérile peuvent favoriser, d'un côté, l'impunité des délits, exposer, de l'autre, l'innocence aux plus grands dangers;

et mettre, dans l'un et l'autre cas, l'arme du despotisme entre les mains des juges.

Qu'il me soit donc permis de placer, à la tête de cette théorie importante, le tableau des erreurs dont elle est enveloppée de toutes parts. J'établirai ensuite, sur les fondemens inébranlables de la raison, les règles d'après lesquelles ce système doit être formé.

La jurisprudence romaine, qui nous a servi de guide dans les deux premières parties de la procédure criminelle, nous offre dans celle-ci, des erreurs d'autant plus dignes d'être attaquées, qu'elles ont été reçues dans nos tribunaux avec un respect religieux, et qu'elles ont donné naissance à d'autres erreurs encore plus funestes. Dès qu'il est question des preuves des délits, on ne trouve, dans le corps du droit romain, qu'une fluctuation continuelle entre la pitié et la férocité, entre une délicatesse excessive à apprécier la valeur des preuves, et une injustice tyrannique à les recevoir et à les calculer. Lorsqu'il y a quelque contradiction entre deux lois, cette *antinomie* frappe tout d'un coup, et le législateur peut facilement y remédier. Mais lorsque cette opposition existe, non dans les parties du système, mais dans le système lui-même; lorsqu'elle est, non dans les paroles de la loi, mais dans l'esprit de la jurisprudence; alors elle échappe aux yeux du jurisconsulte, et le philosophe seul peut l'appercevoir. Il est plus difficile d'y remédier, parce que la réforme doit frapper sur l'ensemble, et non sur les parties.

Voilà ce qu'on observe dans cette partie de la jurisprudence romaine, qui détermine le caractère de la vérité dans les jugemens criminels. Ouvrons le code; nous y trouverons, au titre *de probationibus*, l'abrégé des principes qui devroient constater cette règle. « Que les accusateurs sachent, dit la loi, que le juge ne peut déférer à leur accusation, si le fait qu'elle contient n'est pas appuyé, ou sur la foi de témoignages irréprochables, ou sur des renseignemens publics, ou sur des preuves incontestables, et plus claires que le jour (1). » Cette règle est juste, claire, simple, conforme aux principes sacrés de la liberté civile; mais malheureusement les législateurs de Rome n'en suivirent pas toujours l'esprit, lorsqu'il fut question de la développer, et d'en exposer avec précision les différentes parties. Il falloit, par exemple, établir quels étoient les témoins que la loi appeloit convenables

(1) *Leg. ult. cod. de probationibus.*

(*idonei*),

(*idonei*), et quelles étoient les preuves qui devoient servir de base aux jugemens. Sur l'un et l'autre objet, le droit romain nous offre des contradictions que nos jurisconsultes n'ont pas observées, mais qu'apperçoit bien clairement celui qui lit les textes de ces lois avec toute l'indépendance de l'esprit philosophique. L'imbécile Justinien, ne réfléchissant point à la différence des tems et des circonstances; mêlant, sans ordre et sans choix, des lois qui respiroient encore l'antique liberté de la république, avec des réglemens dictés par le plus atroce despotisme; plaçant à côté des institutions des empereurs les plus sages, celles des tyrans qui ensanglantèrent l'empire, fit, de la jurisprudence, un chaos informe, où le sage et l'homme féroce trouvent tout à-la-fois des idées conformes à leurs principes.

Il suffit de lire dans le digeste le code et les novelles, les différens titres qui renferment les lois relatives aux témoins, aux questions et aux preuves judiciaires, pour être persuadé de cette affligeante vérité. Si nous jetons un coup-d'œil philosophique sur cette partie du droit romain, nous trouverons de l'excès dans les deux systêmes opposés; excès de délicatesse dans l'un, et de férocité dans l'autre.

En commençant par les témoins, nous verrons la délicatesse des législateurs priver de la confiance de la loi tous les témoins qui pouvoient avoir avec l'accusateur ou l'accusé des rapports de famille (1), d'amitié (2), de dépendance (3), de haine (4), de servitude (5), de naissance (6), de patronage (7),

---

(1) *Leg.* 3, *cod. de testib.*; *leg.* 24, *ff. eod.* On comprenoit dans cette classe tous ceux qui habitoient la même maison, et qui avoient été élevés dans la même famille; en un mot, tous les domestiques et les gens attachés à la maison. Voy. *Mathæ. comment. ad lib.* 48, *dig. tit.* 15, *cap.* 11, §. 10.

(2) *Leg.* 5, *cod. de testib.*; *leg.* 3, *pr. ff. eod.*

(3) *Citat. leg.* 5, *cod. eod.*

(4) *Citat. leg.* 3, *ff. eod.*, *et leg. si quis*, 17, *cod. eod.*

(5) Les esclaves ne pouvoient être interrogés contre leurs maîtres : *leg.* 8, *cod. eod.*; *leg.* 7, *cod. de quæstionibus*; *leg.* 1, §. 3, *et leg.* 18, §. 6, *ff. de quæst.* A Athènes, ils étoient entièrement privés du droit de déposer : nous en avons une preuve dans le Phormion de Térence, acte 2, scène 1.

(6) *Leg.* 6, *cod. de testib.*; *leg.* 9, *ff. eod.*

(7) Celui qui avoit été le défenseur d'un citoyen, dans une cause, ou civile ou criminelle, ne pouvoit servir de témoin dans la même cause : *leg.* 25, *ff. eod.*

de liberté (1) ; nous verrons priver de cette confiance ceux qui avoient été condamnés, ou qui étoient encore *sub judice* dans un jugement public (2) ; ceux qui étoient infames, ou par le crime (3), ou par leur profession (4) ; les adultères (5) et les femmes publiques (6) ; ceux qui avoient donné quelque preuve de mauvaise foi (7), de cor-

---

(1) Les affranchis et les enfans d'affranchis ne pouvoient déposer contre ceux qui leur avoient rendu la liberté : *leg.* 12, *cod. eod.*; *leg.* 3, §. 5, *ff. eod.*

(2) *Leg.* 3, §. 5; *et leg.* 20, *ff. eod.* Dans les causes civiles, on admettoit à rendre témoignage ceux qui, étant *sub judice* dans un jugement public, n'étoient point en prison; mais dans ce cas même, on les privoit de ce droit, lorsqu'il s'agissoit de matières criminelles.

(3) *Leg.* 13, *et leg.* 3, §. 5, *ff. eod.*; *leg.* 6, §. 1, *ff. ad leg. Jul. repet.*

(4) *Citat. leg.* 3, §. 5, *et argum.*; *leg.* 21, §. *si ea rei*, *ff. eod.* Nous voyons qu'à Athènes les gens infames étoient aussi privés du droit de déposer. *Vid. Demosth. in Neæram.* Un fragment des lois des douze Tables, rapporté par Aulu-Gelle, liv. 15, chap. 13, prouve que les Romains prirent cette loi chez les Athéniens.

(5) *Leg.* 14, *ff. de testibus.*

(6) *Leg.* 3, §. 5, *ff. eod.*

(7) *Repetundarum damnati*, *leg.* 15, *ff. eod.*

ruption (1), de mauvais caractère (2); ceux qui avoient participé à un délit (3); ceux qui, par la foiblesse de leur âge, pouvoient être facilement séduits (4); enfin tous ceux qui, ayant déposé dans un jugement public contre la même personne, pouvoient inspirer quelque doute sur leur impartialité (5). Toutes ces exceptions prouvent avec quelle délicatesse excessive les Romains croyoient devoir protéger la sûreté de l'accusé contre la mauvaise foi des témoins. Observons

---

(1) C'est-à-dire, qui avoient été convaincus d'avoir reçu de l'argent, pour rendre ou ne pas rendre témoignage : *leg.* 3, §. 5, *ff. eod.*

(2) Les auteurs des libelles nommés *Libelli famosi*, *leg.* 5, §. 9, *ff. de injuriis ; et leg.* 21, *pr. ff. de testibus.*

(3) *Leg.* 11, *cod. de testibus.* Qui croiroit que, selon les lois de ma patrie, non-seulement le complice d'un délit n'est point privé du droit de déposer sur ce délit, mais que sa déposition sert de preuve comme un témoignage irréprochable ? Voy. *la pragmat.* 1 *de exulibus*, *et la pragmat.* 6 *de receptat.*

(4) Dans les jugemens criminels, on n'admettoit point le témoignage de ceux qui n'avoient pas vingt ans révolus : *leg. in testimonium*, 20, *ff. de testibus.*

(5) *Leg.* 23, *ff. de testibus.*

maintenant un autre ordre de choses : voyons comment ils attaquoient cette sûreté par d'autres exceptions ; comment, après avoir élevé l'édifice d'une main, ils le renversoient de l'autre.

Il est véritablement étrange que les législateurs de Rome aient cru que les tourmens peuvent être les organes de la vérité (1). Nous devons à cette funeste opinion la première origine de la torture, qui est encore en usage dans une grande partie de l'Europe, malgré les réclamations énergiques de la philosophie et les lumières du siècle. Les lois romaines, après avoir déclaré indignes de leur confiance les esclaves et les gens infames, ordonnèrent au juge de déférer à leur témoignage, lorsqu'il étoit rendu au milieu des tourmens (2) : elles accordoient à l'accusateur le droit barbare d'appeler en jugement une foule d'innocens, pour y être

(1) *Quæstionem intelligere debemus tormenta et corporis dolorem ad eruendam veritatem. Ulpiam. leg.* 15, *ff. de injuriis et famos. libell.*

(2) *Leg.* 21, §. *si ea rei*, *ff. de testib.* ; *leg.* 8, §. *servis*, *cod. de quæstion.* ; *leg.* 13, *cod. de testib. nov.* 90, *tit.* 2, *cap.* 1. Quant à la nature des tourmens dont on se servoit chez les Romains pour cet objet, voyez Valère-Maxime, liv. 6. En parlant

dévoués à toutes sortes de tortures (1). Un esclave, un gladiateur, etc., qui avoit le malheur d'être témoin d'un délit, étoit sûr

---

de l'esclave de l'orateur Antoine, il dit : *Plurimis laceratus verberibus, culeo impositus, candentibus laminis ustus, omnem vim accusatoris, custodita rei salute, subvertit.* Il faut se rappeler qu'avant César on n'appliquoit à la torture que les esclaves. L'usage d'y soumettre les hommes libres et les citoyens mêmes ne s'introduisit, comme je l'observerai plus bas, que sous les Empereurs qui inventèrent des supplices dans différentes circonstances. Suétone nous parle de ceux qu'imagina Domitien pour découvrir quelques coupables. (Suéton. in Domit.) Dans la Vie de Tibère, il rapporte une invention de ce tyran exécrable : *Excogitaverat inter genera cruciatus etiam ut larga meri potione per fallaciam oneratos repente veretris deligatis, fidicularum simul, urinæque tormento distenderet.* Voyez encore tout ce que disent sur ce sujet, Sénèque, *lib* 3, *de ira;* Valère-Maxime, *lib.* 8, *cap.* 4; et Ammien-Marcellin, *lib.* 29, où il parle des tourmens imaginés par Valentinien.

(1) Les maux qui naissoient de cette liberté illimitée d'appeler en jugement un nombre immense de témoins, furent un peu corrigés par les constitutions des Empereurs, comme on le voit par la *loi* 1, §. 2, *ff. de testibus.* Un passage de Valère-Maxime nous montre que, dans d'autres tems, il étoit permis d'appeler jusqu'à cent vingt témoins. *Scaurus, adeo perditam defensionem in judicium attulit, ut accusator dicerit, lege sibi centum, atque*

de voir ses os disloqués, sa peau brûlée, ses fibres et ses muscles tiraillés d'une manière horrible; et cela, parce que la loi le croyoit incapable de dire la vérité, si on ne la lui arrachoit par les plus affreuses douleurs.

On exerçoit une pareille atrocité sur les témoins qui n'étoient ni esclaves ni infames, mais dont l'état n'exigeoit pas le respect de la loi, dans la jurisprudence des Romains. Si un homme libre, et de mœurs honnêtes, qui n'étoit ni décurion, ni noble, ni soldat, et dont la famille n'étoit illustrée ni par la toge, ni par les armes, étoit appelé en jugement pour déposer sur un délit, et qu'on entrevît dans sa déposition le moindre caractère de doute, on le condamnoit sur-le-champ à des tourmens épouvantables, malgré sa probité et ses prérogatives de liberté (1). L'ignorance, qui met si souvent les hommes

---

viginti hominibus denunciare testimonium licere. C'étoit la célèbre loi Servilia *repetundarum*. Voy. Valère-Maxime, liv. 8, chap. 1. On lit dans la Milonienne d'Asconius, que cinquante-quatre esclaves furent appelés pour déposer : voyez encore Cicéron, *lib. 2, de finibus;* et Sigonius, *de judiciis, lib. 2, cap.* 16.

(1) *Leg. ex libro* 15, *princip. et leg. unius* 18, §. 3, *ff. de quæstionibus.*

en opposition avec eux-mêmes, lorsqu'ils sont obligés de développer leurs idées, et qui les empêche de s'exprimer avec clarté et précision; ou cette crainte d'altérer la vérité, qui jette dans l'embarras, dans le désordre, des ames délicates, et donne une une apparence d'équivoque et d'incertitude à leurs discours; ces deux causes, de contradiction et de doute, qui peuvent exister dans l'ame la plus vertueuse et la plus pure, exposoient donc à Rome un malheureux honnête homme à toute sorte de tourmens, parce qu'il avoit été témoin d'un délit.

Cette injustice, dont les personnes d'une basse condition étoient très-souvent les victimes, s'exerçoit sur les classes les plus distinguées de l'Etat, dans les crimes de *lèse-majesté*. Le citoyen le plus illustre de l'empire, par sa naissance ou ses vertus patriotiques, pouvoit être soumis à la terrible preuve des tourmens, lorsqu'il étoit appelé pour déposer sur ce crime (1). La loi mettoit cet instrument dans les mains du despote, comme un moyen de satisfaire sa féroce défiance.

---

(1) *Leg. de minore*, 10, §. 1, *ff. de quæstionibus*; *leg.* 4, *cod. ad leg. Jul. majestat.*

A ces contradictions s'en joignoit une autre. Nous avons observé que les esclaves ne pouvoient être interrogés contre leurs maîtres (1). Nos ancêtres, dit Cicéron, ne voulurent pas que la condamnation d'un citoyen pût dépendre du témoignage de son esclave, et devînt, par ce moyen, plus douloureuse et plus triste (2). Cette disposition se conserva dans toute sa force sous les empereurs ; et une loi de Sévère et d'Antonin l'étendit encore aux mères, aux enfans, et aux tuteurs des patrons (3). Mais qui le croiroit ? dans les délits les plus importans ; dans ceux qui exigent de plus grands efforts de l'individu qui les commet ; dans ceux où la confiance dans le témoin devroit diminuer, à mesure que l'atrocité du crime diminue la probabilité du fait ; dans tous ces délits, les lois romaines, au lieu d'exclure le témoignage des esclaves contre leurs maîtres, s'empressent de l'admettre (4). C'est

(1) Voyez la page 114, à la note 5.

(2) *Cicer. pro Milone.*

(3) *Leg. 2, cod. de quæstionibus.*

(4) Les seuls délits pour lesquels on admettoit le témoignage des esclaves contre leurs maîtres, sont renfermés dans les lois suivantes : *leg. 1, cod.*

de cette absurdité de la jurisprudence romaine, qu'est née la maxime détestable qui a fait périr une foule d'innocens, et que les tribunaux de l'Europe ont presque tous adoptée, malgré l'évidence de l'erreur qui lui sert de fondement. « Dans les délits les plus atroces, disent les criminalistes, les plus légères conjectures suffisent; et il est

---

de quæstionibus, et *leg*, I, §. *in causa; leg.* 8 et *leg.* 17, *ff. de quæstionibus; leg.* I, *ff. ad leg. Jul. de annona; leg. vix certis*, 53, *ff. de judiciis.*

Auguste avoit trouvé un moyen qui pouvoit, en apparence, se concilier avec l'ancien système : il ordonna que les esclaves de celui qui avoit conspiré contre sa personne, seroient vendus au public, afin qu'ils pussent déposer contre leur ancien maître. Voy. *Dion in Xiphilin.* Mais celui qui sait combien la personne d'un maître est odieuse à son esclave, sentira facilement combien cette loi est contraire à la sûreté civile. Nous voyons que dans les premiers tems de la république, Vindex, découvrant la conjuration faite en faveur de Tarquin, ne put servir de témoin contre les fils de Brutus ses maîtres; nous voyons encore que l'Empereur Tacite, persuadé de cette vérité, ordonna que les esclaves ne pourroient être témoins contre leurs maîtres, même dans les délits de majesté. Cette loi n'est pas dans le code, mais elle est rapportée par Flavius-Vopiscus, dans la Vie de cet Empereur.

permis à un juge d'excéder le droit (1) ». Il suit de là, qu'un homme accusé d'un délit atroce doit, par cela seul, perdre tous les droits que la loi lui donne à la sûreté publique, et les perdre plutôt et beaucoup plus facilement que celui qui est accusé d'un léger délit. Qu'on me permette d'opposer ici les principes les plus simples de la raison, à cette pratique absurde de la Législation criminelle.

Trois motifs principaux éloignent l'homme du crime : l'horreur qu'inspire naturellement une action contraire à la justice, le mépris public, et la crainte des peines. Il est aisé de sentir que la force de ces obstacles doit s'accroître en proportion de l'atrocité du crime. Un délit plus atroce inspire une horreur plus grande, rend l'homme plus odieux à ses semblables, l'expose à une peine plus forte. Celui qui commet un délit atroce, a donc une plus grande résistance à vaincre que celui qui commet un délit ordinaire.

---

(1) *In atrocissimis leviores conjecturæ sufficiunt, et licet judici jura transgredi.* Nos écrivains du Barreau appellent *privilégiés*, les délits contre lesquels on doit mettre en pratique cette règle détestable.

S'il existe donc deux accusations, dont l'une ait pour objet un délit atroce, et l'autre un délit ordinaire, la loi doit exiger, dans la première, des preuves plus considérables que dans la seconde. La loi des Bavarois exigeoit trois témoins lorsqu'il s'agissoit d'un attentat contre la vie d'un duc, et deux lorsqu'il étoit question d'un simple particulier (1). Je profite de la vérité partout où je la trouve ; et les codes barbares me fournissent plus d'une preuve en sa faveur, parce que le plus grand ennemi de la vérité est l'erreur, et non l'ignorance.

Il est vrai que les délits plus atroces sont accompagnés de plus grandes précautions, et sont par conséquent plus difficiles à prouver. Mais il est certain aussi que lorsque le public ignore quel est l'auteur d'un délit, l'impunité n'est pas aussi funeste : il est certain que plusieurs motifs d'effroi concourent, avec la crainte des peines, pour éloigner des crimes atroces. Il est incontestable que, si le systême judiciaire étoit débarrassé de tous les vices qui le rendent si dangereux, la

(1) *V. leges Bavariorum, tit. 2, cap. 1, si quis de morte Ducis consiliatus fuerit*, §. 2.

preuve des délits seroit moins difficile à acquérir.

D'après ces réflexions, il est aisé de voir combien est absurde la règle des criminalistes, et combien sont injustes les lois de la plus grande partie de l'Europe, qui dispensent de la rigueur des preuves, lorsqu'il s'agit de crimes atroces.

Revenons maintenant à la jurisprudence romaine, dont nos législateurs ont adopté les décisions les plus vicieuses ; et après avoir observé les contradictions qu'on y remarque par rapport à la preuve par témoins (1),

---

(1) Je prie le lecteur de comparer ces dispositions de la Jurisprudence romaine avec celles des nations barbares, pour voir comment l'esprit de contradiction a toujours été l'esprit des Législateurs dans tous les tems. Lorsque les duels et les autres preuves comprises sous le nom de *jugement de Dieu*, étoient généralement en usage, les lois mettoient une délicatesse excessive dans l'art de déterminer la crédibilité des témoins et de prévenir leur mauvaise foi. Voyez dans la collection de Lindenbrock la loi des Lombards, *lib.* 2, *tit.* 51, *de testibus;* la loi des Allemands, *cap.* 42, §. 11; les capitulaires de Charlemagne et de Louis le Débonnaire, *lib.* 3, *cap.* 10, 32, 52, 78; *lib.* 4, *cap.* 23, *lib.* 6, *cap.* 40, 145, 157, 271; *lib.* 7, *cap.* 179, 355; la loi des Bavarois, *tit.* 14, etc.

voyons celles qui se trouvent dans les lois relatives à l'aveu libre et à l'aveu forcé de l'accusé. La Législation moderne ne diffère pas, sur ce sujet, de la Législation ancienne; et en montrant l'irrégularité de l'une, nous attaquerons en même tems l'irrégularité de l'autre.

CHAPITRE X.

Suite du même sujet : de l'aveu libre et de l'aveu forcé.

LA nature, dont les lois sont plus anciennes que les ordonnances obscures et violentes des législateurs ; la nature, qui ne se contredit jamais dans ses dispositions, et qui, en formant le corps et l'esprit des hommes, a créé les lois invariables qui doivent les diriger ; la nature, qui ne manifeste ses lois que par ces mouvemens d'instinct, qui entraînent tous les hommes vers le bonheur à chaque instant de leur vie ; la nature ferme la bouche du coupable, lorsque le juge l'interroge sur la vérité de l'accusation qu'on a formée contre lui. L'aveu du délit devant entraîner nécessairement la perte, ou de l'existence, ou d'une partie du bonheur, exige, ou un effort supérieur à l'impulsion contraire de la nature, ou une illusion qui fasse voir, dans la perte de l'une de ces deux choses, l'acquisition d'un bien plus précieux. Dans l'un de ces cas, le législateur exige donc de l'homme une chose moralement impossible ; dans le second, il prend, pour base de son jugement, l'assertion d'un insensé, d'un fanatique, d'un homme qui se trouve dans la même situation d'ame qu'un suicide, lequel s'arrache la vie de ses propres mains, parce qu'il croit trouver, dans la perte de l'existence, une source de bonheur, ou le terme de ses maux (1).

L'expérience, loin d'affoiblir la vérité de cette réflexion, la rend encore plus frappante. J'en appelle ici à tous les juges criminels les plus célèbres : pourront-ils soutenir qu'ils aient jamais obtenu l'aveu d'un accusé, d'une autre manière que par la conviction déjà acquise, (circonstance qui empêche l'accusé de nier le fait qu'on lui reproche), ou par la crainte des tourmens, ou par le désordre de son esprit, ou par les ennuis d'une prison qui lui rend la vie insupportable, ou par les artifices qu'on n'emploie que trop souvent pour séduire, avec l'espoir d'une diminution de peine ou d'une entière

(1) *Ea natura est omnis confessionis, ut possit videri demens qui confitetur de se ; hic furore impulsus est, alius ebrietate, alius errore, alius dolore, quidam quæstione. Nemo contra se dicit, nisi aliquo cogente.* Quintil. declamat. 314.

impunité,

impunité, les infortunés qui sont dans les liens de la justice ?

Sous quelque aspect que l'on veuille considérer l'aveu des accusés, on verra toujours que les lois sont obligées, ou de le négliger, ou de n'attacher aucune force à cette espèce de preuve. Un témoignage bien inutile, dit Hobbes, est celui que l'on sait être corrompu par la nature même (1).

Si nous observons les lois de Rome concernant l'aveu libre de l'accusé, nous verrons que l'évidence de cette vérité frappa l'esprit de ses législateurs. L'axiome de la loi, *personne n'est témoin contre soi-même*, est sans doute une conséquence de ce principe (2).

---

(1) *Frustra enim est testimonium, quod a natura corrumpi præsumitur. Hobbes, de cive, lib.* 1, *cap.* 2, §. 19. Nous démontrerons cette vérité dans le chapitre suivant, en parlant de la torture.

(2) *Nemo testis contra se ipsum.* Les expressions de Paul, *confessus in jure pro judicato habetur*; (*leg.* 1, *ff. de confess.*) celles d'Ulpien, *nullæ sunt partes judicantis in confidentes*; (*leg.* 25, *ff. ad leg. Aquil.*) et celles de la loi 1; *cod. de confess. Confessos in jure pro judicatis habere placet*, ne doivent pas paroître contraires à cette règle, puisqu'elles ne se rapportent qu'à des affaires civiles. Les principes que j'ai établis ne m'offrent aucune raison de croire

Les lois qui défendent au juge de croire à l'aveu libre d'un homme, sur un délit dont l'existence est incertaine, sont une autre conséquence de ce principe (1). Nous craignons, dit le jurisconsulte, qu'on ne condamne comme coupable un homme qui n'est peut-être qu'un frénétique.

Les lois qui ordonnent que l'aveu *extra-judiciaire* ne nuira point à l'accusé, et sera regardé comme l'ouvrage de cet esprit de vanité ou de folie, qui attache d'ordinaire une idée de gloire aux crimes mêmes, et en fait un titre d'orgueil pour certains hommes, lorsqu'ils sont loin de ceux qui pourroient les punir ; ces lois sont encore une conséquence de ce principe (2).

Il en est de même de celles qui permettent

---

nuls les aveux des accusés dans les affaires civiles, parce que, comme il n'est pas contre la nature que je me prive d'une chose qui m'appartient, pour la donner à un autre, de même il n'est pas contre la nature d'avouer que ce que j'ai ne m'appartient pas. Il n'en est pas de même des punitions.

(1) *Leg.* 1, §. *si quis ultro, ff. de quæst. lib.* 1, §. *item illud.; et leg.* 5, §. *non alius, ff. de S. C. Silan.*

(2) *Mathæ. ad lib. ff.* 48, *comment. tit.* 16, *cap.* 1, §. 3 *et* 4. Voy. *Argum. leg.* 1, *cod. si non a competente Judice.*

à l'accusé qui a avoué son crime, de se rétracter (1); qui ordonnent que l'aveu fait dans un jugement ne pourra nuire au coupable dans un autre jugement; que l'aveu d'un délit peu considérable, pour se défendre de l'accusation d'un grand crime, n'aura aucune force, si la même personne, absoute de ce crime qu'elle a nié, est appelée une seconde fois en jugement pour le délit peu important qu'elle a avoué (2). On peut ajouter à ces lois le rescrit de Sévère, par lequel il est défendu au juge de mettre l'aveu du coupable au nombre des preuves évidentes des crimes, et de le condamner lorsque d'autres preuves ne confirmeront pas la vérité de son aveu (3).

---

(1) *Leg. 2, cod. quor. appell. non recip.; et leg. unius 18, §. pœn. ff. de quæst.*

(2) *Mathæ. ibidem, §. 5.*

(3) Leg. 1, §. 17, ff. de quæst. Voici les paroles d'Ulpien : *Divus Severus rescripsit confessiones reorum pro exploratis facinoribus haberi non oportere, si nulla probatio religionem cognoscentis instruat.* Les Interprètes se sont efforcés d'altérer le sens de cette loi, pour sauver l'antinomie qu'elle renferme avec les autres lois relatives à l'aveu des accusés; mais les paroles de la loi sont très-claires, et il n'est pas besoin d'en chercher l'esprit. Les contradictions les plus évidentes ne sont pas un phénomène rare dans le Droit romain.

Nous venons de parler du peu de confiance que les lois romaines attachoient, dans un grand nombre de cas, à l'aveu libre des accusés; mais l'uniformité préside rarement aux institutions humaines. On trouve dans cette partie du Droit romain une contradiction perpétuelle que les Législations modernes de l'Europe n'ont pas su corriger, et qui, introduisant le plus grand désordre dans les jugemens, attaque, d'un côté, la sûreté de l'innocence, et favorise de l'autre l'impunité des crimes.

L'usage atroce de recourir aux tourmens pour arracher de la bouche des accusés l'aveu de leur crime, ne doit pas son origine à la Législation des nations barbares, comme l'ont prétendu quelques écrivains: on le trouve établi dans Rome même, aussitôt après la perte de sa liberté. Avant les empereurs, les esclaves seuls étoient exposés à cette épreuve épouvantable; et si la justice étoit violée par cet attentat contre ses principes, la liberté civile étoit au moins respectée dans les droits précieux de la cité. Le Romain, appelé en jugement par un accusateur, ne craignoit pas d'être forcé à soutenir son innocence au milieu des tourmens; et s'il voyoit son esclave condamné à cette injustice, il se rappeloit que les mêmes lois qui protégeoient sa liberté, mettoient au nombre des choses inanimées tous les êtres malheureux qui ne jouissoient pas de la prérogative de la liberté.

Après que l'antique système de la république eut été anéanti, et que la toute-puissance des Césars se fut établie sur la ruine des droits du peuple, le souvenir de cette liberté perdue faisant naître à chaque instant les regrets et les murmures du peuple, et la conscience de leurs usurpations redoublant l'épouvante des empereurs, il fallut que la Législation se réglât, en quelque sorte, d'après ce nouveau système de choses; il fallut protéger d'une main la liberté du citoyen, tandis qu'on soutenoit de l'autre les intérêts particuliers, les caprices, et les violences du nouveau chef de la nation. On ne pouvoit obtenir deux objets si contraires, que par des lois contraires : voilà la fatale origine de la contradiction qui commença, depuis cette époque, à s'introduire dans la jurisprudence romaine. Nous devons, au premier de ces objets, les lois sur l'aveu libre, si favorables à la sûreté des citoyens; nous devons, au second, les lois qui étendirent aux personnes libres, et dans certains cas aux personnes les plus distinguées de la société, l'ancienne méthode d'arracher, par les tourmens, l'aveu des esclaves. Le despotisme des premiers Césars avoit besoin, pour soutenir tant d'usurpations, d'un moyen qui détruisît la sûreté civile. La fameuse loi Julia, dite de majesté, nous montre tous les soins que prit Auguste pour porter cette funeste atteinte aux prérogatives de la liberté et de la cité. La conspiration contre le prince, et les autres délits compris dans cette loi, furent les premiers crimes pour lesquels on soumit les citoyens du rang le plus distingué à la terrible preuve des tourmens (1). La même cause qui engagea Sylla à supprimer la peine établie contre les calomniateurs, fit introduire dans Rome l'usage des tourmens : c'étoit une ressource toujours prête pour immoler au prince les citoyens qui avoient eu le malheur d'exciter ses soupçons.

Des crimes de *majesté*, dont le nombre s'accrut prodigieusement (2), on passa bien-

---

(1) Voyez le Jurisconsulte Paul, *lib.* 5, *tit.* 29, *leg.* 4, *cod. ad leg. Jul. majest.*; *leg.* 16, *cod. de quæst.*; *leg.* 10, §. 1, *ff. eodem.* Les personnes d'une moindre condition pouvoient encore être exposées aux tourmens pour des délits de moindre importance. Voy. *Mathæ. comment. ad lib.* 48, *ff. tit.* 16, *cap.* 2 *et* 3.

(2) On sait combien de délits furent compris, sous les Empereurs, dans la classe des crimes appelés de *lèze-majesté*. Une loi de Gratien, Valen-

tôt aux autres, avec cette facilité que l'on observe dans la marche et les progrès des abus. Une grande partie des crimes fut comprise dans la classe de ceux où l'on pouvoit, sans exception des personnes, faire usage des tourmens, pour obtenir l'aveu de ceux qui en étoient accusés; et la superstitieuse imbécillité de quelques empereurs alla jusqu'à mettre dans cette classe des délits qui ne méritent que le silence des lois. On appliquoit à la torture, avec une stupide fé-

---

tinien, et Théodose, condamnoit comme sacrilèges ceux qui doutoient de la justice du Prince, et du mérite de ses préposés : cette loi est dans le code *de crim. sacril.* Une autre loi d'Arcadius et d'Honorius condamnoit, comme coupables de lèze-majesté, ceux qui attentoient à la vie des ministres ou des officiers du Prince. *Nam ipsi pars corporis nostri sunt,* dit la loi. (*Leg.* 5, *cod. ad leg. Jul. majest.*) Une autre loi déclare coupables du même crime les faux-monnoyeurs : *leg.* 9, *cod. Theodos. de falsa moneta.*

Le moindre outrage fait aux statues du Prince étoit encore un crime de lèze-majesté : *leg.* 6, *ff. ad leg. Jul. majest.* L'apostasie, la simonie, l'hérésie des Manichéens et des Donatistes, furent renfermées dans cette classe : *leg.* 4, *cod. de hæret.*; *leg. si quemquam* 31, *cod. de Episcop. et Cler.* Il y a encore beaucoup d'autres délits de la même espèce, qu'il seroit trop long de rapporter ici.

rocité, les devins, les interprètes des songes, les magiciens, et tous ceux qui étoient accusés de semblables folies. Alors la religion commença à regarder avec horreur les sacrifices de victimes humaines qu'osoit lui offrir le zèle absurde de ses prétendus défenseurs (1). Cet usage, contraire à l'esprit de tant d'autres lois, dictées en différentes circonstances par les législateurs de Rome; cet usage, interrompu pendant quelque tems, et remplacé dans les siècles de barbarie par *les jugemens de Dieu*, fut rétabli dans toute sa vigueur par l'influence des papes. Lorsque le Vatican réformoit la jurisprudence de l'Europe; lorsqu'au milieu des foudres ecclésiastiques, le chef de la république européenne annonçoit aux fidèles, avec les dogmes de la religion, les nouvelles lois que l'on devoit substituer aux anciennes; lorsque *l'inquisition* méloit la pratique de la torture à ses autres institutions tyranniques, alors toutes les nations se crurent obligées d'en reconnoître les avantages.

On vit partout les preuves, par les *duels*, par l'*eau bouillante*, par l'*eau froide*, par le *fer rouge*, etc., s'abolir de proche en

(1) *Leg.* 7, *cod. de malefic. et mathemat.*

proche : la torture devint l'unique règle de la vérité dans les jugemens criminels (1). Quelques réflexions nous démontreront que *les jugemens de Dieu* étoient plus conformes aux circonstances de ce tems-là, que la torture ne l'est à l'état actuel des choses : on verra que l'usage ancien offre un principe plus certain de raison et de justice, et que

(1) Alexandre III, Innocent III, et Honorius III, portèrent, comme on sait, le dernier coup au systême des preuves par *les jugemens de Dieu*. Voyez le chapitre 10 *de excessib. prælat.*, *et cap.* 3, *de purgat. vulg.* Nous savons que l'usage de la torture, qui avoit été en exécration dans l'ancienne église, commença à s'introduire dans les tribunaux ecclésiastiques sous les règnes de ces papes. Alexandre III donna le premier ce scandale à l'Eglise et à l'Europe. Voyez le chapitre 1 *de depos.* L'usage de la torture avoit été restreint jusqu'alors à cette petite portion d'hommes qui suivoit le Droit romain ; mais, depuis cette époque, il devint de jour en jour plus général, et nous devons à deux Papes la funeste cause du système d'information et de la torture. Le progrès des lumières et de la société auroit aboli les *jugemens de Dieu*, si contraires au bon sens et aux principes de la religion. On n'avoit pas besoin pour cela de l'influence de leur caractère sacré. Si leur exemple a eu quelque force, c'est relativement à la torture, dont Alexandre III a rétabli l'antique usage, et à la procédure d'information, qu'Innocent III a établie.

la dignité de l'homme a plus perdu que gagné à ce changement. Cette digression n'est pas étrangère à mon sujet, et on me la pardonnera peut-être en faveur de la nouveauté.

On me la pardonnera sans doute pour une autre raison. Si l'usage de la torture ne subsistoit plus que chez un peuple, je serois peut-être encore obligé, pour l'en délivrer, d'unir mes efforts à ceux de tous les écrivains qui m'ont précédé. Mais si la plus grande partie de l'Europe est encore soumise à cette injustice avilissante; si des plumes serviles, soudoyées par des hommes cruels ou ignorans, ont osé la justifier, alors peut-il m'être permis, sans commettre un crime de lèze-humanité, de me taire sur cet objet dans un plan général de réforme ?

Les ouvrages infames qui contiennent l'apologie de la torture, sont restés dans l'oubli, avec les noms de leurs auteurs: mais la loi qui l'ordonne existe encore; elle respire au milieu des nations les plus libres et les plus éclairées.

Qui le croiroit ? Un gouvernement qui a mérité les éloges de tous les philosophes, l'amour de tous les hommes, l'admiration de l'Europe; un gouvernement qui semble marcher avec la régularité et le silence des corps célestes; un gouvernement, qui, environné de différentes puissances, ou formidables, ou ambitieuses, ou foibles, sans inspirer à aucune de l'effroi, mérite le respect de toutes; une république, qui, par la singularité de sa constitution, par le caractère et les mœurs de ses citoyens, par la nature et la situation de son territoire, par la sagesse de ses lois, a su réunir les avantages contraires de la force et de la foiblesse, de l'opulence et de la pauvreté, de la rusticité et des lumières; qui ne craint personne et ne se fait point craindre, qui a de grandes forces et n'en peut abuser; sobre au sein des richesses, généreuse à la source du commerce et de l'industrie; vertueuse et guerrière, au milieu du raffinement des mœurs et des douceurs de la paix; tranquille, entre deux religions dominantes; cette république, à laquelle toute l'antiquité ne nous offre rien de comparable; cette nation qui devroit être une source de lumières pour les législateurs; qui, de la hauteur de ses montagnes, devroit faire observer aux autres peuples les instrumens, les appuis et les avantages de la liberté et de la sûreté; la Suisse, en un mot, souffre encore la torture dans ses tribunaux. Il est vrai que dans un pays où la vertu est commune, on sent à peine les vices des lois: il est vrai que la perfection des mœurs d'un peuple peut remédier aux défauts de son code criminel. Pour jeter dans les flammes cette loi détestable, ne suffisoit-il pas aux Suisses de se rappeler quelle main l'avoit tracée (1)? Faut-il donc, lorsqu'on a chassé le tyran, respecter les lois de la tyrannie? Mais les contradictions de l'esprit humain se manifestent dans les nations comme dans les individus : les plus sages sont celles qui en offrent le moins. Vertueux et braves Helvétiens, pardonnez-moi ma franchise ; un vice de votre Législation en obscurcit encore la gloire. Puissent les réflexions que je vais tracer ici vous engager à soustraire vos lois à cette ignominie, et vos concitoyens aux dangers dont ils sont menacés chaque jour !

---

(1) Charles-Quint établit, chez les Suisses, la loi qui prescrit l'usage de la torture : cette loi est de 1530.

CHAPITRE XI.

Parallèle des jugemens de Dieu *et de la torture.*

Suppléer au défaut de preuves par un moyen qui ne peut indiquer, ni la vérité, ni la fausseté de l'accusation ; mêler la divinité aux jugemens des hommes ; croire que les lois de l'ordre universel doivent être suspendues dans quelques cas particuliers, où le juge, pénétré de sa propre incertitude, demande à la providence suprême, qui connoît tout, un signe visible, propre à déterminer son jugement ; attribuer à la force, à l'adresse, au courage, à l'art de se défendre, toute la faveur de la loi ; priver l'homme timide, pusillanime et foible, des prérogatives de l'innocence : tel est l'esprit d'un systême qui porte l'empreinte de la barbarie des siècles qui le virent naître, et de l'ignorance des peuples qui l'adoptèrent. Si on le considère cependant dans ses rapports, avec les intérêts, les mœurs et l'état politique de ces nations, on y trouve du moins une conformité avec le systême entier de leur gouvernement, qui suffit pour le faire excuser.

Un gouvernement barbare doit conserver nécessairement des traces de *théocratie*. Moins la société est perfectionnée, plus l'homme est animé du desir de l'indépendance. Voilà l'unique avantage de l'état de nature. Ce n'est que dans la société que nous perdons notre indépendance, mais nous ne la perdons que par degrés. A mesure que les bienfaits de la société se multiplient et s'étendent, c'est-à-dire, à mesure qu'elle se perfectionne, cet avantage de l'état naturel diminue; et la somme de cette indépendance, dont on fait le sacrifice, se proportionne d'elle-même à l'utilité qui résulte de ce nouvel ordre de choses. Une société barbare doit donc avoir un plus grand amour pour l'indépendance, qu'une société perfectionnée, parce que les avantages sociaux qu'on retire de la première, sont beaucoup moins précieux que ceux que l'on reçoit de la seconde; parce qu'enfin l'état de barbarie est plus près de l'etat primitif de l'homme, état où il ne connoît pas de passion plus forte que l'amour de l'indépendance.

C'est de là qu'est née la *théocratie* chez les peuples barbares. De tels hommes aiment mieux se soumettre à l'empire d'un Dieu qu'à celui des hommes. Voilà pourquoi les prêtres ont toujours eu, comme interprètes de la divinité, la plus grande influence dans le gouvernement des nations barbares (1); voilà pourquoi les premiers rois des peuples voulurent être prêtres (2), et que partout les premiers germes de la Législation furent, plus ou moins, un effet de la théocratie (3).

---

(1) Les Prêtres furent souvent Magistrats et Juges chez les Nations barbares. Voyez César, *de bello gallico*, *lib.* 6, *cap.* 15; *Dion. Halicarnas. lib.* 2, *pag.* 132; *Strab. lib.* 4, *pag.* 302; *Plut. de legib. lib.* 6, *pag.* 869, *et lib.* 8, *init. Tacit. de morib. Germ. cap.* 7, *AElian. Var. Histor. lib.* 4, *cap.* 34; *Justin. lib.* 2, *cap.* 7.

(2) Le premier Roi qui, dans la Grèce, sépara le sceptre du sacerdoce, fut *Erethée*. Retenant pour lui l'autorité royale, il donna à *Butes*, son frère, le Pontificat de Minerve et de Neptune. Voy. *Apollodor. lib.* 3, *pag* 198.

(3) Menethétès, en Egypte; Zaleucus, à Locres; Rhadamante et Minos, en Crète; Licurgue, à Sparte; Zatrauste, chez les Arimaspes; Zalmoxis, chez les Gètes; Midas, en Phrigie; Numa, à Rome; et d'autres Législateurs prétendirent avoir des entretiens secrets avec quelques Divinités, et recevoir d'elles les lois qu'ils communiquoient aux peuples. Voyez *Homer. Odyss. lib.* 9, *v.* 179; *Diodor. lib.* 1, *pag.* 105; *Valer. Maxim. lib.* 1, *cap* 2; *Strab. lib.* 16, *pag.* 1105; *Plutarq. in Numa, pag.* 62; *Dion. Halicar. lib.* 2, *pag.* 122.

Après ces réflexions, il ne nous sera pas difficile d'appercevoir la conformité des *jugemens de Dieu* avec l'état de la société, dans les circonstances où ils furent établis. L'accusé se soumettoit volontiers à une épreuve, dont le résultat dépendoit, dans son opinion, de la volonté de la divinité; mais il n'auroit pas voulu se soumettre au jugement des autres hommes; cette dépendance eût été honteuse à ses yeux. Il imploroit plus volontiers le dieu tutélaire de l'innocence, pour qu'il préservât son corps et celui de son champion de l'eau bouillante ou du fer rouge, qu'il n'eût imploré la justice et la protection d'un juge. Sa superstition et sa férocité naturelle lui faisoient regarder comme moins dangereuse et moins humiliante une lutte à main armée avec son accusateur, qu'une contestation verbale, d'après laquelle le juge auroit rendu une sentence arbitraire.

Assuré du secours d'une main toute-puissante, toujours prête à protéger l'innocence, il ne redoutoit ni la force ni l'adresse de son adversaire; et si ses espérances étoient trompées, il ne se plaignoit ni de l'injustice de la preuve, ni de l'incertitude du moyen: il attribuoit aux décrets impénétrables de

la

la divinité la cause secrète de son malheur (1). Des preuves aussi frivoles aux yeux d'un homme qui sait faire usage de sa raison, étoient regardées alors comme infaillibles ; et la résistance vigoureuse qu'opposèrent plusieurs peuples aux efforts des papes, des évêques et des conciles qui vouloient les abolir, nous montre clairement quelle confiance on y attachoit (2). Si la loi qui or-

(1) On pourroit faire ici une objection : l'accusateur ou l'accusé devoit mentir ; l'un ou l'autre devoit donc croire que la *preuve* n'étoit pas un moyen de connoître la vérité, et que la Divinité ne s'occupoit pas de la faire découvrir. Je réponds à cela que l'accusateur qui affirmoit, et l'accusé qui nioit, pouvoient l'un et l'autre affirmer et nier de bonne foi, et s'exposer, avec une égale confiance, au résultat de la preuve. En effet, dans plusieurs circonstances, l'accusateur se contentoit du serment que l'accusé faisoit en faveur de son innocence ; et les lois de Childebert, celles des Bourguignons, et celles des Frisons permettoient à l'accusé de faire jurer avec lui douze autres personnes, qu'on appeloit *Conjuratores* ou *Compurgatores*.

(2) Dans les décrétales, partie 2, question 7, on condamne l'ordalie par ce précepte de J. C. *Non tentabis Dominum Deum tuum*. Dans le troisième Concile de Valence, tenu en 855, on condamna le duel comme une preuve atroce, qui réveille au sein de la paix toutes les horreurs de la guerre. Au Concile d'Aquisgrana on défendit la preuve de

donnoit ces épreuves ne protégeoit pas la sûreté du citoyen, du moins elle inspiroit

---

l'eau froide. Au troisième Concile de Latran, tenu sous Alexandre III l'an 1179; et dans le quatrième, tenu sous Innocent III, qui porta, comme je l'ai dit, le dernier coup à ces désordres, on proscrivit, non-seulement les duels, mais toutes les autres preuves superstitieuses qu'on appeloit du nom de *jugemens de Dieu.* L'histoire ecclésiastique offre une suite non interrompue d'exhortations, de reproches, de menaces de plusieurs papes et de plusieurs évêques, dont l'objet étoit l'abolition de ces preuves. (Voyez Beaumanoir, chapitre 39. Du Cange, *Glossar*, *v°. duellum.*) Mais tous ces efforts demeurèrent tellement inutiles pendant longtems, que les ecclésiastiques furent eux-mêmes quelquefois obligés d'autoriser les duels, et de permettre qu'on recourût à cette preuve, pour terminer les contestations qui s'élevoient relativement aux biens de l'église.

L'empereur Henri I dit, que la loi qu'il vient d'établir pour autoriser la pratique des combats judiciaires, a été faite du consentement et avec l'approbation de plusieurs fidèles Evêques. (Voyez Bouquet, recueil des histoires, tome 9, page 231.) Nous en trouvons plusieurs autres exemples dans l'histoire de Charles-Quint, par Robertson, tom. 2, note 22. Le Concile de Lillebone, tenu au onzième siècle, sous Guillaume le Conquérant, roi d'Angleterre et duc de Normandie, condamne à une peine pécuniaire les prêtres qui se battent en duel sans la permission de leurs évêques. Il faut donc

et favorisoit l'opinion de cette sûreté ; opinion qui, comme je l'ai dit ailleurs,

---

supposer que plusieurs évêques croyoient alors avoir le droit de permettre cette épreuve, que l'esprit universel de l'église abhorroit. Il y a plus : dans quelques évêchés de France, il existoit des lieux nommés *monomachies*, destinés pour les duels qu'ordonnoit le juge de l'évêque dans les différends qui s'élevoient entre les serfs attachés à son église. C'est ce qu'on lit dans un manuscrit de Pierre le Chantre de Paris, qui écrivoit en 1180. (Description du diocèse de Paris, par M. le Bœuf.) Muratori dit que quelques évêques d'Italie obtinrent le même privilège au commencement du onzième siècle. L'empereur Conrard l'accorda à Pierre, évêque de Navarre, en 1028; et Henri III, à l'évêque de Volterra, en 1052. On avoit alors une si grande confiance dans cette espèce de preuve, que l'histoire offre plusieurs exemples de l'usage que l'on fit du duel, pour déterminer des articles de jurisprudence et des points de discipline. La fameuse loi, adoptée dans toute l'Europe, qui ordonne que les petits-fils seront mis au nombre des fils de la famille, pour représenter leur père, et pourront en cette qualité succéder par égales portions avec leurs oncles, lorsque leur père sera mort avant l'aïeul ; cette loi, qui essuya tant de contradictions, fut établie dans le onzième siècle, après un duel ordonné par l'Empereur, dans le dessein de voir lequel des deux partis avoit raison. La fameuse dispute, élevée en Espagne dans le onzième siècle, sous Alphonse VI, Roi de Castille, pour détermi-

forme une grande partie de la liberté civile (1).

Le système pénal de ces nations barbares fait naître une réflexion qui donne une nouvelle force à ces idées. On condamnoit à une peine infamante, et même à la mort, un homme, un *noble* qui succomboit dans la preuve du duel; mais s'il eût été d'une autre manière convaincu du même crime, on ne l'auroit condamné qu'à une peine pécuniaire. Le même systême existoit chez les Germains. Quel pouvoit donc être le motif d'un usage si étrange? Je crois pouvoir l'expliquer par mes principes. L'esprit général d'indépendance empêchoit que la vie d'un citoyen fût livrée au jugement des autres hommes : il falloit un ordre exprès du ciel pour le priver d'une existence, sur laquelle on n'auroit pas souffert que le gouvernement pût exercer quelque droit. En effet, chez les Germains, dit Tacite (2), le supplice d'un

---

ner laquelle des deux liturgies, mosarabique et romaine, étoit plus agréable à Dieu, fut encore abandonnée à la preuve du duel. (Voy. l'histoire des révolutions d'Espagne, par le P. d'Orléans, tome 1, page 217.)

(1) Liv. 1, chap. 2.

(2) Tacite, *de moribus Germanorum*. J'observerai ici que, chez toutes les Nations barbares, la peine

coupable est moins considéré comme une peine que l'autorité du chef ait droit d'ordonner, que comme une inspiration et un commandement exprès de la divinité, qu'ils croient présider aux batailles. On soumettoit donc plus volontiers sa vie à un jugement de Dieu, que sa fortune au jugement des hommes. Ceci nous montre les effets de l'esprit d'indépendance, et la confiance que l'on devoit avoir alors dans ces preuves.

L'histoire de toute l'antiquité et les relations d'un grand nombre de voyageurs nous attestent l'uniformité d'opinion de tous les peuples barbares sur cet objet. Les hommes placés dans les mêmes circonstances pensent et agissent de la même manière. Nous voyons les preuves judiciaires établies chez les peuples les plus anciens, et parmi beaucoup de nations de l'Asie et de l'Afrique.

---

de mort fut considérée comme un sacrifice fait en l'honneur des Dieux. C'étoit l'esprit des lois des Décemvirs : voilà pourquoi les mots *sacer esto* signifioient puni de mort, et qu'on appeloit *supplices* les peines capitales. On vouloit indiquer, par cette expression, que c'étoient des offrandes faites aux Dieux par ces crimes : aussi chez les anciens Germains, les Prêtres eux-mêmes exécutoient les coupables; et chez plusieurs peuples, le bourreau étoit appelé grand sacrificateur.

Sophocle, dans la tragédie d'Antigone (1), introduit un homme qui, accusé de corruption, se résout à manier un fer rouge, ou à marcher sur des charbons ardens, pour prouver son innocence; genre d'épreuve alors en usage, dit le Scholiaste. Eusthathe parle de quelques fontaines qui étoient à Articomis et à Daphnopolis, et dont les eaux servoient à constater la pudicité des vierges (2). Le temple des dieux *Palici*, en Sicile, et de Trézène, dans le Péloponèse, sont aussi renommés pour de pareilles épreuves. On connoît la fameuse fontaine du Styx à Ephèse, et la caverne du dieu Pan, où l'on faisoit descendre les femmes accusées d'impudicité, pour s'assurer de leur innocence ou de leur crime (3). Grotius cite plusieurs exemples des

---

(1) Sophocle, dans l'Antigone, vers. 269 et 270.

(2) *Eustath. lib. 8 et 11, de amore Ismeniæ et Ismenes.*

(3) *Achill. Statius, de amoribus Clitophont. et Leucipp. lib. 8, pag. 241, edit. Comini Venturæ Bergomi.* On attachoit au cou de la femme accusée d'impudicité une petite planche, où étoit écrit le serment de son innocence; on la faisoit ensuite descendre dans la fontaine. Si l'eau ne touchoit pas à la planche, elle étoit déclarée innocente; si la planche étoit mouillée, on la regardoit comme convaincue du crime. Le même auteur, page 223, parle d'une autre épreuve que l'on avoit établie pour le même objet dans la caverne du Dieu Pan.

épreuves de l'eau en Bythinie, en Sardaigne, et dans d'autres pays. Heinius assure que cette preuve fut connue des Celtes (1). Quant au duel, nous le trouvons établi jusque dans l'antiquité la plus reculée, chez les Germains (2) et chez les Suédois (3). Nous voyons la dispute qui s'éleva entre les Romains et les Albains, terminée par le combat des trois Horaces et des trois Curiaces; nous voyons dans Homère la guerre de Troie commencer par un duel entre Ménelas et Pâris; nous voyons les Grecs et les Troyens chercher, dans le résultat de cette épreuve, la volonté des dieux; nous voyons que, ce premier duel n'ayant eu qu'une issue incertaine, on eut recours à un second combat singulier entre Hector et Ajax; et si ces deux champions, après avoir combattu pendant plusieurs heures, ne s'étoient pas séparés sans avoir pu obtenir quelque avantage l'un sur l'autre, et sans avoir découvert, par ce moyen, la volonté des dieux, la guerre eût été terminée. Enfin les voyageurs les plus

---

(1) *Frider. Heinius de probat. quæ olim fieri solebat per ignem et aquam.*

(2) *Velleius Paterculus, lib.* 3, *cap.* 118.

(3) G. O. Stiernhook, dans son fameux ouvrage *de Jure Sujonum vetusto. Lib.* 1, *cap.* 7.

dignes de foi parlent des preuves judiciaires qui existent chez différens peuples d'Afrique et d'Asie. Au Monomotapa, le témoin de l'accusateur réduit en poudre une certaine écorce d'arbre qui a la vertu de faire vomir, la mêle à une quantité d'eau déterminée, et donne à boire ce breuvage au défenseur de l'accusé. Si celui-ci ne le rejette pas, l'accusé est absous. Cet usage ressemble beaucoup à celui de l'*hostie d'exécration*, sorte de purgation canonique qui a été fort en vogue dans les siècles de superstition (1). On connoît la boisson qu'emploient les habitans du royaume de Loango, en Afrique, pour découvrir les sorciers et sorcières (2); et celle dont se servent les *Quojas*, peuples qui

(1) Voyez Muratori, *Antiquit. Italic. dissert.* 38. Il dit que Grégoire VII, accusé de simonie, se soumit à cette preuve.

(2) Lorsqu'on soupçonne que dans un village il y a quelque sorcier ou quelque sorcière, on fait boire, en présence du juge, à tous les habitans, une décoction de racine appelée *sinbonda*; c'est une liqueur enivrante; chacun est obligé d'en boire, et ensuite de courir. Celui qui, en courant, vient à tomber par terre, est convaincu du crime, et le peuple le précipite du haut d'un rocher. Les femmes du roi sont soumises à la même preuve, lorsqu'on les accuse d'adultère.

habitent l'intérieur de la Guinée (1). La preuve de l'eau bouillante subsiste encore dans l'île de Ceylan; et on en fait usage avec la même confiance et presque avec les mêmes cérémonies qui étoient attachées à cette pratique judiciaire chez les nations de l'Europe (2).

Sur la côte du Malabar, un homme accusé d'un crime considérable est jeté dans un fleuve rempli de poissons voraces; et si, après un certain tems, il n'est pas dévoré, on le déclare absous. La preuve du fer rouge et celle de l'eau bouillante existent aussi chez les autres peuples de cette contrée.

A Siam, l'accusateur et l'accusé étoient autrefois exposés à un tigre : on déclaroit innocent celui qui en étoit respecté. Chez

---

(1) On fait avaler à l'accusé une boisson empoisonnée. S'il la rejette, il est absous; mais s'il la garde, et qu'elle lui cause ces convulsions, ces déchiremens d'entrailles qui annoncent l'action du poison, alors il est regardé comme coupable, et on le condamne comme tel. On connoit chez ces peuples une autre espèce de preuve appelée *belli*, semblable à celle du fer rouge, telle qu'elle existoit en Europe.

(2) Knox nous donne, dans la relation de ses voyages, un détail très-circonstancié des cérémonies qui précèdent cette fameuse épreuve.

cette nation, les preuves par l'eau et par le feu étoient en usage avant que le despotisme eût remplacé l'ancienne forme du gouvernement, semblable, à beaucoup d'égards, à celle de nos barbares aïeux.

Tous ces faits prouvent que les hommes ont une sorte de penchant à chercher, au sein de la divinité, des signes visibles, propres à régler leurs jugemens : ils nous montrent l'aveugle confiance que devoient avoir nos pères dans cette espèce de preuve, et la sagesse relative de ces lois, qui, se conformant à l'opinion et aux mœurs de ces siècles, y mirent le sceau de l'autorité publique. On croyoit alors que la divinité devoit, pour quelque cause que ce fût, suspendre les lois universelles de l'ordre ; c'étoit, pour ainsi dire, un article de foi : et la multitude de miracles que racontoient chaque jour au peuple les ecclésiastiques et les moines, et dont toutes les légendes des saints étoient remplies, contribuoit prodigieusement à soutenir et à fomenter cette superstitieuse et consolante opinion (1).

---

(1) Les cérémonies sacrées qui précédoient ces épreuves, attestent cette vérité. Le lecteur peut consulter à cet égard les livres suivans : *Baluz, in*

A cette raison, très-naturelle, on peut en ajouter une autre ; elle est fondée sur la connoissance des intérêts politiques de ces siècles ; elle naît de ce grand principe de la *bonté relative* des lois, dont nous avons parlé dans le premier livre de cet ouvrage. Je crois être obligé de la développer.

La vertu politique est modifiée par les différentes circonstances des tems, des lieux, des peuples. Déterminée par l'utilité de la plus grande partie de la société, elle varie avec les différens intérêts des nations. Cette vérité n'est plus contestée aujourd'hui : les métaphysiciens, les politiques, les moralistes se sont réunis pour lui donner tout le poids de l'autorité ; l'Histoire est venue au secours de la raison, pour y ajouter l'appui de l'expérience ; l'é-

---

Capitul. ; *du Cange*, *in glossar. mediæ et infin. latinit. v°. Judicium Dei* ; *Martene*, *de antiq. eccles. ritib.* ; *Muratori*, *dissert.* 38, *seq. antiq. Ital.*

Nous savons que les combattans devoient invoquer le nom de Dieu, de la Vierge, et de quelque saint ; qu'ils devoient jurer de ne point avoir des armes enchantées ; qu'ils devoient auparavant assister au sacrifice de la messe. C'étoit de cette manière qu'ils étoient obligés de se préparer à l'épreuve. Dans le jugement de l'eau et du feu, l'accusé devoit se préparer à cette épreuve par la Communion.

tude même des langues, et l'idée originairement attachée au mot *vertu*, en fournissent une preuve invincible (1). Ce seroit donc bien inutilement que je chercherois à démon-

---

(1) Tant que les peuples ne connurent pas la servitude civile, tant qu'ils conservèrent cette portion de l'indépendance naturelle, propre à l'état politique dont nous parlions plus haut, ils exprimèrent par le même mot la *vertu* et la *force*; ou, pour mieux dire, la *vertu* étoit *force*, et la *force* étoit *vertu*. C'est l'Αρετη des Grecs, dans les tems dont parle Homère; et c'est le mot *virtus* des Latins. Homère ne se sert de ce mot que pour exprimer la force; comme il se sert du mot σοφια, *sapientia*, pour indiquer l'habileté et l'adresse dans les arts mécaniques nécessaires à la guerre.

De même que l'idée de vertu se confondit d'abord avec l'idée de force, ainsi les Romains appelèrent *Forctes* les peuples qui ne s'étoient jamais révoltés contre eux; et *Sanates*, ceux qui, après s'être révoltés, étoient rentrés dans l'obéissance. C'est de cette manière que l'on peut expliquer ce fragment des lois des douze tables : NEXO. SOLUTO. FORCTI. SANATI. QUE. SIREMPS. JUS. ESTO.; *que non-seulement le débiteur qui sera sorti de l'esclavage soit rétabli dans son ancien droit, mais que le peuple rebelle lui-même, qui sera rentré dans son devoir, soit rétabli dans tous les droits dont jouit le peuple qui a toujours été fidèle*. Voy. *Festus*, *v°*. *Sanates*. On appeloit le peuple fidèle *Fortis*, parce qu'on n'avoit d'abord que le mot de force pour extrer cette vérité; contentons-nous de l'établir par les réflexions suivantes.

Si la vertu politique est modifiée par les différentes circonstances des tems, des lieux et des peuples, il est certain que chez les nations guerrières, dont j'ai parlé, la valeur devoit être la plus grande de toutes les vertus; et toutes les choses qui dépendent de la valeur, ou qui peuvent se combiner avec elle pour rendre l'homme plus propre à combattre, devoient être considérées du même œil.

Le courage, l'adresse, la force, la constance, le mépris des dangers étoient, dans ces siècles et chez ces peuples, les seules vertus des citoyens, parce que c'étoient les seules qui fussent utiles et précieuses à l'Etat. Les lois, l'éducation, uniquement destinées à former des guerriers, avoient pour objet principal, d'inspirer le courage et de le rendre honorable; il falloit exciter les citoyens à acquérir de l'adresse avec de la force, et à combiner cette force avec le courage; il fal-

---

primer toutes les espèces de vertus. Voilà pourquoi les anciens auteurs latins donnent le nom de fort, *fortis*, à celui qu'on appelleroit aujourd'hui bon, *bonus;* et le nom de *bon*, à celui qu'on appelleroit aujourd'hui *fort*.

loit enfin donner une certaine supériorité à ceux qui avoient su acquérir ces grandes qualités. C'étoit donc parvenir à ce but que d'obliger le citoyen à se justifier avec son épée. Lorsque l'innocence, foible et timide, pouvoit être accablée par la violence ou les risques d'un jugement; lorsqu'une main peu endurcie au maniement des armes, exposoit un homme à succomber à la preuve du fer rouge et de l'eau bouillante; ou que son corps, inhabile à ces travaux civils et à ces opérations militaires qui fortifient les membres et donnent de la vigueur à tous les nerfs et à tous les muscles, étoit trop amolli pour supporter les terribles épreuves de la croix, ou des barres de fer rouge (1); lorsqu'enfin, privé de tant d'avantages, il lui étoit impossible d'inspirer aucun sentiment d'affection à des femmes qui avoient intérêt de n'accorder leur amour qu'à celui qui auroit pu s'exposer pour elles à de telles épreuves (2) : alors la

---

(1) Comme il seroit trop long de rapporter ici toutes ces espèces de preuves, je renvoie le lecteur à du Cange. *Glossar. mediæ et infimæ Latinit.* v°. *Judicium Dei.*

(2) On trouve dans le code des Thuringiens, tit. 14, une loi qui condamne à l'épreuve par l'eau bouillante toute femme accusée d'adultère, lorsqu'il ne se présente point de champion pour elle. Les

vanité, le besoin, la sûreté, l'amour forçoient un homme de s'exercer dans l'art qui intéressoit le plus la société : alors quiconque n'étoit pas guerrier ne pouvoit espérer ni estime, ni repos, ni amour; sa vie étoit chaque jour exposée à mille périls; son honneur n'étoit point à l'abri des insultes et des trames de la calomnie; et son cœur, fait pour aimer, n'éprouvoit partout que des refus inspirés par sa bassesse. Voilà pourquoi la preuve par duel, qui alloit si directement au but de la loi, devint d'un usage si général, et dura plus que tous les autres (1).

---

codes des autres Nations barbares contiennent d'autres lois à-peu-près semblables. Les femmes, du moins celles qui n'étoient pas d'une naissance commune, ne s'exposoient à cette épreuve qu'au défaut de champions. On voit par-là combien elles avoient d'intérêt à s'attacher à des hommes propres à les défendre. L'usage de se battre pour plaire à sa maitresse, cet usage si général dans les siècles de chevalerie, et qui s'est conservé même après que le duel a cessé d'être une preuve judiciaire; cet usage n'a pas d'autre origine. C'est de là qu'est née aussi l'opinion chevaleresque qui oblige l'amant de se battre pour défendre l'honneur de sa maitresse et venger son injure.

(1) Nous la trouvons établie dans presque tous les codes barbares. Voyez la loi des Ripuaires, tit. 32, tit. 57, tit. 59; la loi des Lombards, liv. 1, tit.

Il est vrai que la confiance superstitieuse qu'avoient les citoyens dans de telles épreu-

---

15 ; liv. 2, tit. 32 ; liv. 3, tit. 35; liv. 1 et liv. 2, tit. 35; liv. 2, et surtout le tit. 55 du liv. 38 ; on y voit un réglement de l'Empereur Othon, où il soumet aux édits concernant les preuves par duels, ceux mêmes qui vivoient sous la loi romaine. Voyez la loi des Bourguignons, tit. 8, liv. 1 et 2 ; tit. 80, liv. 1, 2 et 3; la loi des Thuringiens, tit. 1, liv. 31; tit. 7 et 8; la loi des Frisons, tit. 11 et 14 ; la loi des Bavarois, tit. 8 *de furto* ; chap. 2, §. 6; et chap. 3, §. unique; *ibid.* tit. 9 *de incendio domor.*, etc.; chap. 4, §. 4; la loi des Allemands, chap. 89, *de eo qui hominem occiderit et necaverit;* les capitulaires de Charlemagne et de Louis, liv. 7, chap. 186, *de accusatoribus non facile recipiendis, nec absque, etc.* ; les capitulaires joints à la loi Salique par l'empereur Louis, chap. 1, *si quis cum altero.*

On ne voit pas les autres preuves judiciaires aussi généralement reçues ; du moins elles ne durèrent pas si long-tems. Beaumanoir, qui vivoit au tems de Saint-Louis, faisant l'énumération des différentes espèces de preuves, parle du duel, et ne dit rien des autres. Une constitution de Lothaire, insérée dans la loi des Lombards, liv. 11, tit. 5, §. 31, abolit les preuves dites de la croix et de l'eau froide; et le dernier duel prescrit en France par le magistrat, comme preuve judiciaire, est de l'an 1547. On en trouve de semblables, ordonnés en Angleterre en 1571, en 1631 et 1638. Charles-Quint en ordonna un en Espagne en 1522. Voyez Robertson, histoire de Charles-Quint, t. 2, note 22.

ves,

ves, auroit dû les empêcher de recourir aux moyens humains, qui véritablement en déterminoient le succès : mais l'expérience, justifiant les vues du législateur, fit voir que, malgré cette confiance, on ne laissoit pas de chercher dans ses propres forces la supériorité qu'on attribuoit en même tems au secours d'une divinité propice. C'est ainsi que le crédule Musulman, malgré les principes rigoureux de son fatalisme, ne dédaigne pas les plus viles intrigues du sérail, pour arriver au but de ses désirs, quoique la religion lui annonce que ce grand évènement est déjà écrit dans le livre éternel et immuable de sa destinée. C'est par cette contradiction inexplicable de l'esprit humain, plus sensible chez les peuples barbares que chez les nations policées, que les jugemens de Dieu favorisoient en même tems la tranquillité du citoyen et l'intérêt du gouvernement.

Ces réflexions, qui ne montrent jusqu'à présent que la conformité des jugemens de Dieu avec les mœurs de ces peuples barbares, pourroient encore, sous un autre point de vue, en découvrir la justice.

Dans une nation où tant de causes se réunissoient pour rendre le citoyen courageux, habile et fort, l'homme le plus vigoureux, le plus vaillant, le plus propre à combattre, montroit, par ces seules qualités, un plus profond respect pour les lois, une meilleure éducation, une plus grande estime de l'honneur. Tout cela devoit inspirer une juste présomption en faveur de son innocence : l'expérience apprenoit que les hommes les plus foibles étoient presque toujours les moins éloignés du crime ; et que les hommes les plus forts et les plus courageux étoient, non-seulement les citoyens les plus utiles, mais les plus vertueux. Cette règle devoit être souvent fausse ; mais l'homme innocent restoit quelquefois supérieur dans le combat ; et s'il succomboit, la loi achetoit du moins, par une impunité ou par une injustice, un citoyen plus utile à l'Etat. A cet avantage s'en joignoit un autre : il faut, pour apprécier une loi, la rapprocher des circonstances qui l'ont dictée. On sait que dans les tems où le combat judiciaire existoit avec toute sa force, l'anarchie, née de la division de l'autorité publique, légitimoit le désordre des guerres privées. Une famille s'armoit contre une autre famille, un village contre un autre village ; une province déclaroit la guerre à une autre province. Les différentes parties du même Empire se soulevoient les unes contre les autres ; et le foible chef de ce corps désorganisé devoit voir avec indifférence cette lutte sanglante de tous les membres de l'Etat. Dans de telles circonstances, au milieu de ces affreuses convulsions, la loi qui établissoit le duel, et qui permettoit aux parties de soumettre à cette épreuve la décision de leurs différends, faisoit naître en même tems trois avantages pour l'ordre public : elle changeoit en combat particulier une guerre générale ; elle rendoit aux tribunaux leur force légitime ; elle faisoit rentrer dans l'état civil ceux qui n'étoient plus gouvernés que par le droit des gens. Si le systême des jugemens de Dieu ne peut donc être excusé en lui-même, on peut du moins parler des avantages qu'il produisoit, et de sa conformité avec les mœurs et l'état de la nation, à cette époque. Mais quels avantages peut-on retirer de la torture? que peut-on dire en faveur de cette pratique abominable de notre jurisprudence ?

Si nous en considérons le motif, si nous en examinons les effets, si nous observons ce qu'elle est en elle-même, et ce qu'elle peut être relativement à l'intérêt social, nous la trouverons toujours injuste, dangereuse, contraire au but de toute société, en quelque lieu et en quelque tems que ce soit. Un petit nombre de réflexions prouvera cette vérité, déjà suffisamment connue de tous les citoyens, mais ignorée de la plupart des chefs des nations.

Quel est le but de la torture? C'est d'arracher au coupable l'aveu de son crime, ou de connoître ceux qui l'ont aidé à violer la loi. Le premier de ces motifs est le plus ordinaire. Voyons quel est le droit qui lui sert de fondement. Supposons que l'accusé qui est dévoué à la torture soit véritablement coupable de ce délit dont il est accusé, et que pour le condamner on ait besoin de son aveu, au défaut des preuves *intrinsèques*; dans cette hyphothèse, le magistrat, je le demande, a-t-il le droit d'exiger du coupable l'aveu de son crime? Tout droit suppose un devoir. Si le magistrat avoit ce droit, le coupable seroit donc obligé de lui découvrir son crime. Mais peut-il exister quelque devoir contraire à la première loi de la nature, à la conservation de son existence? Si, interrogé par le magistrat sur la vérité d'uue accusation intentée contre moi, j'étois obligé de faire l'aveu de mon crime, et que cet aveu dût m'entraîner à la mort, je me trouverois alors entre les deux devoirs contraires, et je ne pourrois satisfaire l'un sans violer l'autre. Si le pacte social m'obligeoit à faire cet aveu, il m'obligeroit à violer une loi de la nature. Ce pacte social seroit donc nul. Si le pacte social me forçoit d'avouer mon crime, il forceroit aussi tous les coupables de se jeter volontairement dans les mains de la justice, pour en éprouver toute la sévérité. Mais ce pacte social seroit alors évidemment contraire à la nature des contractans. Ce n'est pas là l'esprit de cette convention primitive, que tous les membres de la société ont tacitement ratifiée. « La seconde partie d'une loi, dit Hobbes, c'est-à-dire celle qui contient la sanction pénale, n'est qu'un ordre intimé aux magistrats publics. En effet, il n'y a point de loi qui ordonne au voleur, à l'homicide de venir volontairement s'offrir à la mort (1) ».

Si le coupable n'est pas obligé de faire l'aveu de son crime, comme je crois l'avoir prouvé, le magistrat n'a donc pas le droit d'exiger de lui cet aveu ; si le coupable viole une loi éternelle de la nature, en publiant son crime, le magistrat, qui le condamne à la torture pour arracher cet aveu, punit donc en lui un silence que le coupable ne peut rompre sans violer la loi naturelle qui lui

---

(1) Dans la seconde partie de ce livre, où il sera question de l'origine du droit de punir, je détruirai, par l'évidence des principes, toutes les objections que l'on pourroit me faire ici.

ordonne de se taire : il le force par ce moyen de commettre un crime de plus.

C'est ainsi que l'on doit considérer la torture, même dans l'hypothèse où le malheureux qui y est condamné est réellement coupable du délit qu'on lui impute. J'ai voulu l'offrir sous ce point de vue, afin de montrer que les indices les moins équivoques ne peuvent légitimer l'usage de cette épreuve, parce que le motif qui y fait recourir est injuste en lui-même.

On dira peut-être, la torture n'a pas toujours pour objet d'arracher l'aveu du crime de la bouche du coupable, puisqu'on y soumet aussi le coupable convaincu, afin de savoir quels sont ses complices. Or, dans ce cas, ajoute-t-on, le motif de la torture n'a rien d'injuste. Quoique l'homme n'ait pu s'obliger lui-même, par le pacte social, à révéler ses propres crimes, il a pu néanmoins s'obliger, envers la société, de concourir, avec tous les autres citoyens, à faire respecter l'ordre public, et à indiquer au gouvernement les moyens propres à le maintenir. Il suit de là, que la découverte des complices étant une partie de cette obligation, qu'aucune loi antérieure de la nature ne peut rendre nulle, c'est un devoir du coupable convaincu de nommer ses complices, et un droit du magistrat d'exiger cette révélation.

Cette conséquence est juste; mais elle ne peut servir à autoriser l'usage de la torture. Oui, je crois que le magistrat a droit d'exiger du coupable convaincu tous les renseignemens nécessaires sur ses complices; mais cela ne prouve autre chose, sinon que le motif pour lequel on soumet dans ce cas le coupable à la torture, est fondé sur un droit. On ne peut pas en conclure que le moyen dont on se sert soit juste et conforme à la raison.

De deux choses l'une : ou le coupable est disposé à révéler ses complices, ou il est déterminé à les cacher. Dans le premier cas, la torture est inutile, puisqu'il fera, à la première interrogation du juge, l'aveu qu'on désire; dans le second cas, elle peut être dangereuse: ou le coupable résistera aux tourmens; et alors la loi qui l'y condamne fera un mal particulier, sans procurer le bien général; ou pour s'arracher aux tourmens, au lieu de nommer les véritables complices, il en nommera d'autres qui n'ont eu aucune part au crime; et alors la loi compromet la liberté d'un innocent; elle la fait dépendre de la simple assertion d'un homme qui n'a plus de droit à la confiance publique. « Celui qui a perdu tout espoir de vivre, dit le Jurisconsulte Paul, ne doit pas mettre en danger la vie d'autrui (1) ».

---

(1) Paul, 1, sentent. 12, §. ult. leg 6. Voy. encore Ulpien, leg. 6, §. 23, ff. de quæst.; et surtout Tite-Live (*lib.* 24, *cap.* 5); Tacite (*Annal. lib.* 4, *cap* 45); Sénèque (*de ira, lib.* 2, *cap.* 13): on y trouvera des faits qui confirment, de la manière la plus évidente, tout ce que j'ai dit.

Un Anglais, nommé Felton, fut convaincu d'avoir assassiné le duc de Buckingham. Laud, évêque de Londres, lui déclara que s'il n'accusoit pas ses complices, il devoit se préparer à souffrir les tourmens de la torture. « Monseigneur, répondit le » coupable, si cela doit arriver, je ne sais trop qui » je pourrai accuser dans l'horreur des tourmens; » ce sera peut-être l'évêque Laud, ou quelque autre » personne de ce tribunal ». Réflexion admirable, dit Foster, dans la bouche d'un enthousiaste et d'un scélérat! Cette réponse ne fit pas changer de résolution à l'évêque : il proposa la torture; mais les Juges déclarèrent, d'une voix unanime, que cette épreuve féroce n'étoit pas permise par les lois anglaises. Voyez Delolme, Constitution d'Angleterre, tom. 1, chap. 12, page 162.

J'ajouterai ici une réflexion. Qui croiroit que la Législation anglaise, qui a toujours eu la torture en horreur, ait pu autoriser une atrocité qu'aucune autre Législation de l'Europe n'a osé adopter, et qui n'a été détruite qu'en 1772? Je parle de la *peine forte et dure.* Si un homme étoit convaincu de quelque crime de félonie et de trahison au dernier chef,

Je pourrois à ces réflexions en joindre un grand nombre d'autres qui démontre-

---

et que ce malheureux, pour se soustraire au jugement qu'on nomme de *corruption de sang* (jugement qui entraîne la confiscation des biens, et rend les enfans incapables de toute hérédité future), refusât de répondre aux interrogations du juge; alors, au lieu de le condamner à la mort, on le condamnoit à la *peine forte et dure*. On le faisoit descendre dans un cachot; on l'étendoit tout nu sur la terre; on lui mettoit sur le corps une pièce de fer énorme; on lui donnoit chaque jour alternativement, pour toute nourriture, quelques onces de pain et quelques onces d'eau croupissante; et on le laissoit dans cet état jusqu'à ce qu'il mourût. En périssant de cette manière, il privoit le fisc de ses biens, et laissoit à ses enfans le droit de les recueillir; avantage qu'il eût perdu, en répondant à ses juges, soit pour affirmer, soit pour nier. (Voyez Blackstone, comment. sur le code criminel d'Angleterre, chap. 25. Au tems où ce jurisconsulte écrivoit, cette peine n'étoit pas encore abolie.) Pour peu que l'on fasse attention aux principes que j'ai développés ci-dessus, sur l'aveu des coupables, et sur le droit du silence, on verra que la plus étrange férocité s'unit, dans cette loi, à la plus grande injustice. Je ne ferai qu'une réflexion. Si dans un pays où la nation entière forme ses lois, et où ceux qui les dictent doivent y être soumis, on trouve de tels exemples de barbarie, doit-on être surpris de voir des lois injustes chez les nations où la puissance législative est entre les mains d'un seul?... Malheureux celui qui, doué d'une ame

roient encore l'injustice et l'inutilité de la torture, dans le cas de la découverte des complices: mais je ne puis pas m'étendre beaucoup sur ce sujet. Revenons à la torture qui a pour objet l'aveu du coupable, et comparons-la avec les jugemens de Dieu des siècles barbares. Que l'on me pardonne la manière peut-être trop didactique dont je vais faire cet examen: je suis fâché de développer ainsi mes idées; mais le devoir d'un écrivain est de sacrifier le beau à l'utile, lorsque les circonstances l'exigent.

Si l'on considère la torture comme un moyen de découvrir la vérité, on trouvera dans ce moyen autant d'absurdités qu'en offroient les jugemens de Dieu. La disposition physique du corps détermine dans l'une, comme elle faisoit dans les autres, le résultat de la preuve. Dans l'une et dans les autres, l'innocent peut être condamné et le coupable absous; dans l'une et dans les autres, tout ce qui détermine la vérité n'a aucun rapport avec elle; mais la différence essentielle résulte de la confiance, de la prévention publique. La superstition et

---

sensible, se livre à l'étude des différentes Législations! A mesure qu'il acquiert plus de lumières, il devient plus infortuné!

l'ignorance des siècles qui virent naître les jugemens de Dieu, faisoient regarder comme infaillibles ces sortes d'épreuves. Les progrès des connoissances, les lumières du siècle, et les raisonnemens des philosophes ont persuadé, même au peuple, que la torture est la preuve, non de la vérité, mais de la force du corps ; que l'homme innocent, mais foible, est traîné à la mort par cette absurde férocité ; que l'homme coupable, mais robuste, jouit de toute impunité sous les auspices d'une telle pratique : la loi elle-même contribue à soutenir cette opinion (1). Il y a donc cette différence entre ces deux méthodes, que nos ancêtres avoient de la confiance dans celles qu'ils employoient, et que nous n'en avons aucune dans la nôtre. En perdant la sûreté réelle, ils avoient du

---

(1) Je dis que la loi elle-même concourt à soutenir et fomenter cette opinion ; car elle donne aux juges, dans plusieurs circonstances, le droit de décider, par le même jugement qui condamne à la torture, que ce moyen ne pourra préjudicier aux preuves déjà acquises ; et alors, si le coupable soutient son innocence au milieu des tourmens, les juges peuvent le condamner, sinon à la mort, du moins à toute autre peine. La loi n'a donc aucune confiance dans l'épreuve qu'elle emploie. Voyez Domat, supplém. au Droit public, tit. 5, §. 4.

moins l'opinion de cette sûreté, que nous n'avons plus. La liberté civile, fondée, non-seulement sur la sûreté, mais sur l'opinion de cette sûreté, étoit donc alors en partie détruite, et en partie favorisée par les jugemens de Dieu. La torture anéantit aujourd'hui l'une et l'autre.

De ce principe naît une autre différence remarquable. Chez nos barbares aïeux, l'homme qui restoit supérieur dans le combat ou dans quelque autre épreuve judiciaire, étoit absous, non-seulement par le magistrat, mais par l'opinion publique. L'infaillibilité que cette opinion attribuoit aux jugemens de Dieu, effaçoit entièrement l'ignominie qui couvre un homme appelé en jugement pour un délit infâme; il recouvroit son honneur au moment même qu'il recouvroit sa liberté. Douter de son innocence, c'eût été commettre un péché aux yeux de ce guerrier crédule, qui voyoit, dans le résultat de l'épreuve, le jugement de la Divinité. Il n'en est pas de même chez nous.

Des jurisconsultes très-peu philosophes se sont imaginés que la loi peut à son gré déterminer ou effacer l'infamie; mais s'ils eussent consulté la raison et l'expérience, ils auroient vu que c'est à l'opinion publique seule qu'il appartient de créer l'infamie; que l'homme déshonoré par l'opinion ne peut être garanti, par la loi, du mépris public; que l'infamie légale, qui n'est pas ratifiée par l'opinion, est absolument nulle; et que par conséquent, lorsque la loi déclare un homme absous de toute infamie, cette déclaration de la loi n'a aucune force, si elle ne s'accorde pas avec la manière de penser de la plus grande partie des hommes (1). Ce faux principe de nos jurisconsultes leur a fait croire que la torture sert à détruire l'infamie de l'accusation, comme les jugemens de Dieu la détruisoient autrefois.

Mais n'auroient-ils pas dû voir que l'opinion publique de ces siècles déclaroit innocent celui qui sortoit victorieux de cette épreuve, et que l'opinion publique ne voit peut-être plus aujourd'hui dans l'homme, qui nie avec constance au milieu des tourmens de la torture, qu'un scélérat dont le

(1) L'infamie, établie chez plusieurs nations contre ceux qui se battent en duel, est une preuve de cette vérité. Dans les pays où cette loi subsiste avec le plus de force, les hommes n'ont jamais laissé de se battre, parce que l'infamie ordonnée par l'opinion l'emporte toujours sur l'infamie établie par la loi.

corps est endurci comme le cœur, et qui ne peut se servir d'un pareil jugement pour rentrer dans l'estime publique?

Si le malheureux qui est condamné à cette épreuve est innocent, et soutient son innocence au milieu des tourmens, il ne recouvre donc plus aujourd'hui son honneur et la confiance publique. Ce n'est pas tout; à l'infamie du délit se joint encore contre lui l'infamie de la preuve elle-même.

On voit déjà que la torture a deux inconvéniens de plus que les jugemens de Dieu. Il en est un troisième. Les jugemens de Dieu ne sortoient pas de la classe des épreuves. La liberté qu'avoit l'accusé d'y faire exposer un autre pour lui, atteste évidemment que ces jugemens étoient une épreuve que la loi vouloit faire, et non une peine qu'elle voulût infliger.

La torture au contraire est tout à-la-fois une épreuve destinée à s'assurer si l'accusé est véritablement coupable, et une peine affreuse, infamante, à laquelle on condamne un homme dont on ignore encore l'innocence ou le crime. Par les jugemens de Dieu, on cherchoit la vérité dans une épreuve incertaine; par la torture, non-seulement on cherche la vérité dans une épreuve également incertaine, mais on punit en même tems l'accusé avant d'avoir découvert le coupable.

Il y a plus ; telle étoit la nature des jugemens de Dieu, qu'un homme absous par la preuve pouvoit conserver, avec toutes les prérogatives de son honneur, les facultés physiques de son corps ; il pouvoit défendre la patrie en tems de guerre, et lui être utile en tems de paix ; il pouvoit cultiver la terre ou exercer quelque art mécanique, parce que son corps n'avoit pas essuyé des tourmens propres à le priver de sa force et de son activité. Il n'en est pas de même de la torture. La dislocation des os, le déchirement des muscles, le tiraillement des nerfs sont des maux affreux auxquels il est impossible de remédier : ils laissent dans les bras de l'infortuné une foiblesse, un engourdissement douloureux, qui le rendent, pour toute sa vie, incapable d'exercer un art ou un métier qui demande de l'adresse ou de la force. La patrie perd un citoyen, et une malheureuse famille perd l'unique instrument de sa subsistance. Ainsi, la loi étend sur l'Etat et sur les familles les terribles effets de sa barbarie.

Ce mal, qui établit une autre différence essentielle entre les jugemens de Dieu et la torture ; ce mal qui tourmente également l'innocent et le coupable, ne produit pas sur tous les deux le même effet. Le premier aura toujours un motif de plus pour avouer le délit qu'il n'a pas commis ; et le second, un moyen de plus pour éviter la peine établie contre le crime qu'il a commis.

Le sentiment intime de l'innocence ou du crime, qui, chez nos barbares aïeux, en parlant à l'imagination, faisoit approcher de l'épreuve l'innocent avec confiance, le criminel avec effroi ; ce sentiment produit aujourd'hui un effet contraire : il donne au coupable un avantage réel sur l'innocent ; il peut contribuer, beaucoup plus que tout autre moyen, à conduire l'innocent à la mort, et le coupable à l'impunité. L'honnête homme, sûr de son innocence, aura toujours l'espérance de la voir un jour reconnue, malgré l'aveu mensonger que la torture lui aura arraché ; cette espérance même deviendra plus vive au milieu des tourmens. L'homme préfère toujours, par une sorte de penchant naturel, l'incertitude d'un grand mal, à la certitude d'un mal peu considérable : cette règle a lieu surtout dans les douleurs physiques. L'innocent préférera donc très-souvent l'aveu à la torture, parce que celle-ci lui fait éprouver un mal certain, et que l'autre ne l'expose qu'à un mal incer-

tain

tain. Le coupable au contraire, qui ne peut avoir, comme l'honnête homme, l'espérance de voir son innocence reconnue; le coupable, qui est sûr que l'aveu de son crime va lui arracher la vie, a un motif de moins pour avouer, et un motif de plus pour nier. Il sait qu'un effort de quelques momens le garantit de la mort; il sait qu'après avoir soutenu son innocence au milieu des tourmens, quelque preuve qu'on puisse ensuite produire contre lui, il ne reste plus de moyen de le faire périr. Il trouvera donc dans la torture même l'instrument de son impunité, tandis que l'innocence y trouvera l'instrument de sa mort.

Enfin, si l'innocent qui succomboit à l'épreuve, dans les *jugemens de Dieu*, étoit condamné à la mort, il n'avoit du moins aucune part à cette injustice; c'étoit la loi qui l'avoit obligé de se soumettre à l'épreuve, c'étoit la loi qui prononçoit sa condamnation. Il ne devoit pas trahir la vérité en avouant un délit qu'il n'avoit pas commis; mais dans la torture, la perfidie de la loi fait concourir encore l'innocent à sa perte. Si le sentiment de la douleur force ce malheureux à avouer le crime qu'il n'a pas commis, il doit ratifier par serment cet aveu mensonger, lorsqu'il n'est plus dans les tourmens ; et si la crainte de s'exposer de nouveau aux mêmes convulsions, lui fait prêter ce serment sacrilège, comme cela est arrivé si souvent ; alors l'homme qui, avant la torture, n'étoit coupable d'aucun crime, le devient véritablement ; et à la douleur d'une condamnation injuste, se joignent les remords du mensonge, du parjure, et du suicide qu'il a commis.

Tels sont les résultats d'un système que tout le monde condamne, il est vrai, mais qui n'en conserve pas moins sa force entière dans plusieurs tribunaux de l'Europe. Si, en le comparant à l'institution si absurde et si extraordinaire des *jugemens de Dieu*, des siècles de barbarie, nous l'avons trouvé encore plus féroce ; si l'usage des combats judiciaires et des autres *purgations vulgaires* nous a paru moins déraisonnable, moins injuste, et moins dangereux que l'usage de la torture, il ne nous reste plus qu'à gémir sur le malheur des Etats, où les lumières du siècle, dissipant les ténèbres qui cachoient aux peuples le spectacle de leurs maux, n'ont fait que le rendre plus effrayant, parce qu'elles leur ont montré de près toutes les violences auxquelles ils sont soumis, et tous les dangers qui menacent leur liberté, leur honneur, leur existence.

Mille fois malheureux le pays où la nation est éclairée, et où le prince n'a point d'instruction.

Après avoir tracé le tableau des erreurs et des contradictions qui enveloppent cette partie de la jurisprudence, soit ancienne, soit moderne, il faut développer le plan d'un systême qui puisse être substitué à l'ancienne méthode. Cette entreprise est d'autant plus difficile à exécuter, que l'on est placé entre deux extrêmes également dangereux: on ne peut guère s'éloigner de l'un, sans s'approcher de l'autre. *L'impunité du coupable et la condamnation de l'innocent*, voilà les extrêmes qu'il faut éviter, voilà l'objet le plus compliqué de la théorie des preuves judiciaires. Aucune partie de cet Ouvrage ne m'a coûté tant de méditations et de travaux, ne m'a inspiré tant de craintes et d'incertitudes; je n'ai rien trouvé dans la Législation qui fût susceptible d'une réforme plus nécessaire, et en même tems plus difficile. Afin que le lecteur puisse juger de la nature de mes idées, il faut d'abord que j'établisse ici les principes qui doivent leur servir de base.

CHAPITRE II.

Principes fondamentaux de la théorie des preuves judiciaires.

C'est un principe universellement reçu, que pour condamner un citoyen à une peine, il faut avoir une certitude morale qu'il a violé la loi, qu'il a commis le délit contre lequel la loi a établi cette peine. Sans cette certitude morale, la condamnation sera toujours une injustice, et l'exécution un acte de violence. Tous les publicistes conviennent de ce principe, et il a été adopté par la jurisprudence ancienne, comme par la jurisprudence moderne. Mais, je le demande, a-t-on jamais déterminé la véritable idée de la certitude morale? a-t-on jamais développé les principes généraux qui en découlent? a-t-on appliqué, avec toute la précision nécessaire, cette théorie à celle des preuves judiciaires? a-t-on fixé les vrais principes qui devroient régler l'opération la plus simple de l'esprit, celle d'examiner la vérité d'un fait; opération devenue aujourd'hui si difficile par la bizarrerie des lois et les vices monstrueux d'une pratique plus funeste encore ? Les réflexions que j'ai faites sur les erreurs de la jurisprudence, soit ancienne, soit moderne, relativement à cet objet, suffisent pour montrer la nécessité de choisir une nouvelle route. Commençons donc par déterminer avec précision ce que l'on doit entendre par *certitude morale*, et quels sont les principes généraux qui en découlent : ce sera la base sur laquelle j'éleverai l'édifice.

CHAPITRE XIII.

De la certitude morale.

Les métaphysiciens vulgaires nous ont donné un fausse idée de la certitude, et ils ont déduit de cette idée des résultats encore plus faux, parce qu'ils ont confondu tous les rapports des choses : au lieu de chercher la certitude dans l'esprit de l'homme, ils l'ont cherchée dans la proposition. Voilà pourquoi ils ont confondu la certitude morale et la certitude physique avec la probabilité, et n'ont appliqué le nom de certitude absolue, qu'à la seule certitude métaphysique. La définition suivante développera mieux cette idée.

La certitude, en général, n'est autre chose que la manière d'être d'un esprit, sûr de la vérité d'une proposition. Je vois dans la certitude un état de l'esprit, indépendant de la vérité ou de la fausseté de la proposition sur laquelle tombe cette certitude. Je puis en effet croire vraie une proposition qui, de sa nature, est fausse ; et cette opinion peut être, dans moi, une certitude. Je puis encore être sûr d'une proposition dont un autre doute, et douter de celle dont un autre est assuré. Combien de fois l'erreur a-t-elle été l'objet de la certitude, et la vérité l'objet du doute! L'histoire de la philosophie n'est que l'histoire de semblables phénomènes. Il ne faut donc pas confondre des idées si différentes. La *vérité* ou la *fausseté* est dans la proposition; la *certitude*, l'*incertitude*, le *doute* sont uniquement dans l'esprit. Un exemple éclaircira cette idée.

Supposons qu'un géomètre, méditant sur les sections du cône d'Apollonius, découvre une proposition, et que cette nouvelle proposition soit erronée; une équivoque, qu'il n'apperçoit pas d'abord, renverse toute sa démonstration. Dans cette hypothèse, avant d'avertir le géomètre de son erreur, qu'on lui demande s'il est assuré de la vérité de sa proposition, et de quelle nature est cette certitude; quelle sera sa réponse? Il dira sans doute qu'il est aussi sûr de la vérité de sa proposition, qu'il est sûr que les trois angles d'un triangle sont égaux à deux droits; et que si cette dernière certitude est une certitude métaphysique, celle qui a pour objet la nouvelle proposition, l'est également. Or supposons que ce géomètre, après avoir été pendant quelque tems dans cette incertitude métaphysique, soit détrompé par un autre géomètre; supposons que l'équivoque dans laquelle il étoit tombé se découvre à ses yeux, qu'il voie toute la fausseté de la démonstration qu'il avoit crue incontestable; qu'arrivera-t-il alors? Il passera de la certitude métaphysique de la vérité de la proposition, à la certitude métaphysique de sa fausseté, sans que les degrés de cette seconde certitude soient plus grands que ceux de la première. Nous aurons par conséquent sur le même objet une certitude métaphysique, détruite par une autre certitude métaphysique.

Où trouverons-nous donc la certitude absolue? Qui ne voit pas que l'idée *archétype* de la certitude que les métaphysiciens nous ont donnée, se trouve fausse dès qu'on veut l'appliquer au fait, et que les conséquences qu'on en déduit se trouvent toujours encore plus fausses? S'il ne falloit pas attaquer ici des opinions trop généralement reçues, ce que j'ai dit suffiroit pour faire saisir mes idées; mais comme je suis obligé de détruire un préjugé dans l'esprit de la plupart de mes lecteurs, je ne dois rien négliger de tout ce qui peut donner à mes principes plus de force et de clarté. Nous avons vu comment une certitude métaphysique peut être détruite par une autre certitude métaphysique. Voyons maintenant comment elle peut être, pour un homme, une simple probabilité; pour un autre, un doute; et comment, dans deux personnes qui méditent sur deux propositions différentes, ici la certitude métaphysique sera plus grande que la certitude morale; là, celle-ci sera plus grande que la première. Deux exemples établiront ces deux vérités.

Les propriétés de la spirale n'ont été démontrées, jusqu'au siècle dernier, que par la méthode obscure et compliquée d'Archimède. Un excellent géomètre prétendoit, à cette époque, qu'il n'avoit jamais pu s'assurer de la vérité de ces propriétés (1). Un autre y croyoit appercevoir un paralogisme (2). Les propriétés de la spirale, qu'Archimède avoit trouvées, et qui étoient pour lui d'une certitude métaphysique, comme toute autre

---

(1) Bovillaud, célèbre mathématicien, disoit: J'ai lu plusieurs fois ce passage d'Archimède, et je ne me souviens pas d'avoir jamais senti toute la force de sa proposition. *Et memini me nunquam vim illius percepisse totam.* Voyez la préface du livre des Infiniment petits du Marquis de l'Hôpital.

(2) Viette, illustre géomètre. Une nouvelle méthode a fait connoître la vérité des découvertes d'Archimède.

propriété d'une courbe, étoient simplement probables pour un autre géomètre. Un troisième y trouvoit des caractères de doute et même de fausseté. La certitude métaphysique d'un homme peut donc être, sur le même objet, probabilité ou doute pour autrui. Examinons à présent comment, sur deux propositions différentes, la certitude métaphysique peut être plus grande que la certitude morale dans une personne, et cette dernière certitude, plus grande que la première, dans une autre personne.

Il est une certitude métaphysique, suivant l'opinion commune, que dans les triangles rectangles, le carré de l'hypothénuse est égal à la somme des carrés élevés sur les côtés ; il est d'une certitude morale que César a conquis les Gaules. On demande laquelle de ces propositions est la plus certaine. Pour un géomètre, répondrai-je, c'est la première ; pour un historien, c'est la seconde. Le géomètre n'a pas la connoissance nécessaire des monumens qui attestent la conquête de César ; l'historien manque à son tour de la connoissance de tous les principes, de toutes les propositions, de tous les raisonnemens qui montrent l'égalité de l'hypothènuse aux carrés des côtés ; ou s'il les connoît, il n'a pas l'habitude de les combiner avec la promptitude et la facilité nécessaire pour en voir tous les rapports, pour en saisir tous les résultats. Il n'y a donc rien d'absolu dans la certitude, tout y est relatif ; et les degrés de cette certitude, soit dans deux hommes sur la même proposition, soit dans un homme sur deux propositions différentes, ne peuvent exister que dans la disposition d'esprit de celui qui les forme.

Après avoir établi la véritable idée de la certitude en général, il est aisé de déterminer celle de la certitude morale. Les métaphysiciens, avons-nous dit, distinguent trois espèces de certitude ; l'une *métaphysique*, l'autre *physique*, la troisième *morale*. Ils ne trouvent de certitude absolue que dans la première ; ils assignent à la seconde une très-grande probabilité, et à la troisième une grande probabilité seulement (1).

Mais si ces métaphysiciens avoient dé-

---

(1) M. le comte de Buffon, dans son essai d'*Arithmétique morale*, a cru pouvoir soumettre au calcul la distinction imaginaire de la certitude morale et de la certitude physique. Après plusieurs raisonnemens et plusieurs calculs, il dit (§. 3) que la certitude physique, qui est une très-grande probabilité, est à la certitude morale, qui est seulement une grande probabilité, comme 22, 189, 999 est à 10,000.

terminé la véritable idée de la certitude ; s'ils l'avoient considérée sous le point de vue que nous avons indiqué ; s'ils avoient vu, en un mot, que la certitude est dans l'esprit et non dans la proposition, ils auroient senti tous les vices de cette division ; ils auroient apperçu que, pour tout homme qui raisonne, la certitude de l'existence de Rome (certitude morale pour celui qui n'y a jamais été) est aussi forte qu'une certitude métaphysique quelconque ; et ils se seroient contentés, avec ces trois mots différens, de distinguer les certitudes, non par leur valeur relative, qui dépend uniquement de la disposition de l'esprit, mais par la nature des propositions, sur lesquelles doit tomber la certitude. Pour ne pas commettre la même erreur, nous ne distinguerons donc ces trois espèces de certitude que par la nature de la proposition. Si cette proposition renferme un rapport d'idées purement abstraites, j'appellerai cette certitude *métaphysique ;* si elle renferme un rapport d'idées sensibles, il y aura une certitude *physique ;* si elle renferme un rapport d'idées morales, comme, par exemple, la valeur des témoignages, des indices, des monumens, etc., alors ce sera une certitude *morale* ou purement *historique*. Laissant à part les deux premières espèces de certitude, qui n'ont pas de rapport à mon sujet, je définis la certitude morale, *la disposition d'esprit d'un homme assuré de la vérité d'une proposition relative à l'existence d'un fait qui ne s'est pas passé sous ses yeux.*

L'idée de la certitude morale n'est donc que l'idée même de la certitude en général, appliquée aux propositions d'un fait. Tout ce que j'ai dit sur la certitude en général peut dont s'appliquer à la certitude morale: elle est dans l'esprit, et non dans la proposition. Un homme peut donc être sûr de la vérité d'un fait qui est faux; il peut douter de la vérité d'un fait certain; il peut être sûr d'un fait dont un autre doute, et douter de celui dont un autre est sûr. Combinons toutes ces idées avec le principe que j'ai établi, que pour condamner un homme à une peine, il faut avoir une certitude morale qu'il a violé la loi; et examinons quelles conséquences le législateur doit tirer de ce principe.

CHAPITRE XIV.

Résultats des principes précédens.

Si pour condamner un homme à une peine, il faut avoir une certitude morale qu'il a violé la loi, le juge qui n'a point cette certitude, ne peut donc, quoi qu'en disent les moralistes, ou plutôt les casuistes, condamner un accusé sans enfreindre les devoirs de son ministère, sans offenser la justice, sans trahir sa conscience.

Mais suffit-il au juge d'avoir cette certitude morale? Si, comme nous l'avons démontré, elle est, non pas dans la proposition, mais dans l'esprit de l'homme; si elle dépend absolument de sa manière de penser; si la preuve qui rend un homme sûr de la vérité d'un fait, ne produit pas sur un autre le même effet; si une bonne ou une mauvaise digestion peut rendre un homme plus ou moins crédule; si la prévention peut faire regarder comme infaillible aux yeux d'un juge l'assertion dont un autre homme ne feroit pas le moindre cas, si la liberté civile ne permet pas qu'un juge puisse condamner un innocent, et que cependant cette opinion de certitude, déterminant la vérité du fait, donne au magistrat un pouvoir arbitraire, illimité, sur la vie, la liberté, l'honneur des citoyens; en un mot, si le législateur doit faire ensorte que le vœu public accompagne, autant qu'il est possible, le jugement des magistrats, il est nécessaire que la science de la Législation trouve un moyen propre à prévenir les désordres d'un tel pouvoir. Le moyen que je propose me paroît très-simple. Ce seroit de combiner la certitude morale du juge avec la règle prescrite par le législateur, c'est-à-dire, avec le *criterium* ou la certitude de la loi.

Je m'explique. Le code criminel d'une nation devroit renfermer quelques règles invariables : ces règles comprendroient les preuves légales, sans lesquelles la loi ne doit jamais regarder un délit comme prouvé. Ces preuves une fois déterminées, le législateur devroit ordonner que les juges destinés à examiner la vérité de l'accusation, auroient trois réponses à faire : *l'accusation est vraie* : *l'accusation est fausse* : *l'accusation est incertaine* (1) : et chaque juge seroit obligé de désigner son nom, sa déclaration.

(1) A Rome, les *juges du fait* ne pouvoient prononcer que ces trois réponses : *absolvo*, *condemno*, *non liquet*, mots dont ils présentoient, comme on sait, les lettres initiales.

Dans le premier cas, l'accusé seroit condamné à la peine établie par la loi; dans le second, il seroit entièrement absous; dans le troisième, on suspendroit le jugement; et cette suspension, laissant toujours l'accusé *sub judice*, n'entraîneroit pas la perte de sa liberté personnelle.

Il faudroit ensuite fixer les cas où chacune de ces réponses ou décisions devroit être prononcée. On établiroit donc que l'accusation ne pourroit être déclarée *vraie*, que lorsque la certitude morale du juge seroit unie à la certitude légale; qu'elle seroit déclarée *fausse*, lorsqu'elle n'auroit point ces deux bases; et *incertaine*, lorsque l'une d'elles seroit en faveur de l'accusé; c'est-à-dire, lorsque la certitude morale du juge ne seroit point accompagnée des preuves légales établies par la loi, ou que les preuves légales ne seroient pas unies à la certitude morale du juge.

Que résulteroit-il de là? Le juge n'auroit point le pouvoir illimité de condamner ou d'absoudre, parce que sa certitude morale ne suffiroit pas: il ne seroit pas non plus dans la barbare obligation de trahir sa conscience, en déclarant *vraie* une accusation accompagnée de preuves juridiques, mais qu'il a de puissans motifs de regarder comme suspecte.

suspecte. La loi enchaîneroit la volonté du juge, et la conscience du juge remédieroit à l'imperfection nécessaire de la loi. L'une et l'autre auroient assez de force par elles-mêmes pour protéger l'innocence; mais l'une et l'autre n'en auroient assez pour l'opprimer. Pour qu'un innocent fût condamné, il faudroit que les preuves légales, l'erreur et la perversité des juges se réunissent contre lui. Le juge n'auroit pas besoin, pour déterminer la certitude légale, d'entrer dans ces détails infinis, qui, destinés à circonscrire la volonté du juge, lui offrent aujourd'hui une si grande carrière; enfin le juge le plus corrompu, qui voudroit s'écarter de la certitude légale dans le jugement d'un fait criminel, ne pourroit commettre d'autre abus d'autorité que celui de laisser l'accusation en suspens, en la déclarant *incertaine*. Le danger de laisser un innocent *sub judice*, et celui de rejeter dans la société un coupable, que la conscience de son crime forcera bientôt d'abandonner sa patrie (1); ces dangers sont bien moins considérables que ceux du systême judiciaire qui gouverne

(1) Tant que l'accusé resteroit *sub judice*, l'accusateur pourroit produire de nouvelles preuves de son crime; et le coupable seroit ainsi véritablement obligé d'abandonner sa patrie.

aujourd'hui une grande partie de l'Europe, systême qui donne aux juges le droit d'infliger une peine arbitraire, au défaut de preuves complètes.

Mais ce plan seroit imparfait; et je n'éleverois qu'une masse informe sur les ruines de cet antique édifice, si je ne déterminois avec précision les objets suivans; 1°. les règles de jurisprudence qui doivent constituer la certitude légale; 2°. la distribution des fonctions judiciaires, et le choix des juges du fait; 3°. les formalités de leurs jugemens; 4°. l'ordre dans lequel l'état de la question doit leur être proposé, et le choix des personnes chargées de cette fonction; 5°. la défense de l'accusé; 6°. les formalités du jugement définitif; 7°. l'effet de ce jugement. Tels sont les objets que je vais examiner dans les chapitres suivans.

Je prie le lecteur de ne prononcer sur mes idées qu'après en avoir vu le développement. Je suis, à chaque instant, forcé de me livrer à des digressions; mais elles sont nécessaires pour défendre mon plan contre les objections qu'on ne manqueroit pas de lui opposer. Toutes ces parties viendront se réunir en un point commun; et j'espère que le lecteur sentira ses doutes se dissiper, en avançant dans la lecture de cet ouvrage.

CHAPITRE XV.

Règles de Jurisprudence qui doivent déterminer la certitude légale.

Avant d'exposer ces règles, je dois établir le principe d'où elles dérivent. Ce principe est *l'intérêt qu'a la société de protéger l'innocence, combiné avec l'intérêt de ne pas laisser le crime impuni.* Pour développer ce principe, source unique du grand systême des preuves légales, imaginons un moment que le législateur soit un père de famille vigilant et vertueux. Entièrement occupé de la conservation et du bonheur de ses enfans, il ne néglige aucun moyen pour leur laisser le patrimoine de ses pères, augmenté des produits de sa propre industrie. Une spéculation, formée d'après les calculs les plus exacts, l'engage à convertir en argent toutes ses propriétés, pour employer cette somme dans une entreprise qui doit nécessairement en doubler la valeur. Il vend donc tous ses fonds, et commence à disposer les préparatifs de son entreprise; il prend toutes les mesures possibles pour sa sûreté; et tant qu'il se voit menacé de quelque risque, il laisse son argent dans sa caisse, parce que la perte de ce numéraire entraîneroit la ruine de sa famille. Pendant qu'il est occupé de ces combinaisons, un différend s'élève entre sa patrie et la nation voisine : le pays qu'il habite est malheureusement limitrophe, et dépourvu de fortifications. Ce canton va donc être le premier théâtre de la guerre, et ses habitans en seront les premières victimes. Il prévoit que l'irruption de l'ennemi sera suivie du pillage, et que son argent deviendra la proie du premier soldat qui aura renversé la porte de sa maison.

Dans ces circonstances, il pense à son entreprise ; son incertitude cesse, il se contente de cette portion de sûreté qui lui avoit d'abord paru insuffisante. Epouvanté des dangers auxquels son argent resteroit exposé chez lui, il le place sur-le-champ, sans demander ni attendre de nouvelles sûretés ; et assemblant tous les membres de sa famille ; « Mes enfans, leur dit-il, vous serez surpris de me voir exposer votre subsistance à des risques. Pour augmenter le patrimoine de mes aïeux et des vôtres, j'ai vendu des propriétés qui n'offroient pas pour vos intérêts, qui sont les miens, d'assez grandes espérances ; je m'étois déterminé à employer ces sommes dans une entreprise qui pût réunir pour nous un grand profit et une grande sûreté; j'étois résolu de garder cet argent, plutôt que de courir le moindre risque. Il me restoit encore beaucoup de mesures à prendre, beaucoup de renseignemens à acquérir pour avoir cette entière sûreté, l'objet de mes vœux, lorsque la fatale déclaration de guerre a frappé mes oreilles. Dans ce moment, j'ai calculé tout de suite les risques que je courois en gardant cette somme chez moi; et j'ai senti que si l'espérance d'un grand profit n'avoit pas dû me suffire d'abord pour négliger une partie de ma sûreté, la conservation de votre subsistance devoit m'engager, dans ces conjectures, à sacrifier, d'un côté, une partie de cette sûreté, pour en obtenir, de l'autre, une portion plus considérable ».

Un législateur diroit de même à son peuple. « Citoyens, si en déterminant les preuves juridiques, il ne s'agissoit que de garantir l'innocence des risques du jugement, chaque preuve, quelque forte qu'elle fût, sembleroit toujours foible à mes yeux, et je douterois de l'évidence même. L'horrible spectacle d'une innocente victime de la fraude et de la calomnie, traînée au gibet par la main même de la justice, effraieroit tellement mon imagination, que je ne saurois trouver des preuves suffisantes pour condamner un accusé. Faire dépendre votre honneur, votre liberté, votre vie de l'assertion de deux témoins qui disent avoir vu commettre le crime, ce seroit, à mes yeux attenter à cette sûreté, à cette tranquillité qui doivent être le premier objet des lois, et le premier bienfait de la société. Je ne croirois pas pouvoir faire un plus grand abus de l'autorité que vous m'avez confiée, qu'en l'employant à établir des lois aussi funestes : mais considérez avec moi un autre ordre de choses. Que deviendroit la société si les crimes demeuroient impunis? A quoi serviroit de garantir l'innocence des erreurs du juge, si je la laissois en proie à tous les dangers qu'entraîne l'impunité, suite nécessaire peut-être de la rigueur excessive des preuves. Cette impossibilité presque absolue d'acquérir toutes les preuves qui doivent rendre un jugement infaillible, ne multiplieroit-elle pas à l'infini le nombre des voleurs, des assassins, en un mot, de tous les hommes pervers que la crainte des peines peut seule éloigner du crime? Les villes ne deviendroient-elles pas alors des repaires de scélérats, et les places publiques ne ressembleroient-elles pas à ces champs de bataille, où un homme peut voler et assassiner impunément son ennemi, et abuser de tous les avantages de l'adresse, et de la force? Quels funestes effets naîtroient de ce principe mal-entendu de justice et d'humanité! Les lois privées de toute sanction, seroient, non des décrets respectables de l'autorité publique, mais de simples avis de moralistes. Pleins de confiance en présence du juge, vous trembleriez à l'aspect d'un de vos concitoyens; cinq degrés de sûreté de plus dans les jugemens vous coûteroient peut-être cent degrés de sûreté de moins dans la société.

» Puisque les institutions humaines ne sont pas susceptibles d'une perfection absolue; puisque vous devez acquérir l'avantage de vivre en société, non-seulement par le sacrifice d'une partie de votre liberté naturelle, mais par le sacrifice plus terrible d'une petite portion de votre sûreté personnelle; puisque cette portion que vous sacrifiez dans les jugemens est absolument nécessaire pour vous faire obtenir la plus grande sûreté dans la société; puisqu'il y a un terme où la prudence humaine doit s'arrêter, comme il y a un instant où il faut exiger d'un citoyen le sacrifice d'une portion de sa sûreté, et où la loi doit l'abandonner en quelque sorte au jugement de certaines personnes, et à une décision arbitraire jusqu'à un certain point; tout ce que vous pouvez exiger de moi, et tout ce que je suis obligé de faire dans la fixation des règles de Jurisprudence qui doivent déterminer la certitude légale, c'est de trouver le terme où la loi doit s'arrêter, et de faire ensorte que ce point soit précisément celui qui laisse à l'innocent la plus grande conviction possible de n'être point condamné, et au coupable la moindre espérance possible de voir son crime impuni ».

Après avoir développé de cette manière le principe duquel doivent dépendre les règles suivantes, je prie le lecteur de les considérer sous ce point de vue.

Règles de Jurisprudence pour la preuve testimoniale (1).

Règle I. Tout homme qui n'est ni fou ni imbécille, tout homme qui a de la liaison

---

(1) Comme j'ai dit que ces règles pourroient entrer dans le code criminel, je prendrai, en les exposant, le langage du Législateur. Ainsi, lorsque dans ces règles je dirai, *ceci est une preuve légale*, j'entendrai par cette expression, cette preuve que les jurisconsultes appellent *complète;* c'est-à-dire, selon mon plan, celle dont la loi se contente pour la condamnation du coupable, pourvu qu'elle se combine avec la *certitude morale* des juges.

dans les idées, et dont les sensations sont conformes à celles des autres hommes, peut prêter témoignage, pourvu qu'il n'ait point d'intérêt à trahir ou altérer la vérité (1).

---

(1) Pour peu que l'on réfléchisse à cette première règle, on verra qu'elle renferme toutes les exceptions raisonnables et justes qui peuvent s'élever contre l'admission du témoin. Les lois romaines, comme nous l'avons observé, voulurent les particulariser avec trop de détails, et cela produisit deux inconvéniens : les juges étoient obligés, tantôt de se renfermer dans des exceptions qui rendoient le fait impossible à établir, tantôt de suppléer au silence de la loi. Il faut donc que les lois soient générales autant qu'il est possible. A mesure qu'elles particularisent davantage, elles expriment moins. Les lois modernes de la plus grande partie de l'Europe ont adopté ce défaut de la jurisprudence romaine. Les juges se trouvent aujourd'hui dans les mêmes circonstances, avec cette différence cependant qu'un nouveau mal s'est joint à ce désordre. L'impossibilité de démontrer le fait par les preuves légales, a fait naître l'abus de condamner à une peine arbitraire le coupable qui n'a pu être légalement convaincu ; et ces mêmes lois, qui s'occupèrent à mettre des bornes à la volonté du juge, lui ont donné une étendue excessive. Le Législateur et le Politique doivent toujours choisir, entre les maux, ceux qui leur paroissent les plus légers. Les grands abus ne viennent presque jamais que de la manie de la perfection. Dans combien de circonstances le système trop minutieux de la capacité des témoins

Règle II. Nous ne déterminons ni l'âge, ni le sexe, ni les conditions; nous laissons aux juges le soin de décider de la crédibilité de chaque témoin, par les principes établis dans la règle précédente. Ce jugement, comme celui de l'existence de toute autre preuve légale, précédera toujours le jugement du fait (1).

---

rendroit-il impossible la preuve d'un délit ! Un crime, par exemple, commis dans les prisons, ne peut avoir pour témoins que des hommes qui sont *sub judice;* un crime commis sur les galères ou dans des lieux de débauche, ne peut avoir pour témoins que des forçats ou des femmes de mauvaises mœurs ; un crime commis par un mendiant ne peut, d'ordinaire, avoir pour témoins que d'autres mendians. Des hommes qui sont *sub judice,* des forçats, des femmes publiques, des mendians devront-ils être exclus du droit de rendre témoignage sur un délit commis en leur présence? Si l'accusateur peut montrer qu'ils n'ont aucun intérêt d'altérer ou de trahir la vérité, pourquoi ne pas les admettre à fournir une preuve légale? Il nous semble que la règle proposée prévient tous ces inconvéniens.

(1) On établit dans cette seconde règle, que les juges, avant de décider de la vérité du fait, décident de la capacité de chaque témoin, par le principe établi dans la première règle. Le motif de cette loi naît de mon système même. Dire qu'un tel témoin est digne de foi, parce qu'il est capable de déposer, ce n'est pas dire qu'il faut croire à son

Règle III. Un seul témoin ne pourra, par lui-même, former une preuve légale (1).

---

témoignage. Deux témoins irréprochables, qui attestent d'une manière uniforme le fait qu'ils ont vu, suffisent pour produire une preuve légale; mais ils ne suffiront pas pour produire la certitude morale du juge. Or comme, d'après le plan exposé dans le chapitre précédent, le juge, malgré sa certitude morale en faveur de l'accusateur, ne peut dire que *l'accusation est vraie*, lorsqu'elle manque de la preuve légale; et malgré sa certitude morale en faveur de l'accusé, ne peut dire que *l'accusation est fausse*, lorsque la preuve légale existe : il faut qu'avant de décider du fait, il détermine si la preuve légale existe où non. Or dans la preuve testimoniale, la capacité des témoins forme précisément cette preuve légale : voilà pourquoi le jugement de la crédibilité ou de la capacité du témoin doit précéder le jugement du fait. J'exposerai l'ordre que l'on doit suivre dans ce jugement, lorsque je parlerai de la dernière partie de la procédure, de la sentence.

(1) La raison sur laquelle est appuyée cette règle, n'est point celle que donne Montesquieu. Ce philosophe dit que lorsqu'il n'y a qu'un témoin qui affirme et un accusé qui nie, le témoignage de l'un est détruit par le témoignage de l'autre : cela n'est point exact. L'accusé a un très-grand intérêt de nier; mais le témoin n'en a aucun d'affirmer. La véritable raison de cette règle est, qu'il est extrêmement difficile que deux témoins, examinés séparément, puissent rapporter de la même manière les circonstances qui ont accompagné le délit dont

Règle IV. Le témoignage direct du coupable contre lui-même n'aura aucune force légale; il ne doit parler que pour se défendre. Tout ce qu'il dit contre lui doit être rejeté, comme inutile (1).

Règle V. Deux témoins oculaires qui attestent un fait d'une manière uniforme, suffisent pour former une preuve légale.

Règle VI. Comme il y a une grande différence entre les *faits* et les *paroles*, il y aura aussi une grande différence entre les témoignages sur les faits, et les témoignages sur les paroles. Dans les premiers, le témoin doit avoir vu; dans les seconds, il doit avoir entendu et vu. Il ne devra pas seulement répéter les mots, il sera encore obligé de parler du ton, du geste qui les ont accompagnés, et de la circonstance dans laquelle ils ont été

---

il s'agit, et qu'il y a une très-forte présomption que la vérité seule peut rendre leurs dépositions uniformes.

(1) Je veux parler ici de la certitude légale; car si l'accusé dévoile son crime dans sa défense, ou par son aveu, ou par d'autres moyens, cette découverte, qui ne peut former aucune preuve légale, pourra cependant déterminer contre lui la certitude morale des juges, qui n'est soumise à aucune règle légale.

prononcés (1). L'uniformité dans les deux témoins doit se rapporter non-seulement aux paroles qu'ils ont entendues, mais aux circonstances qui peuvent en altérer ou en modifier le sens : alors cette uniformité sera une preuve légale.

Règle VII. Les témoignages sur les *paroles* ne formeront jamais une preuve légale contre les crimes de *fait* (2).

---

(1) Cette précision de détails ne paroîtra pas ridicule à celui qui sait avec quelle étonnante facilité on peut calomnier un homme sur ses paroles. Un mot prononcé d'une certaine manière réveille une idée ; prononcé d'une autre manière, il réveillera une idée absolument contraire. Combien de fois n'a-t-on pas vu des hommes honnêtes accusés d'irréligion, d'impiété ou de sédition, pour quelques paroles mal entendues par un imbécille qui ignoroit les circonstances où elles avoient été prononcées, et qui ne savoit pas distinguer l'ironie de la vérité de l'expression ! Les buchers de l'inquisition n'auroient pas dévoré tant de malheureux, si on eût reçu avec plus de défiance les témoignages sur les *paroles*.

(2) Si deux témoins assurent, d'une manière uniforme, avoir entendu dire à quelqu'un : je veux tuer un tel, et que cette personne soit tuée, leur témoignage ne formera pas une preuve légale contre celui qui a *dit* qu'il vouloit la tuer. Les témoignages

Règle VIII. Le témoin sera obligé avant d'être interrogé, de jurer qu'il ne trahira point la vérité. Le magistrat qui préside au jugement, lui rappellera que la loi condamne le *faux témoin* à la même peine que le calomniateur ; il fera sa déposition en présence de tout le tribunal et de l'accusé, qui pourra, à volonté, l'interrompre, discuter avec lui, et lui faire des demandes. Tout ce qui se dira de part et d'autre sera écrit fidèlement (1).

---

sur les *paroles* ne doivent être admis que dans les seuls délits de paroles, tels, par exemple, que les injures, les diffamations, etc.

(1) On ne sent pas combien cette méthode serviroit à découvrir la vérité. Il y a une grande différence entre le témoignage que l'on reçoit, pour ainsi dire, de ses propres oreilles, et celui qui nous est transmis par les oreilles d'autrui. Un seul mot que l'on néglige peut altérer tout le sens d'une déposition ; la manière même de parler peut dévoiler au juge la vérité ou la fausseté de la déposition. La discussion du témoin avec l'accusé a aussi de très-grands avantages ; elle n'est point admise chez nous. L'accusé ne fait qu'assister au serment que prête le témoin, lorsqu'il ratifie sa déposition ; et, ce qui est encore plus funeste, ce ne sont pas les juges qui reçoivent la première déposition du témoin ; elle est reçue par un *commissaire*, qui, après l'avoir entendue, ordonne à son

Règle IX. Les témoins qui déposent en faveur de l'accusé, seront écoutés comme ceux qui déposent contre lui : leur crédibilité sera également déterminée par le tribunal. L'accusateur et l'accusé seront présens à leurs dépositions. De même que l'accusé a le droit de discuter avec les témoins produits par l'accusateur, celui-ci aura le droit de discuter avec les témoins produits par l'autre. Toutes choses égales d'ailleurs, la preuve testimoniale en faveur de l'accusé détruira la preuve testimoniale contre lui. Ce principe aura lieu même dans les indices.

Règle X. Les témoins produits par l'accusé devront affirmer un fait dont on puisse déduire la preuve de la nullité de l'accusa-

---

commis de l'écrire. Celui-ci mène le témoin dans son cabinet, l'examine de nouveau, lui fait dire ou taire ce qu'il veut, n'oublie pas de lui exagérer tous les dangers auxquels il s'exposeroit en faisant le moindre changement à sa déposition, au moment qu'il faudra la ratifier. Cette ratification se fait en présence de tout le tribunal. Voilà de quelle manière on décide chez nous de la liberté et de la vie de l'homme. Celui qui ne frémit pas en songeant à cet affreux systême de jurisprudence, est dépourvu de raison ou de sensibilité.

tion. S'ils déposent d'une chose *non faite*, ce témoignage sera inutile (1).

Règle XI. L'accusateur et l'accusé auront le droit de faire comparoître en jugement les témoins qu'ils produisent. S'ils refusent de comparoître ou de répondre, ils seront punis de la peine que la loi établira pour ce délit (2).

Règle XII. On fera prêter serment à l'accusateur, aux témoins, et aux juges. L'accusé ne sera jamais soumis à cette formalité (3).

---

(1) Cette règle est conforme aux principes de la jurisprudence romaine. Asconius, dans la troisième Verrine, dit que les témoins qui déposent d'une chose *non faite*, ne sont pas utiles au défenseur.

(2) Cette règle est tirée de la Législation d'Athènes. La loi qui renferme cette disposition nous a été conservée par Suidas et par Démosthène. *In jus vocatus, testimonium vel dato, vel ejurato, vel mille drachmis mulctator.* Vid. *Demosth. ad Timothæum.*

(3) Les lois romaines corrigèrent à cet égard le vice de la Législation d'Athènes. A Athènes, on exigeoit le serment, non-seulement des juges, de l'accusateur et des témoins, mais même de l'accusé. A Rome, on l'exigeoit seulement des juges, de l'accusateur et des témoins. En Angleterre, on a adopté le changement fait par les lois de Rome; mais nous, qui conservons encore les restes des *pur-*

Règle

Règles de jurisprudence pour la preuve par écrit.

Règle I. Une écriture authentique (1), qui prouve immédiatement le crime et l'auteur du crime, par sa seule autorité, sera une preuve légale.

Règle II. Si l'écriture n'est pas authentique, la comparaison des caractères ne pourra d'elle seule constituer une preuve légale (2).

---

gations canoniques, nous ne souffrons pas que l'accusé dise une seule parole sans faire un serment. Voyez, relativement à l'usage d'Athènes, *Sigonius, de Republica Atheniensium, lib.* 3, *cap* 2; *Potter. Archælogia græca, lib.* 1, *cap.* 21. Quant à l'usage de Rome, voyez *Asconius*, 2 *Verr.*, où il parle du serment des juges; la loi 9, *cod. de testibus ; Sigonius, de judiciis, lib.* 2, *cap.* 10; et *Boëhemer, de jure ecclesiastic. lib.* 5, *tit.* 34, §. 3 *et seq.*, où il montre que l'accusé n'étoit pas soumis au serment. Quant aux Anglais, voyez Blackstone, code criminel, chap. 27.

(1) J'appelle écriture authentique, celle qui a été légalisée par une personne publique.

(2) Le rapport des experts sur la comparaison d'écritures est un jugement, et non un témoignage public. *Magis judicium quam testimonium.* Les experts ne peuvent dire autre chose, sinon : ce carac-

Règle III. Si l'écriture ne fournit que des inductions pour démontrer le fait ; c'est-à-dire, si l'écriture n'est pas elle-même le sujet du délit, ou la preuve directe et immédiate du crime (1), malgré son authenticité, elle ne peut offrir qu'un indice.

Règles de jurisprudence pour la preuve d'indices.

Règle I. Un seul indice ne fera jamais une preuve légale, pourvu que ce ne soit pas un indice *nécessaire* (2).

---

tère nous paroît semblable à celui-là. Ils ne peuvent pas dire : c'est le même caractère. Il est des personnes qui imitent si bien le caractère d'autrui, que ces jugemens, par comparaison d'écritures, sont infiniment susceptibles d'erreur. Justinien en offre une preuve dans la Novelle 73. Cette comparaison ne peut donc produire qu'un indice ; elle ne peut d'elle-même former une preuve légale.

(1) La falsification d'un billet de banque, avec la signature du faussaire et la légalisation du nôtaire, feroient de l'écriture le sujet du crime. Une pièce authentique qui renfermeroit, ou un contrat usuraire, ou un contrat simoniaque, offriroit la preuve directe et immédiate du délit. Voilà deux écritures qui pourroient seules former une preuve légale.

(2) On appelle indice *nécessaire*, celui qui est tellement la conséquence nécessaire du fait, qu'il

Règle II. Lorsque plusieurs indices ne font qu'en prouver un seul ; lorsque les inductions d'un fait dépendent toutes d'une seule induction, la somme de ces indices, quelque nombreuse qu'elle soit, ne fera jamais une preuve légale, parce que, tous ensemble, ils ne forment qu'un seul indice, qu'une seule induction.

Règle III. Les faits accessoires qui fournissent des indices ou des inductions pour le fait principal, ne doivent pas être prouvés par d'autres indices, mais par la preuve testimoniale.

Règle IV. Pour former une preuve d'indice, il faut donc qu'il y ait plusieurs indices, qu'ils soient joints entre eux de manière que l'un ne dépende pas de l'autre, que tous concourent à démontrer évidemment le fait principal, et que chacun d'eux soit appuyé sur le témoignage de deux té-

---

ne pourroit en être séparé sans une impossibilité, ou métaphysique, ou physique, ou morale. Par exemple, une femme qui est accouchée, doit nécessairement avoir eu commerce avec un homme : l'accouchement est un indice nécessaire de ses liaisons. Voilà le cas où un seul indice forme une preuve légale.

moins irréprochables. Dans ce cas, la preuve d'indice sera une preuve légale (1).

(1) Les criminalistes découvriront facilement tout ce qui est renfermé dans cette quatrième règle : elle comprend le système entier de la preuve d'indice, sur laquelle les docteurs ont écrit des volumes immenses. Je me contenterai de rapporter ici un exemple pour ceux qui ne sont pas familiarisés avec cette matière. Supposons qu'un homme ait été tué, et qu'après avoir examiné le cadavre, on trouve dans son sein le couteau qui lui a donné la mort. Une personne est accusée de ce crime, et l'accusation est appuyée sur les indices suivans. Deux témoins irréprochables assurent, qu'étant près du lieu où l'on a trouvé le cadavre, dans le moment même où le crime a été commis, ils ont vu l'accusé prendre la fuite d'un air effrayé. Deux autres témoins irréprochables assurent lui avoir vu acheter le couteau qu'on a trouvé dans le sein du cadavre ; et le vendeur ne détruit pas leur assertion. Voilà une preuve d'indice complète contre l'accusé. Tous les caractères déterminés par cette quatrième règle, sont renfermés dans cette preuve. Nous avons trois indices bien distincts les uns des autres ; tous trois tendent à faire croire que l'accusé est effectivement coupable ; chacun d'eux est appuyé sur la déposition de deux témoins irréprochables. Dans mon système, les juges pourroient donc en ce cas décider que l'accusation est vraie, pourvu que leur certitude morale ne leur donnât pas une opinion contraire ; car, malgré l'existence de la preuve légale, ils peuvent dire, comme nous l'avons observé, que *la preuve est incertaine*, lorsqu'elle ne suffit pas pour produire leur

Règle V. Comme un seul témoin oculaire, qui atteste le fait principal, et la comparaison des écritures par l'autorité des experts, ne peuvent, d'après les règles précédentes, constituer une preuve légale, l'un et l'autre pourront former un indice, qui, joint à d'autres indices, pourra concourir à former une preuve complète d'indice.

Règle VI. La prévarication de l'accusateur, déterminée par l'accusé pendant l'instruction de l'affaire, formera un indice contre lui (1).

---

certitude morale. Mais si au lieu des indices dont nous avons parlé, il n'y avoit que ceux-ci : Deux témoins disent avoir vu fuir l'accusé; deux autres assurent l'avoir vu retourner chez lui tout essoufflé ; deux autres assurent lui avoir vu marchander une voiture pour sortir de l'Etat : tous ces indices formeroient-ils une preuve d'indice ? Non, parce que ces trois indices n'en forment qu'un seul, qui est la fuite; et un seul indice, comme nous avons dit dans la première règle, ne forme jamais une preuve légale.

(1) Cette règle est conforme aux dispositions des lois romaines, qui avoient pour objet de prévenir *la prévarication* : nous en avons parlé dans les chapitres 2 et 3 de ce livre. Elles assimiloient la prévarication à l'aveu, qui ne pouvoit par lui-même former une preuve complète. Pour nous, nous l'assimilons à un indice, parce que nous croyons que l'aveu n'a pas la moindre force par lui-même.

Règle dernière, qui aura lieu pour toutes les espèces de preuves.

Dans tous les crimes qui laissent une trace après eux (1), s'il n'existe point de corps de délit, aucune preuve n'aura une valeur légale.

Telles sont les règles qui devroient déterminer la certitude légale; elles serviroient de frein à la corruption ou à l'ignorance des juges. L'imperfection nécessaire de ces règles disparoît, dès qu'on réfléchit à leur destination. C'est aux juges de remédier à cette imperfection ; c'est à eux qu'il appartient de décider si, malgré l'existence de la preuve légale, l'accusé doit être condamné, ou si, malgré le défaut de cette preuve, il doit être entièrement absous. La

(1) Les jurisconsultes appellent ces crimes, de fait permanent, *facti permanentis*. Tels sont l'homicide, le vol avec effraction. Ils appellent crimes de fait passager, *facti transeuntis*, ceux qui ne laissent aucunes traces après eux, comme le vol simple sans effraction, l'adultère, les injures verbales, etc. Dans le premier cas, il est nécessaire de constater le corps de délit. Lorsque je parlerai de la répartition des fonctions judiciaires, on verra à qui ce droit devroit appartenir, et de quelle manière il conviendroit de l'exercer. Nous observerons encore alors l'importance de cette règle.

décision *non liquet*, ou *l'accusation est incertaine*, est cet heureux expédient auquel le juge doit recourir dans tous les cas où sa certitude morale est contraire à la certitude légale. Puisqu'il est nécessaire de donner au juge le pouvoir de se déterminer ainsi, voyons quelles précautions le législateur doit prendre pour en éviter les abus. La première dépend de l'exacte distributions des fonctions judiciaires, et du choix des juges du fait. Nous voici arrivés à la quatrième partie de la procédure criminelle.

CHAPITRE XVI.

QUATRIÈME PARTIE DE LA PROCÉDURE CRIMINELLE.

De la distribution des fonctions judiciaires, et du choix des juges du fait.

DONNER à un tribunal permanent la faculté de juger; rendre le magistrat plus redoutable aux yeux du peuple, que la magistrature même ; confier à un petit nombre de personnes un ministère dont les fonctions exigent plus d'intégrité que de lumières, plus de confiance de la part de celui qui doit être jugé, que de connoissances de la part de celui qui doit juger; obliger le citoyen à être jugé par quelques hommes, dont cette occupation est l'unique métier, et que l'habitude endurcit plus souvent sur les suites de leurs erreurs, qu'elle ne leur enseigne à s'en préserver; diminuer, ou, pour mieux dire, rendre presque nul le droit précieux que chaque homme devroit avoir, dans les accusations importantes d'exclure, non-seulement les juges qui peuvent être évidemment soupçonnés de partialité, mais ceux encore qui, pour des causes légères, pourroient ne pas mériter toute sa confiance; en un mot, faire d'un talent de l'esprit, qui ne consiste qu'à examiner des faits, le patrimoine exclusif d'un petit nombre d'hommes: tel est l'effrayant et funeste systême que les nations, accoutumées à respecter la liberté du citoyen, ont regardé avec horreur; mais que le concours d'un grand nombre de causes a introduit depuis long-tems en Europe, et qu'on ne pourroit détruire sans réformer la Législation même, dont les abus font aujourd'hui de ce systême un mal nécessaire. Les révolutions de la jurisprudence criminelle chez les Romains nous offriront des moyens très-utiles pour éclaircir cet objet intéressant (1).

Après l'expulsion des rois de Rome, les consuls qui, sous différens noms, avoient

---

(1) Cette partie de l'histoire romaine et de son ancienne Jurisprudence, est dans une si grande obscurité, que je serai obligé d'éclaircir, par des notes, les faits que j'indiquerai dans le texte. J'espère que le lecteur, loin de m'accuser de pédanterie, pourra me savoir quelque gré des efforts que j'ai dû faire pour développer, en peu de pages, un des articles les plus difficiles de l'antiquité romaine.

hérité d'une partie de leurs terribles prérogatives, ne purent conserver pendant longtems celle qui leur donnoit le droit de décider souverainement du sort des citoyens dans les jugemens criminels. Brutus, ayant, de sa seule autorité, condamné à la mort ses enfans et leurs complices (1), avoit porté un grand coup à sa patrie, dans le tems même qu'il en avoit défendu la liberté. Les Romains prévirent combien seroit un jour funeste cette autorité qu'il avoit employée d'une manière si utile; ils sentirent que la main toute-puissante du consul pouvoit opprimer l'innocence avec la même facilité qu'elle avoit accablé les vils partisans de Tarquin; ils imaginèrent que la justice et la violence pourroient sortir de la même source, et que l'on effraieroit tôt ou tard le patriotisme et la liberté, avec le pouvoir qui avoit puni la bassesse. On songea donc à corriger ce vice de la constitution naissante; et on transmit à l'assemblée du peuple l'exercice d'une prérogative, toujours dangereuse lorsqu'elle n'est point partagée, et qu'elle appartient à une magistrature trop puissante, ou par la durée de sa charge,

(1) Denis d'Halicarnasse, *lib* 23, *cap.* 5.

ou par l'étendue de son autorité. La loi *Valeria* commença cette révolution; les lois des douze tables l'achevèrent. L'une établit l'appel au peuple des décrets des consuls, relatifs à la vie des citoyens (1); les autres enlevèrent entièrement aux consuls la connoissance des accusations criminelles : elles ordonnèrent qu'un citoyen romain ne pourroit être condamné à la mort que dans les *grands Etats* du peuple, c'est-à-dire dans les comices par centuries (2); qu'il ne pourroit être condamné à une peine pécuniaire que dans les comices par tribus (3).

---

(1) *Quoniam de capite civis romani injussu populi romani non erat permissum Consulibus jus dicere.* (*Pomponius*, *leg.* 2, §. 16, *ff. de orig. jur.*) Lorsqu'il s'agissoit du crime d'un étranger, d'un esclave, l'accusation étoit portée dans un tribunal destiné à cet objet, et les juges qui le composoient étoient nommés *Triumviri Capitales*. Voy. Cicéron, *pro Cluentio*, *cap.* 13. Ce que dit Tite-Live, relativement à cette loi (lib. 10), fait naître une réflexion sur la douceur des peines dans les pays où la vertu existe. La peine, dit-il, établie contre le magistrat qui avoit violé la loi, consistoit à être réputé méchant. *Nihil ultra quam improbe factum adjecit.*

(2) *De capite civis, nisi per maximum comitiatum ne ferunto. Cicer. de leg. ib. lib.* 3, *cap.* 4, *orat. pro Sexto. c.* 34.

(3) Tite-Live, *lib.* 4, *chap.* 41; *lib.* 25, *chap* 4. Il falloit donc une *loi* pour condamner un citoyen

On trouvoit dans la loi la peine du délit; on discutoit dans les comices la vérité du fait (1); ou bien le peuple nommoit un questeur qui devoit juger en son nom, avec le secours des juges que la loi lui donnoit (2).

à la mort, et un *plébiscite* pour le condamner à une peine pécuniaire.

(1) Nous avons plusieurs exemples de jugemens rendus par le peuple dans les comices. Denis d'Halicarnasse, lib. 7, fait mention de celui de Coriolan, accusé par les tribuns d'avoir aspiré à la tyrannie. On en trouve beaucoup d'autres dans Tite-Live et dans Valère-Maxime. Tite-Live, liv. 2, chap. 41, 52, 54, 61; liv. 3, chap. 2 et 12; liv. 4, chap. 40; liv. 5, chap. 11, 12 et 32; liv. 6, chap. 15 et 16; liv. 7, chap. 4; liv. 8, chap. 37; liv. 25, chap. 3; liv. 26, chap. 3; liv. 38, chap. 34; liv. 43, chap. 8. Valère-Maxime, liv. 6, chap. 1; liv. 8, chap. 22, liv. 10, chap. 31.

(2) Ces magistrats extraordinaires étoient appelés *Quæsitores parricidii*, Questeurs du parricide, parce qu'on appeloit du nom de parricide tous les crimes capitaux. *Quæsitores parricidii appellatos, quos solebant creare rerum capitalium*, dit *Festus*, v°. *Quæsitores*. Je ne décris pas ici la manière dont ces magistrats exerçoient leurs fonctions, parce qu'elle étoit parfaitement semblable à celle qu'on établit ensuite pour les *questions perpétuelles*, dont je parlerai plus bas. Voy. *Sigonius de judiciis*, liv. 2, chap. 4. Nous avons plusieurs autres exemples de cette espèce de jugemens, rapportés par Sigonius, *ubi supra*.

L'accroissement de la république, la multiplicité des délits, les inconvéniens qui naissoient des convocations trop fréquentes des comices, et les dangers attachés à la réunion de la puissance législative et de la puissance exécutive; toutes ces causes obligèrent de modifier un système qu'on ne pouvoit conserver tout entier sans favoriser l'impunité des crimes. On sentit la nécessité d'établir des tribunaux fixes pour les affaires criminelles, comme on en avoit créé pour les affaires civiles, et on leur donna le nom de questions perpétuelles (*Quæstiones perpetuæ*) (1). Ils furent d'abord au nombre de quatre. Ensuite Sylla en établit huit, et les lois *Juliæ* en accrurent le nombre pour la seconde fois (2). Chaque tribunal exer-

---

(1) L'an de Rome DCIV. ce fut L. Pison, Tribun du peuple, qui fit cette innovation : *Carbone forum tenente, plura judicia fieri cæperunt, nam et quæstiones perpetuæ hoc adolescente constitutæ sunt, quæ nullæ ante fuerant. L. enim Piso, Tribunus plebis, legem primus de pecuniis repetundis, Censorino et Manilio Coss. tulit.* (*Cicero in Bruto.*)

(2) Les quatre premières questions perpétuelles furent, 1°. celle du crime de majesté (*majestatis*); 2°. celle de cabale, d'intrigue, pour obtenir quelque magistrature (*ambitus*); 3°. celle de concussion (*repetundarum*); 4°. celle de péculat. Sylla y ajouta

çoit une question, et chaque question avoit pour objet une seule classe de délits (1). Il étoit présidé par un préteur, et par un magistrat inférieur, que l'on nommoit juge de la question (*Judex Qustionis*). On les changeoit l'un et l'autre tous les ans (2).

---

celles *de veneficiis, de sicariis, de falso et de corrupto judicio, de parricidio.* Les lois Juliæ y ajoutèrent celles qui concernoient les violences publiques et particulières, les parjures et les adultères. (*Leges Juliæ de vi publica, de vi privata, de perjuriis, de adulteriis.*)

(1) *De eâ re Prætoris quæstio esto;* ou simplement, *Prætor, qui ex hac lege quæret, facito ut, etc.* Telle étoit la forme de cette commission de question.

(2) Cette partie de la constitution romaine est très-obscure, et il est nécessaire de l'éclaircir par des développemens. Il faut donc savoir, qu'avant l'établissement des questions perpétuelles, il y avoit deux Préteurs à Rome, et quatre dans les provinces. Les deux premiers exerçoient la juridiction urbaine et foraine dans la ville, et dans les autres provinces. Après cet établissement, les quatre Préteurs des provinces furent obligés de rester à Rome la première année de leur Préture, pour exercer la question que le sort donnoit à chacun d'eux. La seconde année ils alloient, sous le titre de Pro-préteurs, exercer la Préture dans les provinces qui leur avoient été assignées, et on créoit de nouveaux Préteurs à leur place. Il ne faut pas confondre la juridiction avec la question. Le Préteur qui avoit la juridiction,

Ces deux magistrats ne faisoient que présider le tribunal, diriger et préparer le ju-

---

n'avoit d'influence que dans les affaires particulières. Le Questeur ou le Préteur chargé d'une question, avoit la direction des jugemens publics, c'est-à-dire de ceux qui concernoient les crimes publics. Quand Sylla établit les quatre autres questions, on créa quatre autres Préteurs pour présider à ces tribunaux. (Voyez Pomponius, *leg. citat.* 2, §. 32, *ff. de origin. jur.* Mais pourquoi voit-on, tantôt deux différentes questions assignées au même Préteur, et tantôt une juridiction et une question réunies dans la même personne? Sous le consulat de Catule et de Lépide, nous voyons C. Verres tout à-la-fois Préteur urbain et Questeur des poisons; c'est-à-dire, que nous trouvons une juridiction réunie à une question dans la même personne. Nous voyons, sous le même consulat, deux questions réunies par le sort, sur M. Fannius. Cicéron plaida, devant le même Préteur, CN. Domitius Calvinus, pour deux causes criminelles de nature très-différente, l'une d'intrigue (*ambitus*) l'autre de violence publique (*vis publica*), appartenant à deux questions. (*Cicero, pro Cluentio.*) On voit enfin, l'an de Rome 687, Publius Cassius, Préteur de la ville, et Préteur du tribunal ou de la question de majesté. (*Asconius, Argument. Cornel. pag.* 124.) Cela s'explique facilement. Le nombre des Préteurs ne fut pas toujours, dans Rome, égal au nombre des objets dont ils devoient connoître. Lorsque Sylla créa quatre nouvelles questions perpétuelles, il auroit fallu dix Préteurs; deux pour exercer à Rome

gement. L'examen du fait étoit réservé à quelques juges nommés par le sort, joint au consentement des parties.

---

la juridiction sur les citoyens et sur les étrangers ; et huit pour présider aux questions : mais le Sénat fit rarement créer plus de huit Préteurs. Il falloit donc que quelqu'un de ces Préteurs fût chargé de deux questions, ou d'une juridiction et d'une Question en même tems. Sigonius (*de judiciis, lib.* 2, *cap.* 4.) dit que la même question étoit quelquefois exercée, dans le même tems, par deux Préteurs différens. Cette opinion ne me paroît guère vraisemblable. Je crois que la cause de son erreur à ce sujet est, que l'on voit dans certains cas deux crimes de la même classe, portés devant deux Préteurs différens. Mais cela ne doit point étonner, lorsqu'on se rappelle que la distribution des crimes pouvoit facilement induire en erreur sur la compétence du tribunal. Les circonstances du crime pouvoient en changer la nature. Il étoit possible que l'assassin, par exemple, fût accusé comme parricide (mot qui, à Rome, signifioit la même chose qu'homicide), et le parricide comme assassin. Célius, accusé d'avoir voulu empoisonner Clodia, ne fut pas accusé au tribunal *de Veneficiis :* son accusateur fit de sa tentative un véritable crime d'Etat, et présenta son accusation au tribunal qui jugeoit de la violence publique. (*De vi publica lege Luctatia*) (*Cicero, orat. pro Cœlio, cap.* 1.) Quant au juge de la question, il est hors de doute que ce magistrat étoit annuel, comme le Questeur ou le Préteur. Lorsque celui-ci ne pou-

La

La vigilance des Romains fut admirable à cet égard. Quatre cent cinquante citoyens, d'une probité reconnue, étoient nommés chaque année par le préteur de la ville ou de l'étranger (1), pour exercer dans tous les

---

voit assister au jugement, l'autre en remplissoit les fonctions. Son emploi ordinaire étoit à-peu-près semblable à celui du juge que nous nommons commissaire; mais ni le Préteur, ni le juge de la question ne votoient dans le jugement. Voy. *Sigonius, de judiciis, lib. 2, cap. 5; et Thomasius, dissert. de origin. Process. inquisit.*

(1) J'ai dit par le Préteur de la ville ou de l'étranger, parce que nous trouvons des monumens qui attestent qu'on choisissoit, tantôt le premier, tantôt le second. On lit dans la loi Cornelia: *Prætores urbani, qui juratos optimum quemque in selectos judices referre debent*, etc; et dans la loi Servilia Glauciæ; *Prætor qui jus dicet inter peregrinos, CDL viros legat*, etc. La condition de ces juges éprouva des variations perpétuelles. Cela sert à prouver combien la constitution de Rome fut incertaine et flottante. Ils étoient d'abord choisis dans l'ordre des Sénateurs; ils le furent ensuite successivement dans l'ordre Equestre (*leg. Sempronia C. Gracchi*); dans l'ordre des Sénateurs et dans l'ordre Equestre ensemble (*leg. Servilia Cæpionis*); dans l'ordre Equestre seulement. (*leg. Servilia Glauciæ*); dans l'ordre des Sénateurs (*leg. Livia Drusi*); enfin dans l'ordre des Sénateurs, dans l'ordre Equestre, et dans le corps des Plébéiens tout à-la-fois (*leg. Plautia Silvani.*) Sous Sylla on fit une innovation très-connue;

tribunaux les fonctions de juge. Leurs noms étoient écrits dans un registre public, et l'*album judicum* étoit connu de tout le monde. Le préteur, après avoir reçu légitimement l'accusation, jetoit leurs noms dans une urne. Le juge de la question tiroit au sort, en présence des parties, la quantité de noms que la loi prescrivoit pour ce jugement (1).

L'accusateur et l'accusé rejetoient alors ceux qui leur paroissoient suspects ; on leur

---

après lui on en fit une autre ; enfin on établit, sous César, qu'ils seroient pris dans l'ordre des Sénateurs et dans l'ordre Equestre en même tems. Il étoit établi par la loi Servilia, qu'ils ne pourroient avoir, ni moins de trente ans, ni plus de soixante. Quelques lois postérieures fixèrent leur âge à trente-cinq ans, et Auguste le fixa de nouveau à trente. *Sueton. in vita Augusti.*

(1) Comme il y avoit une très-grande différence entre les lois qui régloient ces tribunaux, il y en avoit aussi entre le nombre des juges qui les composoient. On trouve dans Cicéron (*orat. pro Cluentio, cap.* 27) un jugement rendu par trente-deux juges; on en trouve un autre rendu par soixante-cinq. (*orat. in Pisonem, cap.* 40.) La loi Servilia, comme nous observerons dans peu, en avoit fixé le nombre à cinquante pour les accusations de concussion. Dans le jugement de Milon, on trouve cinquante juges. (*Asconius, argument. Milon.*)

en substituoit d'autres, que le juge de la question tiroit de l'urne, comme auparavant (1). Tant qu'il restoit des noms dans l'urne, tant que le nombre des quatre cent cinquante n'étoit pas épuisé, le refus étoit libre, et chaque partie avoit droit de chercher, par le sort, un autre juge, dans lequel elle pût avoir une plus grande confiance. En certains cas, la loi permettoit à l'accusateur et à l'accusé de nommer eux-mêmes les juges, et de les choisir dans tout le peuple, sans être forcés de prendre ceux qui étoient écrits sur le rôle du préteur (2). Les libres citoyens

---

(1) Voyez le passage d'Asconius, dans *Sigonius de judiciis*, *lib.* 2, *cap.* 12.

(2) Cicéron, *pro Murena*, *cap.* 23; *pro Plancio*, *cap.* 15 *et* 17. Dans les crimes de concussion, la loi *Servilia Glauciæ* avoit ordonné que l'accusateur nommeroit cent juges d'entre ceux qui étoient inscrits sur la liste du Préteur, et que de ces cent juges l'accusé en choisiroit cinquante pour juger: *Prætor*, dit la loi, *ad quem nomen delatum erit, facito, ut is die vicesimo ex eo die, quo cujusque quisque nomen detulerit, centumviros ex eis, qui ex hac lege quadringenti quinquaginta viri in eum annum lecti erunt, legat edatve. Quos is centumviros ex hac lege ediderit, de eis ita facito, juret palam apud se coram, se eos scientem dolo malo non legisse. Ubi is ita Centumviros ediderit, juraritque, tum eis facito ut is unde petetur, die vicesimo, postquam nomen ejus delatum*

de Rome auroient regardé comme des victimes de la barbarie des lois et de l'injuste distribution de l'autorité judiciaire, ces infortunés que nous traînons au gibet, d'après l'opinion de deux ou trois juges, poussés quelquefois dans le temple de la justice par les intrigues d'un courtisan, et dont un seul ne peut être écarté par l'accusé, malgré les plus justes motifs de défiance, sans se livrer à un combat difficile et périlleux, dont le juge, après être sorti vainqueur, parce que ce sont ses collègues qui prononcent sur les motifs de récusation, doit devenir, de juge suspect, un ennemi terrible. Ces fiers républicains, si jaloux de la liberté civile, ne conférèrent le ministère sacré de la justice, qu'à des hommes dont l'impartialité étoit assurée par le choix des parties (1) : ils ne

---

erit, quos centum is, qui petet, ex hac lege ediderit, de eis judices quinquaginta legat, edatve. Ces deux dernières manières de choisir les juges qu'on appeloit *per editionem*, n'existoient que dans certains cas. La méthode générale étoit celle du sort, dont j'ai parlé; mais on voit dans toutes combien les Législateurs de Rome favorisoient la récusation des juges.

(1) *Neminem voluerunt majores nostri, non modo de existimatione cujusquam, sed ne de pecuniaria quidem re minima judicem esse, nisi qui inter ad-*

cherchoient, dans la personne des juges, qu'une probité reconnue, un sens droit, et surtout la confiance mutuelle des parties. Ces juges n'avoient pas besoin de connoître *le droit;* le préteur les instruisoit de tout ce qui avoit rapport à cet objet (1), et appliquoit au fait qu'ils avoient constaté, la loi dont il étoit le dépositaire immédiat : le préteur étoit chargé de veiller à l'observation de l'ordre judiciaire prescrit par les lois. Toutes les preuves relatives à l'éclaircissement du fait étoient fournies et mises en ordre par le juge de la question : il enjoignoit aux témoins de venir faire leurs dépositions devant les juges, dans tel lieu et à tel jour; il recueilloit toutes les pièces fournies par les parties pour leurs droits respectifs (2). Les juges ne faisoient qu'examiner la vérité

---

versarios convenisset. (*Cicero, orat. pro Cluentio.*) Voy. Cujas, *observationes, etc., lib.* 9, *cap.* 23.

(1) C'est pour cette raison qu'il y avoit toujours, derrière le siège du Préteur, des jurisconsultes chargés de lui citer les principes de la jurisprudence; car, d'ordinaire, les Préteurs n'étoient pas jurisconsultes : mais ces jurisconsultes ne pouvoient donner leur avis que lorsque le Préteur les interrogeoit.

(2) *Sigonius de judiciis, lib.* 2, *cap.* 5; et *Noodt, de juridict. et Imperio, lib.* 2, *cap.* 5.

du fait, et jeter dans une urne la lettre initiale qui exprimoit leur jugement (1). Ce secret des suffrages pouvoit avoir un inconvénient terrible. Comment punir l'iniquité d'un juge, lorsque son jugement est secret ? Mais la multiplicité des juges, la courte durée de leur exercice, la facilité des récusations, empêchoient de redouter cet abus d'une méthode digne en elle-même de la liberté des siècles qui l'avoient vu naître (2).

---

(1) Les lettres initiales étoient, comme on sait, A (*absolvo*), C. (*condemno*), N L (*non liquet.*) Cette dernière réponse étoit le prononcé du juge, lorsqu'il n'avoit pas de raison suffisante pour absoudre ou pour condamner. Les juges ne jetoient dans l'urne les billets où ces lettres étoient écrites, qu'après avoir entendu tout ce qui pouvoit être dit par les deux parties, et lorsque celle qui avoit parlé la dernière, avoit prononcé le mot usité *dixi*. Mais avant de jeter dans l'urne les billets, ils délibéroient entr'eux sur la sentence ; c'est ce qu'on appeloit *ire in concilium*. (Asconius, pag. 65 et 178 ; Valère-Maxime, liv. 8, chap. 1, n. 6.) Le Préteur, après avoir recueilli tous les billets, prononçoit la sentence, d'après la pluralité des suffrages.

(2) La liberté qu'avoit l'accusé, dans certains cas, de choisir lui-même, pour son jugement, entre les suffrages secrets et les suffrages publics, remédioit un peu à cet inconvénient. *Cum in concilium ire oportebat*, dit Cicéron, *quæsivit ab eo reo, C. Ju-*

En effet, tant que Rome fut libre, ou tant que la liberté expirante put réclamer ses droits contre le despotisme qui s'élevoit, le systême de la jurisprudence criminelle n'éprouva aucune altération. Les premiers tyrans se virent forcés de respecter cet antique boulevard de la sûreté publique. Leurs attentats furent foibles d'abord, quoique continus. Pour renverser entièrement l'édifice de la liberté civile, soutenu en grande partie par le systême des jugemens criminels, ils furent obligés d'attendre le moment où les Romains, fatigués de la lutte perpétuelle de l'ambition contre la liberté, devoient chercher le repos dans une lâche patience, et dans la stupide léthargie de la servitude. Ce fut alors qu'on transféra les comices dans le sénat (1), avec les autres droits de la souveraineté du peuple, et ce corps permanent de courtisans ambitieux, ou d'esclaves avilis, acquit encore le droit de connoître de ces

---

nius Quæsitor, clam, an palam, de se sententiam ferri vellet; de Oppiniaci sententia responsum est, clam velle ferri. (Cicer. pro Cluentio.)

(1) *Tum primum e campo comitia ad patres translata sunt: nam ad eam diem, etsi potissima arbitrio Principis, quædam tamen studiis tribuum fiebant. Tacit. annal. lib.* 1. Cela arriva sous l'empire de Tibère.

crimes que le peuple jugeoit, même après l'établissement des questions perpétuelles (1), ou qui étoient quelquefois portés par appel dans les comices, après le jugement du tribunal compétent. (2) Cette fatale altération

---

(1) Les crimes de majesté, au premier chef, appelés du nom de *perduellio*, furent jugés par le peuple dans les comices par centuries, même après l'établissement des questions perpétuelles. Voyez Cicéron, *in Verr. lib.* 1, *cap.* 5. Outre ces crimes, il y en avoit d'autres qui, n'étant pas compris dans les questions perpétuelles, étoient jugés *extraordinairement* par le peuple, ou dont la connoissance appartenoit à un questeur créé par le peuple pour tel objet. Nous avons plusieurs exemples de ces *jugemens extraordinaires*. Voyez Cicéron, *de finibus bonor. et mal. lib.* 2, où il parle du jugement de L. Tubolo : voyez encore (*in Bruto*) les endroits où il parle de l'assassinat commis dans la forêt *Scantia*, de l'inceste des vestales, et des partisans de Jugurtha. Voyez aussi Salluste, (*in Jugurth.*) Asconius (*Argument. Mil. pag.* 190) rapporte la commission donnée par le peuple à L. Domitius, pour connoître du meurtre commis par Milon dans la voie Appienne. Tite-Live et Denis d'Halicarnasse offrent encore beaucoup d'autres exemples de ces *jugemens extraordinaires*. Tous ces crimes auroient été jugés par le sénat, s'ils eussent été commis depuis le funeste changement dont j'ai parlé.

(2) On pouvoit toujours appeler du décret du Préteur, aux comices par centuries, dans le cas de

de l'ancien système fut l'époque de l'entière servitude de Rome. La tyrannie put alors se vanter de disposer à son gré des jugemens et des lois. Les crimes de lèse-majesté au premier chef, dont le peuple s'étoit toujours réservé la connoissance, furent portés devant le sénat, et une grande partie des crimes fut renfermée dans cette classe. Le citoyen accusé dans cette assemblée ne pouvoit plus se délivrer d'un juge pervers ou suspect, et le juge n'étoit plus obligé de rentrer dans la condition privée. Les lois n'eurent plus la force de défendre la liberté civile, dès que la puissance exécutive fut confiée à des mains aussi indignes de l'exercer; et le citoyen, forcé d'avoir pour juges des hommes en qui il n'avoit aucune confiance, ne trouva plus rien autour de lui qui pût garantir sa sûreté particulière (1).

---

la peine de mort; et aux tribus, dans le cas de la peine pécuniaire. Ces appels étoient rares, parce que le peuple annulloit rarement la décision du tribunal. Ils devinrent plus fréquens, lorsque les droits des comices furent transférés au sénat.

(1) Dans les tems postérieurs, le jugement des crimes fut confié aux magistrats créés par la volonté de l'Empereur, et qui exerçoient la juridiction qu'il leur avoit déléguée. Le Préfet de la cité entra dans la plus grande partie des fonctions des Pré-

Que l'exemple de Rome nous éclaire sur un objet qui intéresse tant la sûreté publique ; que le spectacle de tous les attentats, par lesquels des monstres couronnés crurent devoir détruire ce système de liberté, nous apprenne combien il est important pour nous de l'adopter, et de l'approprier à l'état actuel des choses. Afin de sentir plus vivement encore la nécessité de cette réforme, examinons comment la seule nation qui ait profité sur cet objet des lumières de la politique romaine, est aussi la seule nation de l'Europe où l'innocence n'a rien à craindre, lorsqu'elle est appelée en jugement. Que le système de la jurisprudence criminelle des Anglais fixe donc un moment notre attention (1).

En Angleterre, les dépositaires de la loi

---

teurs ou des Questeurs, relativement aux délits commis dans la cité et dans l'Italie, *intra centesimum lapidem*. Voy. Ulpien, *in lib.* 1, *ff. de offic. Præfect. urb.*

(1) Ce systême a été exposé avec si peu de clarté par les écrivains nationaux, que j'ai cru devoir le développer. Ils parlent aux Anglais qui tous connoissent leur jurisprudence ; voilà pourquoi leurs ouvrages ne peuvent donner aux étrangers une idée exacte de cette partie de la législation anglaise.

ne sont pas, comme dans le reste de l'Europe, les juges du fait. Ceux qui examinent la vérité ou la fausseté de l'accusation, ne sont point magistrats : ce n'est pas un corps permanent des ministres de la couronne. La constitution britannique n'a pas permis que cette fonction terrible fût toujours exercée par les mêmes mains, et devînt la prérogative d'une poignée de mercenaires, dépendans du chef de la nation. Choisis dans la condition de l'accusé, qui connoît leur justice et leur impartialité, honorés de l'estime publique, revêtus d'un ministère qui n'a d'autre durée que celle du jugement pour lequel ils ont été choisis, ils sont les seuls juges à qui la loi confie l'examen du fait, et le sort de l'accusé, dans les affaires criminelles. Eclairés par l'exemple de Rome libre et de Rome esclave, les Anglais ont senti combien il est avantageux de subdiviser et de combiner les différentes parties des fonctions judiciaires, de manière que l'une serve toujours de frein à l'autre.

Celui qui reçoit l'accusation est un magistrat inférieur, qui n'a d'autre autorité que celle de s'assurer de la personne de l'accusé, après l'avoir entendu et avoir constaté l'existence du crime, et de poursuivre l'accusation dans la prochaine session (1).

Ces sessions sont des cours de justice qui se tiennent tous les trois mois dans chaque comté, et toutes les six semaines dans la capitale. Dans chacune de ces sessions, un magistrat, qui, sous le nom de *Sheriff* (2), préside à l'administration publique de la justice dans la comté de son département, nomme d'abord la grande assemblée des jurés (*grand jury*) (3). Cette assemblée

---

(1) Ce magistrat inférieur se nomme *Justice* ou *Juge de paix*. Il y a un certain nombre de ces magistrats dans chaque comté Leur fonction est de recevoir l'accusation, de constater l'existence du délit, que les criminalistes appellent le *corps* du délit ou le *genre* du délit; de faire saisir l'accusé pour l'interroger et transcrire ses réponses; enfin de s'assurer de sa personne, en le retenant dans les prisons jusqu'à la prochaine session, si le délit est capital; ou si c'est un crime ordinaire, de recevoir la caution par laquelle il s'oblige de comparoitre en jugement lorsqu'il sera appelé. Voy. Blackstone, comment. sur les lois d'Angleterre, tome 2, chap. 1; et comment. sur le code criminel, chap. 16, art. 1; et chap. 22 et 27.

(2) Blackstone, comment. sur les lois d'Angleterre, tom. 2, chap. 1.

(3) Le ministère de ces grands jurés finit avec la session pour laquelle on les avoit nommés : on

doit être de plus de douze hommes, et de moins de vingt-quatre : elle est toujours formée des personnes les plus respectables de la Comté. Sa fonction est d'examiner les preuves qui ont été produites pour chacune des accusations que l'on a formées dans cette session.

Si l'on ne trouve pas dans l'assemblée douze personnes qui regardent l'accusation comme fondée et légitime, l'accusé est sur-le-champ renvoyé : mais si douze de ces grands jurés s'accordent à trouver les preuves suffisantes, alors l'accusé est déclaré *indicted*, c'est-à-dire, sous jugement, et il est retenu pour subir le cours ordinaire de la procédure.

Toutes ces opérations ne sont que les dispositions préparatoires du jugement; ce sont autant d'expédiens imaginés par la loi pour empêcher qu'un innocent ne soit exposé aux dangers et à l'effroi d'une procédure injuste. Pour déclarer l'accusation

---

les renouvelle tous les trois mois. (Delolme, constitution d'Angleterre, tom. 1, chap. 12; Blackstone, code criminel d'Angleterre, chap. 23.) La place de Sheriff est annuelle dans chaque comté.

étroitement régulière (1), il faut donc avoir un jugement uniforme, au moins de douze personnes d'une probité reconnue, et d'une manière d'être à l'abri de tout soupçon.

Dès que l'accusation est admise, on avertit l'accusé de préparer sa défense, et on fixe le jour où l'on décidera *définitivement* de son sort. Lorsque ce jour est arrivé, l'accusé se présente au tribunal, où président quelques juges ordinaires, qui sont, pour ainsi dire, les dépositaires et les interprètes du droit, mais qui ne concourent en aucune manière au jugement du fait (2).

---

(1) C'est l'expression anglaise. L'accusation n'a aucune force, jusqu'à ce que les grands jurés l'aient approuvée. Voyez Blackstone, comment. sur le code criminel d'Angleterre, chap. 24.

(2) Ces juges sont les *Juges-de-Paix*, lorsque l'accusation est portée dans les cours ou tribunaux des *quatre sessions générales de paix*; ou les juges d'*oyer et terminer*, lorsque l'accusation est portée devant les tribunaux qui se tiennent, deux fois l'année dans chaque comté méridionale, une fois dans les quatre comtés septentrionales, et huit fois à Londres et à Midlesex, pour évacuer les prisons et décider des accusations capitales; établissement précieux, qui, avec l'*habeas corpus*, assure la liberté personnelle du citoyen arrêté par le bras de la justice, et le préserve de l'oubli funeste auquel sont si

Ce jugement appartient entièrement à une autre assemblée de simples citoyens, appelés *petty jury*, ou petits jurés, que le même Sheriff a nommés pour cette session, par une commission générale (1). Cette assemblée doit être composée de douze hommes, pairs de l'accusé (2), choisis dans la

souvent exposés les malheureux prisonniers des autres pays. Si l'accusation est portée au tribunal du banc du roi, ou à quelque autre tribunal qui connoît les affaires criminelles, des juges ordinaires de ces tribunaux instruisent les petits jurés de tout ce qui concerne le droit, et appliquent la détermination de la loi au fait que les autres ont jugé. Pour savoir quelles sont les accusations que l'on porte dans chacune de ces cours, il suffit de lire Blackstone, (code criminel, chap. 19 et 27.)

(1) Il arrive quelquefois que le Sheriff doit, pour un seul fait particulier, envoyer la liste des jurés de sa comté; et cela arrive toutes les fois que l'accusation n'est pas portée devant les tribunaux qui se tiennent dans les sessions régulières, comme par exemple, lorsqu'on la porte devant la cour suprême du banc du roi. Voyez Blackstone (code criminel, chap. 19, §. 3; et chap. 27.)

(2) *Nullus liber homo capiatur, vel imprisonetur, aut exulet aut aliquo alio modo destruatur, nisi per legale judicium parium suorum.* C'est un article de la grande charte, chap. 29. Voyez le statut 9 d'Henri III, chap. 9. Si l'accusé est un lord temporel, l'accusation est terminée par toute la cham-

comté, où le crime a été commis (1), et possesseurs d'un fonds de terre de dix livres sterlings de revenu. Le jugement unanime de ces douze jurés décide de la vérité ou de la fausseté de l'accusation, et détermine la vérité du fait auquel les juges doivent adapter la disposition *expresse* de la loi.

Ces douze citoyens, à qui l'on confie la partie la plus terrible du jugement, ne sont pas seulement nommés par le Sheriff. Afin que l'accusé puisse avoir aussi quelque part au choix de ceux qui doivent le juger, la loi veut qu'on en nomme quarante-huit (2),

---

bre haute, à la pluralité, et non à l'unanimité des suffrages; lorsque l'accusé est étranger, la moitié des jurés doit être aussi composée d'étrangers (c'est ce qu'on appelle *jury de medietate linguæ*), pourvu qu'il ne s'agisse pas d'une conspiration contre le roi.

(1) *Liberos et legales homines de Vicineto.*

(2) Il faut observer que, pour les accusations que l'on porte dans les sessions régulières des diverses comtés (devant les cours ou tribunaux *de paix*, comme devant les juges d'*oyer et terminer*), le Sheriff ne nomme pas quarante-huit jurés dans chaque affaire : il en nomme quarante-huit pour toutes les accusations que l'on doit juger dans cette session, l'une après l'autre; et dans ces quarante-huit, on doit choisir, à chaque jugement, les douze jurés, pour que ces diverses récusations n'épuisent pas la liste (*pennal*) du Sheriff. Lorsque ce cas

et

et elle accorde à l'accusé différentes sortes de récusations. Quelquefois il peut rejeter l'assemblée entière, et toujours il a droit d'en exclure une grande partie, ou par des motifs légitimes, ou simplement par caprice. Il peut rejeter l'assemblée entière, lorsqu'il a de justes raisons de regarder comme suspect le Sheriff qui l'a formée (1) ; il a droit d'exclure, par des motifs légitimes, tous ceux qui manquent des qualités prescrites par la loi, ou qui ont avec lui des rapports d'inimitié secrète, de différends publics, et des rapports de parenté, d'amitié, de profession avec l'accusateur (2).

Il peut enfin, dans quelque cas que ce

arrive, on en nomme d'autres, sur un *writ* du juge, pour compléter le nombre de douze. Voyez Delolme, (constitut. d'Angleterre, tome 1, chap. 12, 4e. édit.)

(1) Dans ce cas, le Juge de Paix remplit les fonctions de Sheriff, et fait une nouvelle liste de jurés.

(2) Le célèbre jurisconsulte Coke divise en quatre classes ces récusations *pour causes* ; 1°. *propter honoris respectum*, lorsque le juré n'est pas le pair de l'accusé ; 2°. *propter delictum*, lorsqu'un juré a été condamné dans un procès criminel ; 3°. *propter defectum*, lorsque l'accusé est étranger, ou qu'il n'a pas un fonds de terre de la valeur fixée par la loi ; 4°. *propter affectum*, lorsqu'on prouve que le juré peut avoir quelque intérêt de condamner l'accusé.

soit, l'exclure un grand nombre de ces jurés, par simple caprice ; car la loi lui accorde la *récusation péremptoire* de vingt jurés, sans qu'il soit obligé d'alléguer aucune raison. En accordant à l'accusé cette dernière espèce de récusation, l'objet du législateur n'a pas été seulement de soustraire un malheureux accusé à l'effroi de cette prévention qu'inspire le préjugé, ou une antipathie secrète ; il a prévu que, dans un grand nombre de circonstances, quelque juré pourroit être suspect à l'accusé, et que cependant les motifs de cette suspection pourroient être jugés insuffisans ; il a senti que, dans ce cas, l'accusé auroit infailliblement un ennemi pour juge, et que le seul moyen de protéger son existence et de le rassurer, étoit de lui accorder le droit de récuser *péremptoirement* le juré qu'il n'auroit pu exclure par des motifs légitimes.

Tout ce qu'il y a de meilleur dans cette partie de la Législation anglaise, est précisément ce qu'il y a de plus contraire au systême criminel des autres peuples de l'Europe. C'est dans les tribunaux établis chez eux pour les jugemens des crimes d'Etat, que l'on voit avec effroi ce que le despotisme a de plus féroce. Le voile mystérieux de l'autorité arbitraire enveloppe tous les actes de cette procédure. Un silence terrible laisse les parens et les amis de l'accusé dans l'ignorance affreuse de son sort, et dans l'impuissance de le secourir : on lui enlève avec violence l'exercice de ses droits naturels ; on sacrifie, sans pudeur, sans remords, la liberté civile, à une fausse idée de tranquillité publique, qui, sous le despotisme, n'est autre chose que la sûreté du tyran. Les légers secours que l'on offre à l'accusé, dans les autres crimes, n'existent plus pour cette classe d'accusés, auxquels, en Angleterre, la loi a cru devoir lui donner de nouveaux moyens de se défendre.

Un malheureux, accusé de conspiration contre le roi ou l'Etat, non-seulement n'est point privé, en Angleterre, de ces secours que la loi lui accorderoit dans les délits ordinaires, mais il voit en quelque sorte multiplier autour de lui les appuis de sa sûreté. Dans les autres délits, il peut récuser *péremptoirement* vingt jurés : il peut, dans celui-ci, en récuser jusqu'à trente-cinq ; dans les autres délits, il ne peut forcer les témoins qu'il produit pour sa défense, de comparoître en jugement ; dans celui-ci, les tribunaux lui donnent tous les moyens de contrainte propres à les faire comparoître ; dans les autres délits, il n'a qu'un seul défenseur ; dans celui-ci, la loi lui en accorde deux ; dans les autres délits, il ignore le nom des jurés jusqu'au jour où le jugement doit être prononcé ; dans celui-ci, la loi veut qu'on lui communique leur nom, leur surnom, leur profession, leur demeure, dix jours avant le jugement, afin qu'il ait le tems de réfléchir sur les récusations qu'il peut opposer. On doit lui livrer dans le même tems, en présence de deux témoins, une copie de tous les faits que l'accusateur a allégués pour preuve de son accusation, et une liste des témoins que l'on se propose de produire contre lui (1). Tels sont les secours que la loi offre en Angleterre aux personnes accusées de cette espèce de crimes, qui suppose un parti plus redoutable d'accusateurs.

Revenons au cours ordinaire de la justice criminelle en Angleterre. Lorsqu'après les récusations, l'assemblée des jurés est formée, on commence l'instruction (2) ; les

(1) Stat. 7 de Guillaume III, c. 3; et Stat. 7. d'Anne, c. 21. Ce dernier acte ne devoit prendre force qu'après la mort du dernier prétendant.

(2) Lorsque les récusations ont épuisé le *pannel* ou la liste du Sheriff, il nomme d'autres jurés pour compléter le nombre de douze.

deux partis produisent leurs preuves contraires en présence des jurés et des juges; on entend les témoins respectifs (1). L'accusé dispute avec l'accusateur et avec les témoins ; on écoute ses défenses sur le fait, et celles de son avocat sur le droit, et lorsqu'elles sont terminées, l'un des juges prend la parole, et fait un résumé de tout ce qu'on a dit de part et d'autre : il expose ensuite aux jurés son opinion, non sur le fait, mais sur le droit. Après cela, les jurés se retirent dans une chambre voisine; ils doivent y

---

(1) On n'admettoit pas autrefois dans les crimes capitaux les témoins produits par l'accusé : cette injustice subsiste encore en France. (Montesq. liv. 29, chap. 11.) Mais les Anglais ont su corriger cet abus de l'ancien systême de jurisprudence. Non-seulement on admet les témoins produits par l'accusé, mais on les admet avec serment. C'est le célèbre Edouard Coke qui réveilla l'esprit de la nation sur cet article de la procédure criminelle. Un *bill* de la chambre des communes dénonça avec vigueur cet abus, malgré la chambre haute et le roi, qui montroient la plus grande répugnance à le voir détruire. Enfin le statut 7 de Guillaume III, chap. 3; et le statut 2 d'Anne, chap. 9, établirent qu'on admettroit les témoins de l'accusé à prêter serment de la même manière que les témoins de l'accusateur, afin que les jurés pussent déférer aux témoignages des uns comme à ceux des autres.

rester enfermés, sans boire ni manger, et sans feu (1), jusqu'à ce qu'ils aient formé un jugement unanime sur la vérité ou la fausseté de l'accusation. Alors les juges, à l'exemple du préteur de Rome, ne font autre chose que prononcer le décret d'absolution ou de condamnation. L'humanité de la Législation anglaise s'étend encore plus loin; elle a prévu le cas d'un jugement manifestement erroné de la part des douze jurés, et elle a voulu donner un dernier degré de sûreté à l'innocence. Lorsque les jurés ont absous l'accusé, il n'a plus rien à craindre, quand même le jugement seroit de la plus grande irrégularité; mais s'ils l'ont déclaré coupable, et que l'erreur de leur jugement soit évidente, il reste encore une ressource à son innocence. Il n'a pas droit, il est vrai, d'appeler de leur jugement; mais le juge peut renvoyer l'affaire à *la cour du banc du roi*, qui regardant le premier jugement comme non-avenu, fait nommer de nouveaux jurés pour examiner l'affaire et la juger.

Telle est en Angleterre la marche ordi-

(1) A moins que le juge ne permette le contraire; lorsqu'il n'y a point de doute sur le jugement, les jurés ne se retirent pas, mais ils rendent leur décision en présence des juges.

naire de la justice ; tel est le ministère de ses juges criminels. Pour peu qu'on réfléchisse sur cette précieuse distribution des fonctions judiciaires, on sentira de quelle sûreté jouit l'innocence chez cette nation singulière, qui n'a pas toute la liberté politique qu'elle s'imagine avoir, mais où la liberté civile existe du moins dans toute son étendue. Il faut un concours de vingt-quatre citoyens au moins pour condamner un accusé ; il n'en faut que douze pour l'absoudre (1). Un seul honnête homme, parmi les douze petits jurés, suffit pour protéger l'innocent contre la perfidie des autres (2). Le citoyen n'y a rien à craindre de la perversité des juges, puisque les lois enchaînent leur volonté sur le droit, et celle des jurés sur le fait. Maintenant que l'on compare ce système avec celui du reste de l'Europe.

---

(1) Si douze des grands jurés croient que l'accusation ne doit pas être admise, et si douze des petits jurés croient qu'elle n'est pas vraie, l'accusé ne peut être condamné : il suffit au contraire, ou que douze des grands jurés ne l'admettent pas, ou que, s'ils l'admettent, elle soit déclarée fausse par douze petits jurés, pour que l'accusé soit absous.

(2) Le jugement des douze jurés doit être unanime.

CHAPITRE XVII.

De la distribution vicieuse de l'autorité judiciaire dans une grande partie des nations de l'Europe.

L'INDOLENCE des peuples et l'indifférence des gouvernemens ont seules su perpétuer en Europe, la méthode absurde d'après laquelle on administre aujourd'hui la justice chez la plupart des nations. L'homme s'accoutume à tout. Un gouvernement injuste familiarise les peuples avec l'injustice. Si nous n'avions contracté une longue habitude d'oppression; nous frémirions à l'aspect des dangers de toute espèce qui menacent notre innocence; nous travaillerions à mettre un terme à nos malheurs, ou nous irions chercher au milieu des forêts des asiles plus sûrs que nos cités, dans lesquelles des millions d'individus dépendent de la volonté seule de quelques hommes qui ont fait des lois, comme ils ont forgé des armes pour l'attaque, et non pour la défense; nous parviendrions enfin au but de la société, ou nous en romprions le lien. Mais, hélas! étourdis sous le poids de leurs chaînes, la plupart des hommes n'osent espérer que le sort de l'humanité doive un jour devenir plus heureux. Si quelque main bienfaisante cherche à déchirer le voile qui dérobe au peuple, et le spectacle de ses maux, et les remèdes qui doivent les faire cesser, il blesse la main de son bienfaiteur, et appelle la vengeance publique sur la tête de celui qui a osé le réveiller de sa léthargie. Telle est la destinée de ceux qui s'intéressent à la félicité de leurs semblables, et qui leur annoncent cette vérité qui devroit être si commune. « La nature ne nous a pas faits pour être le jouet de quelques hommes puissans; elle nous a donné tous les moyens propres à être libres et heureux ». Les principes que je suis obligé d'établir et de développer dans ce chapitre, exciteront contre moi des clameurs, peut-être même des persécutions. Mais, au milieu de si grands intérêts, m'est-il permis de fixer mes regards près de moi, et de me déshonorer par le silence? Lorsque j'ai pris la plume, j'ai juré d'étouffer dans mon ame tous les sentimens de crainte qui pourroient arrêter le cours de mes pensées, et quand même je n'aurois pas le bonheur de vivre sous un roi ami de l'humanité, et de trouver ainsi sur le trône même mon premier défenseur, la pureté de mes intentions et ma conscience me donneroient cette paix de l'ame qu'il n'est pas au pouvoir de mes ennemis de troubler. Au sein du malheur, je jouirois de ma propre estime, et de l'estime de mes semblables; heureux dans la solitude, dans l'abandon, dans l'exil, je me rappellerois sans cesse que les persécutions sont honorables, lorsqu'elles sont accompagnées des regrets et des larmes des infortunés, auxquels on s'est efforcé de tendre une main secourable, quelque foible qu'elle soit.

Après avoir observé les systêmes de procédure des Romains et des Anglais, jetons un coup-d'œil sur celui qui existe parmi nous et chez la plupart des autres peuples, et voyons s'il étoit possible d'imaginer un systême plus funeste. Qu'on me pardonne si, m'éloignant pour quelques instans de la généralité de mon plan, je vais tracer ici les maux particuliers de ma patrie; mon cœur dirige ma main, et il m'est impossible de résister à son impulsion (1).

---

(1) Je prie le lecteur de ne point faire une application trop générale de ce que je dirai dans ce chapitre sur les seigneurs et sur les magistrats. Il y a dans ces deux classes de citoyens un grand nombre de personnes qui exercent, avec beaucoup d'in-

L'administration de la justice est partagée, chez nous, entre les seigneurs et les magistrats : un reste de l'ancien gouvernement féodal laisse encore aux barons la jurisdiction criminelle. Cette prérogative dont ils sont extrêmement jaloux, forme le premier anneau de cette longue chaîne de désordres qui

---

dulgence, des prérogatives dont les autres abusent avec une facilité si dangereuse. On voit, dans l'une et l'autre classe, des hommes qui unissent à toutes les qualités du cœur, les talens et les lumières nécessaires pour observer les vices d'un systême dont les autres sont les féroces défenseurs. Je connois un grand nombre de seigneurs qui desirent de voir abolir leur juridiction ; j'en connois d'autres qui la défendent de bonne foi, parce qu'ils n'en ont jamais abusé. L'esprit de bienfaisance de quelques vertueux individus de ce funeste corps, s'est montré surtout dans le dernier désastre qui a ruiné une des plus belles provinces de cet état. Je n'ai pas voulu négliger de rendre cet hommage à la vertu et à la vérité ; je dois dire aussi, que, dans les circonstances où se trouve ma patrie, l'anéantissement de la juridiction féodale seroit un remède inutile, peut-être même funeste, s'il n'étoit suivi d'un nouveau systême de distribution des fonctions judiciaires. Nos tribunaux de province sont formés sur un plan si vicieux, que l'accroissement de leur pouvoir et de leur influence immédiate seroit le pire des maux. Lorsqu'on veut corriger un abus, il ne faut pas lui substituer un inconvénient plus terrible.

sapent, par les fondemens, la liberté civile. Le seigneur choisit chaque année un juge, devant lequel doivent être portées toutes les accusations des crimes, qui, pendant la durée de sa judicature, se commettent dans l'étendue du fief. Le choix de ces magistrats dépend entièrement de la volonté du baron : il peut confier à l'homme le plus pervers une autorité dont celui-ci va bientôt abuser à son gré. Ce magistrat, qui seul reçoit l'accusation, fait les informations, écoute les parties, détermine, dirige l'instruction du procès, met l'accusé dans les liens de la justice, et statue d'abord sur la vérité de l'accusation, comme sur la peine qui en est la suite; ce magistrat, dont l'autorité est plus considérable que ne le fut jamais celle du préteur à Rome, et que ne l'est en Angleterre celle du grand chancelier; ce magistrat, tout à-la-fois dénonciateur (1), homme du fisc, et juge, n'est autre chose qu'un misérable et vil mercenaire du baron : son salaire, fixé par la loi, n'excède pas celui du plus pauvre valet. Le baron lui dérobe encore quelque chose de sa modique paie, et le force à chercher

(1) Lorsque la partie n'a point formé de plainte, c'est le gouverneur ou le juge du fief qui est chargé de constater le crime.

sa subsistance dans les rapines et les vexations de toute espèce : il mourroit de faim s'il ne voloit pas (1). Ce juge n'a d'autre intérêt que de profiter autant qu'il peut de son emploi, et d'obéir aveuglément à tous les caprices du baron. S'il avoit la hardiesse de s'opposer à ses vues criminelles, s'il étoit assez honnête pour lui résister, il n'auroit rien à attendre de sa vertu, et il auroit tout à craindre de son courage. Il ne pourroit plus parvenir à aucun *gouvernement;* il auroit beau chercher autour de lui, il se verroit toujours précédé par l'éclat de sa noble désobéissance, et de sa juste mais odieuse fermeté ; il ne trouveroit plus un seul fief où il pût être admis à exercer son métier ; car c'est de ce nom qu'il faut appeler aujourd'hui l'exercice de la fonction la plus auguste qui puisse être confiée à un homme, puisque cette fonction est devenue, parmi nous, un art, un moyen de vivre, comme tous les autres, avec cette seule différence, que *l'ouvrier en*

---

(1) Il n'y a peut-être pas un seul baron chez nous qui paie le juge ou le gouverneur de son fief. Pour éluder la disposition de la loi, le baron, avant d'accorder au gouverneur le titre de sa commission, lui fait souscrire une quittance simulée de tout le salaire qu'il auroit droit de demander.

judicature le plus pervers est celui qui profite le plus de son art.

Dévoilons un autre secret de la tyrannie seigneuriale. Avant de livrer à ce dépositaire de la loi le titre d'une juridiction si précaire et si servile, on lui fait signer un acte de renonciation, qui donne au seigneur le droit de le renvoyer, lorsqu'il refusera d'obéir à ses caprices. Ce juge, qui ne pourroit, sans crime, être dépouillé de sa charge avant la fin de l'année, doit fournir lui-même au seigneur, des armes dont celui-ci peut se servir à volonté pour se défaire de lui, et le punir de ses refus.

Quelle probité, quels sentimens de vertu peut-on attendre d'une classe d'hommes que le besoin et l'intérêt obligent d'être injustes, et que nul motif, nul espoir ne peut inviter à être honnêtes? Considérez en effet les individus qui parcourent cette misérable carrière; vous verrez des hommes que leur paresse, ou la ridicule vanité de leur famille a dérobés à la culture des terres; à qui l'ignorance interdit tout succès dans le barreau, et que leurs vices, ou leur misère extrême, ont forcés d'abandonner la capitale, où ils n'ont pu exercer aucune de ces professions qui exigent de la fortune, des talens, des mœurs. Ces hommes, vil rebut de tous les ordres de la société, deviennent parmi nous les premiers organes de la justice. Sans honneur, sans fortune, sans lumières, privés de la confiance publique, et incapables de l'obtenir, ils n'ont d'autre talent que celui de piller, de tourmenter l'homme foible, et de favoriser avec bassesse l'homme puissant.

De ces abus naissent d'autres maux. Lorsque le juge croit avoir trouvé des preuves *suffisantes*, il reste au baron le pouvoir de *transiger* avec le coupable, dans un grand nombre de crimes. La vengeance publique devient un vrai revenu seigneurial. Le propriétaire du fief et son juge contractent avec le coupable, et au moyen d'une somme que celui-ci leur paie, ils le délivrent de la peine qu'il a méritée, et font rentrer dans la société un homme qui devoit en être proscrit pour toujours, ou pour long-tems.

A ce droit funeste, qui rend inutiles les menaces de la loi, pour l'homme riche qui peut en payer la violation, il s'en joint un autre encore plus dangereux, puisqu'il donne au seigneur le moyen le plus facile de se venger de ses ennemis, et de favoriser injustement ses vils partisans. Ce droit est attaché aux investitures des fiefs ; monumens honteux de l'ancienne foiblesse des rois, de la puissance des grands, de l'oppression du peuple, qui, dans un siècle et dans un ordre de choses si différens, devroient être anéantis et immolés à la félicité publique, mais dont un faux principe d'équité fait respecter encore le titre, en faveur de l'ancienneté de la possession. Dans ces investitures de fiefs, les princes ont transféré aux barons toute l'étendue de leur pouvoir. Parmi les droits régaliens annexés à la féodalité, existe celui de *faire grace* aux condamnés. Lorsque, dans plusieurs crimes, le juge a prononcé la peine, le baron peut, d'un seul acte de son autorité, accorder au criminel l'impunité totale, ou faire tomber sur sa tête la rigueur de la loi. Ce droit, dont l'exercice appartient à peine à la souveraineté, et dont les rois eux-mêmes ont rarement fait usage, pour ne pas multiplier les crimes par l'espoir de l'impunité, ce droit est exercé par les barons avec la plus grande indifférence. L'ami du seigneur, le complice de ses crimes, l'instrument de ses attentats, est sûr de l'impunité, parce qu'il sait que sa condamnation sera bientôt suivie de *la grace*, tandis que l'honnête homme, qui a refusé de flatter les fantaisies ou les vices du baron, est sûr de sa perte, s'il a le malheur d'être frappé du bras de la justice, et d'être enveloppé

loppé dans une procédure violente et arbitraire. Cette seule prérogative, attachée à la féodalité, ne suffiroit-elle pas pour attester l'influence meurtrière de ce corps d'aristocrates, qui ne peut se soutenir que sur les ruines de la liberté du peuple et des droits de la couronne?

Mais ce n'est pas là que s'arrêtent les effets de ce système funeste. Si l'une des parties refuse de *transiger;* si la nature du crime exclut toute transaction; si l'accusé est trop pauvre pour pouvoir recourir à cette commutation de peine, s'il est enfin condamné, et que le seigneur veuille exécuter le jugement de condamnation, quelle ressource la loi offre-t-elle à son innocence? Un appel inutile à un autre juge choisi par le baron de la même manière que le premier, aussi ignorant que lui, et certainement beaucoup plus intéressé à souscrire aux vues du seigneur qui l'a choisi, puisque ce seigneur n'est pas obligé de le changer tous les ans, et qu'il peut le conserver dans cet emploi tant que cela lui plait.

Dans quelques fiefs, cet appel est suivi d'un autre; c'est-à-dire, qu'on renvoie la décision à un troisième juge, dont la manière d'être ressemble parfaitement à celle du second. Ces deux juges d'appel ne demeurent pas dans le territoire où ils exercent cette précaire et fatale juridiction ; ils en sont, d'ordinaire, à une grande distance. L'accusé ne peut donc conférer avec le magistrat qui doit le juger ; il n'a point de défenseurs sur le droit ; il ne peut ni se défendre lui-même, ni être défendu par autrui ; et le juge d'appel est obligé de déterminer son jugement sur les pièces de la procédure que le premier juge a réglées, ou pour mieux dire, faites lui-même.

Après ces deux ou trois jugemens, dictés par le même esprit, appuyés sur les mêmes pièces, prononcés par des juges également pervers, également vils, également intéressés à abuser de leur ministère; après ces deux ou trois jugemens, dont la durée fait languir le malheureux accusé dans l'horreur des cachots, et sa famille dans l'indigence et la désolation, quel secours la loi va-t-elle offrir à l'innocence si cruellement opprimée ? par quel genre de protection le gouvernement ira-t-il consoler et défendre cette victime des violences féodales ? ou plutôt quels nouveaux attentats prépare-t-on contre sa liberté ? Il n'est pas besoin d'éloquence pour en tracer le tableau : c'est par la simplicité de l'expression, que le récit des grandes infortunes fait naître de fortes sensations.

Lorsque le cours des jugemens seigneuriaux est enfin terminé, l'accusé a droit de chercher dans l'autorité publique, un asile contre l'injustice des ministres du baron ; il peut appeler de leur jugement au tribunal de la province où le fief est renfermé. Ce tribunal, établi dans la capitale de la province, est composé de trois juges choisis par le roi, mais si mal payés par le gouvernement, qu'ils ne peuvent satisfaire leurs besoins les plus pressans, sans abuser de leur pouvoir ; ils sont ainsi forcés de choisir entre l'injustice et la pauvreté.

Mais supposons que ces juges soient assez intègres pour préférer l'indigence à la corruption ; qu'ils soient assez pénétrés des vrais sentimens de l'honneur et de la justice, pour résister à la séduction de l'avidité et du besoin ; enfin qu'ils joignent à cette probité, des talens et des lumières, alors quel sera leur jugement ? sur quelles preuves pourront-ils l'établir ? Si la procédure faite par le premier juge du baron ne peut être accusée d'irrégularité, ils doivent décider sur les faits constatés par ce juge ; si la procédure peut être attaquée comme illégale, le remède devient pire que le mal. On ordonne une nouvelle information ; mais à qui sera-t-elle confiée ? A l'homme le plus vil, le plus fripon de la province ; à un *subalterne*, qui non-seulement n'est pas payé par le gouvernement, mais qui paie pour avoir le droit de le servir ; qui exerce avec infamie un ministère qu'il déshonore ; qui, en un mot, incapable de tout sentiment d'humanité, d'honneur, de justice, ne voit, dans l'exercice de sa charge, que l'heureux moyen de piller en sûreté sous les auspices de la loi.

Voilà celui à qui le gouvernement confie les fonctions les plus redoutables de la justice ; voilà l'homme public, chargé de prendre les informations dont va dépendre le sort d'un malheureux accusé. Que le lecteur ne regarde pas ce tableau comme exagéré. J'en appelle ici à la nation entière, j'en appelle à tous les infortunés qui ont été les victimes de ce système exécrable. Vous qui, loin des yeux de votre souverain, souffrez en silence les maux de votre patrie, élevez maintenant la voix, et dites quelle est la conduite de ces hommes qui désolent vos contrées. Sous un prince bienfaisant, ce n'est point un crime de dénoncer les calamités publiques ; son autorité n'a besoin, pour acquérir plus de force, que de ne pas se corrompre dans ses émanations : ses lois peuvent quelquefois ne pas faire tout le bien qu'on auroit droit d'en attendre; mais elles n'ont jamais le mal pour objet. Comme ses desirs doivent porter tout entiers sur la félicité publique, c'est un des devoirs les plus sacrés du citoyen de lui dévoiler les abus qui en ébranlent les fondemens. Dites : qui de vous n'est pas saisi d'effroi, lorsqu'un *subalterne* est envoyé dans votre pays pour constater un délit?

Sa première opération est d'emprisonner à la hâte un nombre immense de témoins, d'accusés, de complices, de gens soupçonnés. Bientôt après, le marché s'ouvre; il fixe à chacun le prix de sa tranquillité, en raison de sa fortune. Les premières et les plus horribles vexations s'exercent, ou sur le plus riche, parce qu'il peut acheter plus cher sa sûreté personnelle, ou sur le plus innocent, parce qu'il faut lui faire sentir, par la douleur, que son innocence ne suffit pas pour assurer son repos.

Tout rapport d'amitié ou de parenté avec l'accusé; tout rapport de haine ou de différend avec l'offensé; quelques légères variations dans une déposition de témoins; une circonstance omise, ou involontairement altérée par ignorance; le soupçon d'avoir, ou caché celui contre lequel il y a quelque indice, ou favorisé sa fuite; une conjecture absurde, tirée du lieu, du tems, et des circonstances de délit; chacun de ces objets offre au rapace inquisiteur un champ immense de brigandages : son grand art est de tout embrouiller, de voir partout des indices, d'accroître autant qu'il est possible l'obscurité du fait, et d'avoir toujours à sa disposition quelque misérable sur lequel il puisse faire tomber le crime, lorsque le vrai coupable est assez riche pour acheter l'impunité. Tel est le cours ordinaire de la mission de ce *subalterne*, lorsque le territoire où le crime a été commis est dans la juridiction immédiate du prince, ou que la *cour* du seigneur, si le crime a été commis dans sa juridiction, a renvoyé la cause à l'*audience provinciale*.

Mais lorsqu'il s'agit d'une accusation criminelle déjà jugée par la cour du baron; lorsqu'un innocent, condamné par les juges du seigneur, a appelé aux ministres du roi pour faire examiner l'irrégularité de la première procédure; alors les fonctions du nouvel inquisiteur deviennent plus lucratives, et il se prépare à trahir encore mieux tous les droits de la justice et de la vérité. L'intérêt du seigneur étant de cacher et de soutenir sa mauvaise foi et celle de ses ministres mercenaires, il ne manque jamais d'entrer dans le marché qu'ouvre le *subalterne*; et l'opinion de l'un est constamment l'opinion de l'autre. Cet inquisiteur, fléau de ses concitoyens, se sert de sa commission comme d'un poignard, pour égorger l'innocence.

Les informations finies, le préposé retourne dans la capitale de la province, traînant avec lui l'accusé, et les pièces sur lesquelles il a fondé sa perte. Un avocat des pauvres se charge de la défense de ce malheureux, mais avec l'indifférence, avec la froideur d'un homme qui défend une vérité qui ne l'intéresse pas. Vainement il invoque les témoins de l'innocence de ce malheureux; le perfide inquisiteur leur a inspiré assez d'effroi pour ne pas redouter leurs dépositions. Les témoins corrompus, qu'il a produits lui-même, sont les seuls qui se présentent devant les juges; ils ont déjà reçu le prix de leurs mensonges, et ils savent qu'en rendant hommage à la vérité, ils s'exposeroient à la peine terrible du parjure.

Au milieu de tant de pièges, disposés pour la ruine de l'accusé, quelle espérance pourroit-il avoir dans la justice des juges? Lorsque les pièces de la procédure attestent évidemment son crime, comment ces juges pourroient-ils connoître et défendre son innocence? Lorsque l'innocent est légalement convaincu, est-il au pouvoir du magistrat de l'absoudre ?

Mais si à la perfidie du *subalterne* vient se joindre encore la perfidie des juges ; s'ils ont un pouvoir considérable et un motif puissant d'en abuser, avec la plus grande certitude d'impunité ; s'ils inspirent une défiance universelle ; si, dans la capitale même, sous les yeux du prince, sous la vigilance immédiate du gouvernement, nous voyons, à chaque instant, les coups d'autorité frapper la tête de tous les citoyens ; si la multiplicité même des appels, qui rend les jugemens interminables, nous montre que la loi a connu tous les vices de ce systême absurde de jurisprudence, mais qu'elle a vainement cherché les moyens d'y remédier ; si ces appels, dont je ne veux pas tracer ici tous les détails, pour ne pas m'étendre sur un objet généralement connu ; si ces appels sont un secours utile au coupable puissant, plutôt qu'à l'honnête homme obscur ; si, pendant tout le cours de ces jugemens, le misérable condamné trouve presque toujours un si petit nombre de juges, que deux opinions uniformes puissent d'ordinaire déterminer la pluralité des suffrages ; si, parmi les neuf juges qui forment les trois tribunaux, il suffit, pour traîner un innocent à la mort, d'en trouver six qu'il soit facile de corrompre ou de séduire; si la liberté des récusations des juges, favorisée par la Législation romaine et la Législation anglaise, est entièrement anéantie dans ce pays et dans le reste de l'Europe; enfin, si toute condamnation, même juste, est accompagnée de violences, il faut en conclure que l'ordre judiciaire, tel qu'il existe chez nous, est un vrai système d'attentats contre les droits les plus sacrés de la liberté civile. Portons ensuite nos regards sur d'autres nations de l'Europe, et nous trouverons, dans la distribution du pouvoir judiciaire, ou les mêmes abus, ou des maux plus terribles; nous observerons, dans les pays où la féodalité subsiste encore, des prérogatives de juridiction seigneuriale, plus funestes que les nôtres; nous verrons que, dans les États de l'Europe, où l'ambition des rois et les lumières des peuples ont renversé cet antique édifice, une telle révolution n'a pas eu une grande influence sur la liberté civile, parce que les fonctions de l'autorité judiciaire y sont distribuées avec toute l'inégalité du despotisme, et nous serons convaincus que la Législation de l'Europe a besoin d'une réforme sur cet objet important. Il est donc essentiel d'indiquer un plan que l'on puisse substituer à l'ancien systême. Mais est-il possible de réussir, si l'on ne prépare d'abord les esprits, en leur faisant sentir toute la justice de cette opération politique? Comme dans les pays où les seigneurs conservent encore la juridiction criminelle, on ne pourroit faire à cet égard aucune tentative, si l'on n'avoit anéanti d'abord ce reste de l'ancienne barbarie, il est nécessaire que je prévienne ici quelques objections.

On me dira : Comment dépouiller les seigneurs de la juridiction criminelle, sans blesser les lois de la justice? Un titre juste, et une possession ancienne qui le fortifie, ne rendent-ils pas inviolables tout droit, comme toute propriété? Cette juridiction, à laquelle vous voulez porter atteinte, n'a-t-elle pas été accordée aux seigneurs, dans l'investiture qu'ils ont obtenue par leurs services ou par leur argent? Ne sont-ce pas les rois eux-mêmes qui ont remis dans les mains des barons cette portion de l'autorité publique? Si le prince ne peut altérer la constitution de l'Etat, s'il ne peut détruire les lois fondamentales du gouvernement, s'il ne peut violer le pacte en vertu duquel il est monté sur le trône, comment pourra-t-il tout d'un coup renverser les prérogatives féodales qui forment une partie de la constitution ? L'anéantissement de la juridiction féodale ne faciliteroit-il pas les progrès du despotisme, en faisant disparoître un corps intermédiaire entre le prince et le peuple ? C'est à cela que se réduit toute l'apologie de la féodalité, et telles sont certainement les premières objections que l'on opposera au plan que je vais proposer. Je répondrai à ces difficultés dans le chapitre suivant. Cette digression est nécessaire pour inspirer plus de confiance en mes idées, à ceux qui imbus, dès leur enfance, de quelques faux principes, qu'ils regardent comme des vérités inébranlables, en tirent des résultats encore plus faux et plus dangereux.

CHAPITRE XVIII.

Suite du chapitre précédent sur la féodalité.

Les droits sacrés de l'humanité et les intérêts de ma patrie me forcent d'élever la voix contre des abus que je respecterois, si je me laissois guider par mon intérêt personnel et par les rapports de mon état. La classe de la société contre laquelle j'écris, est sans doute la plus puissante de cet empire ; mais pourquoi ne pourroit-elle écouter comme les autres la voix de la raison ? En attaquant les droits imaginaires de ceux qui la composent, je suis éloigné de calomnier leur conduite ; en sollicitant la destruction des prérogatives féodales, je ne prétends point m'élever contre le respect que l'on doit à leur dignité ; mais il est sans doute permis d'observer que cette dignité, qui découle d'une noblesse originaire, seroit plus honorable, si elle n'étoit obscurcie par des prérogatives qui la rendent odieuse au peuple et aux sages.

Dans tous les gouvernemens, excepté dans les Etats despotiques, l'opinion publique a toujours accordé quelques distinctions plus ou moins importantes à la postérité de l'homme qui a illustré son nom par de grandes actions. Dans les démocraties même, où l'égalité politique tient à la nature de la constitution, il y a toujours eu une noblesse d'opinion. Il semble que les descendans d'un homme célèbre doivent hériter de son mérite, comme de sa propriété; il semble qu'ils aient un droit plus certain à l'estime publique. Dans les monarchies, cet ordre de choses doit être plus sensible, parce que l'égalité politique n'y est pas liée à la constitution. Il est juste, il est dans l'esprit de ce Gouvernement, que la noblesse y soit revêtue de quelques distinctions honorables, il est utile que l'éclat du trône ne frappe pas immédiatement les yeux du peuple, mais qu'il se répande d'abord sur cette partie de la nation qui environne le prince; que celle-ci le transmette à la classe intermédiaire entre la noblesse et le peuple, et que les rayons de la puissance suprême ne parviennent enfin aux derniers rangs de la société, qu'après avoir éprouvé différentes réfractions.

Voilà le vrai point de vue sous lequel il faut considérer la noblesse dans les monarchies. Elle doit avoir quelques prérogatives d'honneur; elle n'en doit avoir aucune de pouvoir; elle est faite pour orner le trône, et non pour en partager l'autorité; elle est moins une partie nécessaire du corps politique, que l'ouvrage des lois de l'opinion, favorisées par la constitution du Gouvernement. En un mot, sans une noblesse héréditaire, la monarchie pourroit être altérée; mais elle ne cesseroit pas d'exister. Avec une noblesse héréditaire, jointe à un pouvoir héréditaire, il n'y a plus de monarchie. Deux pouvoirs innés en quelque sorte, sont contraires, comme je le démontrerai, à cette espèce de constitution. Le seul corps qui, dans les monarchies, doive balancer l'autorité du prince, celui qu'on peut véritablement regarder comme une partie intégrante de la constitution, c'est le corps des magistrats : voilà le frein qui arrêtera les abus de l'autorité du monarque. En effet, c'est l'existence d'un corps de magistrature et la vigueur de ses opérations, qui distinguent la monarchie du despotisme.

Mais la magistrature n'est point héréditaire; le pouvoir du magistrat n'est point donné par la naissance : tous les membres de ce corps sont choisis par le roi. En montant sur le trône, il peut éloigner ceux que son prédécesseur a créés; il peut renvoyer ceux qu'il a nommés lui-même, toutes les fois qu'il vient à reconnoître l'erreur de son choix.

Je ne fais qu'indiquer ces idées, afin de ne pas répéter ce que j'ai dit dans le premier livre de cet ouvrage ; et je passe tout de suite à l'objection la plus forte des partisans de la juridiction féodale.

Nous avouons, disent-ils, que le corps des magistrats balance l'autorité du roi dans nos monarchies, et que cette classe d'individus forme un véritable corps intermédiaire entre le prince et le peuple. Mais le corps des nobles ou des seigneurs ne produit-il pas le même effet, et ne doit-il pas, par cette raison, être considéré sous le même point de vue? Si vous voulez empêcher un corps, placé sur un plan incliné, de descendre suivant la direction de sa gravité, n'y parviendrez-vous pas beaucoup plus sûrement par deux obstacles que par un seul? Or la monarchie penche constamment vers le despotisme. Si nous pouvons l'arrêter par deux obstacles, pourquoi ne lui en opposer qu'un? Tant que la féodalité sera liée à la noblesse, le prince n'aura-t-il pas besoin d'un degré de force de plus, pour renverser les barrières qui sont établies contre sa tyrannie?

Tel est le voile de patriotisme et de liberté dont on couvre un systéme absurde, qui joint tous les vices de l'anarchie aux horreurs du despotisme. L'ignorance des vrais principes de la politique a pu seule donner quelque apparence de force à cette objection.

Dans chaque espèce de Gouvernement, l'autorité doit être balancée, et non divisée; les différentes parties du pouvoir doivent être sagement distribuées, et non troublées dans leur cours. Il ne peut y avoir qu'un centre d'autorité ; chaque exercice particulier du pouvoir doit partir immédiatement de ce point, et y retourner continuellement. Sans cette unité, il n'est point d'ordre public, il n'est point de Gouvernement, puisque l'anarchie n'est que la destruction de cette unité. Dans la démocratie, par exemple, le peuple qui exerce lui-même la souveraineté, peut dire : Je veux qu'il y ait un sénat qui me propose les lois que j'examinerai, et qui recevront de moi la sanction de l'autorité; je veux qu'il y ait différens ordres de magistrature, et je remets à chacun d'eux le dépôt d'une partie de mes lois, afin qu'ils les appliquent aux cas particuliers pour lesquels elles ont été établies ; je veux que quelques personnes s'occupent s'occupent de la tranquillité intérieure de la république, et prennent soin des affaires du dehors; qu'il y ait un édile pour maintenir l'ordre dans les spectacles, un général pour être à la tête des armées, un censeur pour veiller sur les mœurs publiques, un préteur pour présider aux jugemens, un pontife pour régler le culte. Je nommerai aux charges de la république les citoyens qui en seront dignes; je fixerai la durée de leur magistrature; je donnerai à chacun une force proportionnée aux fonctions de son ministère; j'indiquerai les limites de chaque juridiction, et je prononcerai des peines terribles contre ceux qui oseront les franchir. Cet acte, par lequel seroit établie la constitution de la république, ne feroit que distribuer l'exercice des différentes parties du pouvoir : la souveraineté ne seroit pas divisée; elle resteroit toujours dans le peuple. Les fonctions publiques y seroient réparties de manière, que chacun des dépositaires de l'autorité en auroit une portion suffisante pour empêcher les autres d'abuser de leur pouvoir, et pour concourir à l'intérêt général : ainsi resteroit inaliénable, une autorité indivisible de sa nature, laquelle réside exclusivement dans le corps qui représente et exerce la souveraineté.

Il en est de même d'une monarchie régulière. L'autorité des magistrats n'est pas une aliénation de l'autorité; le pouvoir qu'ils exercent n'est pas un démembrement de la souveraineté. Chargés d'appliquer aux circonstances particulières les lois générales que le monarque a dictées; ils s'opposent aux abus qu'il pourroit faire de son autorité, si l'exercice de la puissance exécutive s'unissoit à l'exercice de la puissance législative. Ils balancent cette autorité, mais ils n'en diminuent pas la force. L'unité de pouvoir subsiste, avec toute son énergie, dans cette distribution; car on ne peut pas dire que celui qui fait exécuter sans pouvoir commander, ait une portion de l'autorité; il n'en est que l'instrument, que l'organe.

Dira-t-on la même chose d'une monarchie féodale? Qu'est-ce que la féodalité? C'est une espèce de constitution, où l'Etat est divisé en une multitude de petits Etats, la souveraineté en une foule de petites souverainetés; où la couronne est dépouillée de ses prérogatives incommunicables; où l'exercice de l'autorité n'est point distribué, mais où l'autorité est elle-même divisée et aliénée; c'est un gouvernement qui rompt le lien social, au lieu de le resserrer; qui donne au peuple plusieurs tyrans, au lieu d'un roi; qui, loin d'empêcher le monarque de faire le mal, multiplie autour de lui les obstacles qui l'éloignent du bien; qui place entre le prince et le peuple un corps puissant, toujours occupé à usurper les droits de l'un, et à opprimer l'autre; qui, en un mot, mêlant sans cesse une aristocratie tumultueuse à un despotisme divisé, offre la dépendance de la monarchie, sans l'activité de sa constitution, et le tumulte de la république, sans sa liberté: tels sont les caractères du systême féodal. Il suffit de lire les investitures de nos fiefs, pour observer cette subdivision de l'État et de la souveraineté. Je ne parle pas de l'ancien gouvernement féodal. Qui ne sait combien étoient excessives l'indépendance et l'autorité des barons? Je ne parle pas de ces tems où les seigneurs n'avoient pas la moindre idée du droit civil, et ne connoissoient que le droit des gens. Je ne m'occupe que du gouvernement féodal, tel qu'il existe parmi nous et chez plusieurs autres peuples de l'Europe, et j'ose dire que, malgré toutes les altérations qu'il a essuyées, et les progrès sensibles qu'a faits la monarchie dans ces derniers tems, cet antique systême de pouvoir offre encore une foule d'abus destructifs de l'ordre social. L'investiture d'un fief, par exemple, est un acte solennel, par lequel le souverain donne ou vend à un particulier et à ses descendans une grande partie de son autorité sur une portion de ses sujets, lesquels, sans leur aveu, sont dépouillés de leur condition politique, dévoués à une servitude qu'ils ne connoissoient pas, obligés à des devoirs nouveaux, privés de leurs droits les plus précieux, soustraits à la juridiction immédiate du prince, pour passer sous celle d'un homme qu'ils avoient jusque-là regardé comme leur égal; mais qu'ils doivent, dès ce moment, respecter comme leur maître, comme leur souverain visible, comme le petit monarque de leur territoire. Le baron, dira-t-on, n'est que le magistrat du prince. Je le demande, peut-on, sans confondre toutes les idées, donner le nom de magistrat à un homme dont la juridiction consiste, non à appliquer aux circonstances particulières les lois générales que le prince a publiées, mais à exercer dans toute leur étendue les droits de la souveraineté? Peut-on appeler magistrat du prince, un homme supérieur en quelque sorte aux lois, qui nomme des juges pour l'administration de la justice, soit civile, soit criminelle, qui a droit de faire grace, de soustraire un coupable à la peine qu'il a méritée, et de convertir une peine afflictive en une peine pécuniaire ? Peut-on appeler magistrat, un homme qui exige de ses sujets des contributions réelles et personnelles, qui exerce sur leur personne et sur leurs ouvrages, des droits qui appartiennent à peine à la souveraineté, qui ne fait pas usage de ce pouvoir au nom du prince, mais en son propre nom, qui transmet toute son autorité à ses descendans, la fait passer à ses filles au défaut d'enfans mâles, et qui, dans plusieurs pays, en Sicile, par exemple, peut la vendre ou la donner à qui il lui plaît ?

Qui ne voit, d'après ces réflexions, que la féodalité est une véritable aliénation, une division du pouvoir souverain, lequel de sa nature est indivisible? qui ne voit dans les fiefs autant de petites monarchies, où l'autorité du souverain commun n'existe que d'une manière indirecte, au lieu d'être également distribuée, également présente dans toutes les parties de l'Etat? qui ne voit, dans la foiblesse même de ces petits monarques, le besoin qu'ils ont d'opprimer continuellement leurs sujets ; car l'oppression et la tyrannie ont toujours été et seront toujours les compagnes inséparables de tout gouvernement foible? Quand même le corps des seigneurs auroit assez d'énergie pour arrêter les progrès du despotisme ; quand même l'expérience de tous les âges n'attesteroit pas que les rois se sont constamment servis des bras de leur noblesse pour opprimer le peuple, et qu'elle s'est toujours empressée de seconder leurs violences, lorsqu'elle devoit en partager les fruits ; pourquoi voudroit-on remédier à un mal, par un mal encore plus grand ? La liberté civile ne gagneroit-elle pas beaucoup plus à la suppression de cet obstacle, que la liberté politique n'y pourroit perdre ?

Ces réflexions en amènent une autre. Il y a dans toute société deux espèces de force ; l'une physique, l'autre morale. La première est dans l'homme ; la seconde, dans le gouvernement. Chaque forme de gouvernement a des avantages et des inconvéniens qui lui sont propres. L'avantage particulier d'une monarchie bien organisée est, que la force morale s'y combine toujours avec la moindre quantité possible de force physique. Dans la démocratie, la force morale est unie à la plus grande force physique : c'est pour cela que la liberté civile y est quelquefois sacrifiée à la liberté politique. Un peuple libre, dont un orateur éloquent échauffe le courage, n'est arrêté par aucune crainte. Le décret de l'assemblée est le décret du souverain, qui joint à toute la force morale, le plus grand degré de force physique. Une loi injuste, promulguée dans les comices, est garantie par les forces individuelles de tous ceux qui ont concouru à l'approuver.

Cela n'arrive pas dans une monarchie bien réglée : la force morale y réside dans un individu, dont la force physique est la même que celle de tout autre individu de la société. Si dans cet état il n'y a point d'armées sur pied (établissement infiniment dangereux, à mon avis, et incompatible avec la modération de cette espèce de gouvernement (1), le monarque est de tous les hommes le plus foible, lorsqu'il veut faire le mal. Il n'y a qu'une loi utile à la plus grande partie des citoyens, qui, dans ce gouvernement, puisse être appuyée de la force physique, et garantie par le plus grand nombre des individus de la société. La loi la plus utile au grand nombre est la loi la plus juste.

D'après ces idées, que nous aurons occasion de développer beaucoup mieux dans une autre partie de cet ouvrage, il est aisé de voir que cet avantage de la consti-

(1) Voyez ce que j'ai dit sur ce sujet, tome 2, chapitre 7.

tution monarchique, propre à suppléer, du moins en partie, à l'avantage inestimable de la liberté politique des républiques, est presque anéanti par le systême féodal. Les seigneurs, ces petites et innombrables portions de la souveraineté, au lieu de diminuer la force physique de l'individu qui possède toute la force morale, ne font que l'accroître ; ils ne sont pas de la moindre utilité pour le monarque, lorsqu'il s'occupe des intérêts de la plus grande partie de la société ; parce que, dans ce cas, l'autorité du prince est appuyée de toute la force physique des individus ; mais ils peuvent lui offrir un très-grand secours, lorsqu'il a formé le projet de nuire à la société. Une loi qui favorise directement ou indirectement, aux dépens du peuple, l'intérêt imaginaire du prince et le véritable intérêt des nobles, trouvera en eux autant de défenseurs. S'agit-il de rendre la condition du peuple meilleure, en sacrifiant quelqu'une de leurs absurdes prérogatives ? ils n'éleveront la voix que pour s'y opposer. Une multitude de faits très-connus atteste cette vérité, et la conséquence qu'on en peut tirer, c'est que le pouvoir des seigneurs est un obstacle aux progrès de la liberté civile du peuple, plutôt qu'à ceux du despotisme.

Mais, dira-t-on, si l'utilité publique exige l'anéantissement de la juridiction féodale, la justice peut-elle le permettre? cette juridiction n'est-elle pas fondée sur un titre juste? ceux qui la possédent ne l'ont-ils pas, ou reçue de leurs aïeux, ou acquise du prince? Si ces titres n'existent plus, une longue prescription ne doit-elle pas garantir le propriétaire? Un roi peut-il porter atteinte à des prérogatives accordées ou maintenues par ses prédécesseurs. En montant sur le trône, n'a-t-il pas tacitement promis de respecter tout ce qui tient à la constitution de l'Etat? Tels sont les motifs de justice qu'on allègue, au défaut du principe d'intérêt politique dont j'ai démontré l'absurdité. Pour sentir toute la foiblesse de ces raisons, il suffit de revenir aux principes que j'ai établis.

Il ne peut exister dans une monarchie qu'un pouvoir héréditaire, et ce pouvoir est celui du monarque. Pour éviter les troubles d'une élection et les malheurs d'un interrègne, la nation a établi que le fils du monarque succéderoit à son trône ; elle a préféré le malheur incertain d'avoir un chef imbécille, au malheur constant d'être déchirée par des divisions, à la mort de chaque prince. On n'a pas cru qu'un homme pût acquérir, par sa naissance, le droit de commander à d'autres hommes; mais on a pensé qu'il falloit fixer la succession au trône d'une manière propre à arrêter toute dispute et toute prétention; en un mot, on a décidé que le fils aîné du roi seroit l'héritier de sa couronne, comme on décida jadis, en Perse, que celui dont le cheval auroit henni le premier, seroit le chef de la nation. Telle est la véritable origine des monarchies héréditaires.

Il ne faut donc pas confondre les motifs qui ont donné lieu à cette forme de souveraineté, avec ceux qui servent de base à toute autre espèce de pouvoir héréditaire dans un Etat. L'expérience a appris que les inconvéniens d'une souveraineté héréditaire étoient moins dangereux que ceux d'une souveraineté élective; mais il n'y a que l'erreur, les préjugés, et l'ignorance de tous les principes de la raison et de la politique, qui puissent faire regarder comme utile une autre sorte de pouvoir héréditaire.

Les récompenses sont dues aux actions, et les charges aux talens : voilà ce que dictent la raison et la politique. Un fils peut avoir droit d'hériter des récompenses obtenues par son père; mais quel droit a-t-il d'hériter de ses charges ? Cette portion de pouvoir qu'on avoit confiée à celui-ci, parce que l'on connoissoit toute l'étendue de son mérite et de sa probité, peut-elle être réclamée par l'autre comme une partie de l'héritage paternel? Le fils d'un homme vertueux et éclairé en a-t-il donc nécessairement les vertus et les lumières? Il n'est au contraire rien de plus commun, que de trouver dans le fils d'un grand homme, l'être le plus stupide et le plus pervers? Je le répète; dans une monarchie où le prince est obligé de voir une portion considérable de l'autorité publique passer sans cesse du père au fils, et de familles en familles, comme un bien de patrimoine, ce chef de la nation ne peut répondre au peuple de l'exercice de sa souveraineté, puisqu'il ne peut répondre des personnes qu'il n'a pas choisies, et qu'il trouve en possession de l'autorité, au moment qu'il monte sur le trône.

Mais la féodalité, diront les seigneurs, et la succession au pouvoir féodal, ont été accordées par les rois eux-mêmes. Nos ancêtres ont obtenu ces prérogatives par leur mérite ou leur argent. Chaque prince, en montant sur le trône, a tacitement ratifié ces concessions, et en a établi d'autres. Comment pourroit-il donc les abolir. Je le demande à mon tour; le roi est-il propriétaire absolu de la souveraineté, ou n'en est-il que l'administrateur ? S'il en est le propriétaire absolu, nul doute qu'il ne puisse l'aliéner, la faire passer à qui il lui plaît, en totalité ou en partie, la céder à son favori, ou la donner à sa maitresse pour prix de ses faveurs. Mais quel homme a jamais porté la démence au point de soutenir un pareil systême ? Si la force a fait monter un individu sur le trône, et qu'il n'ait d'autres titres que ceux de la conquête, il ne sera point le souverain de l'empire, il en sera l'ennemi. L'état de la nation sera alors un état de guerre contre l'usurpateur, et chaque acte de sa souveraineté, un acte illégitime, un coup de tyrannie (1). Le peuple, dépositaire immuable de la souveraineté, peut seul en légitimer l'exercice dans la personne de l'administrateur que nous appelons roi, monarque. Ce consentement général, soit exprès, soit tacite, est sans doute l'unique fondement des droits du prince. Si celui-ci n'est donc qu'un simple usufruitier de la couronne, qu'un simple administrateur de

(1) La conquête, dit Locke, est l'origine et le fondement des Etats, comme la démolition d'une maison est la cause de la construction d'une autre. (*Du gouvernement civil*, *chap.* 15.)

la souveraineté, comment peut-il en aliéner quelques parties, au préjudice du peuple ou de ses successeurs? A-t-il droit de créer des coopérateurs pour ceux qui doivent succéder à ses fonctions? a-t-il droit d'ordonner qu'une partie de l'autorité publique sera exercée par des familles privilégiées? a-t-il droit d'établir qu'une telle autorité deviendra une propriété exclusive pour la postérité de ces familles, quelque indigne qu'elle en puisse être par son ignorance et ses vices? a-t-il droit, en un mot, de fonder sur un service particulier rendu à la couronne, ou sur un contrat vénal, le privilège absurde de commander à une portion de ses concitoyens, et d'être puissant avant de naître? Toute concession de cette nature, quel qu'en soit le titre ou le motif, est donc en elle-même illégitime, et par conséquent nulle. Elle est contraire à l'ordre public, parce qu'elle aliène et divise une partie de la souveraineté, parce qu'elle diminue la force morale du monarque, et augmente sa force physique, parce qu'elle affoiblit en lui le pouvoir de faire le bien, et accroit la force de faire le mal. Elle est contraire à l'esprit de la monarchie, parce qu'elle introduit dans l'Etat deux pouvoirs héréditaires. Elle porte atteinte aux successeurs du monarque, parce qu'elle leur donne des coopérateurs qu'ils ne peuvent exclure, qui ne tiennent pas d'eux leur autorité. Elle nuit à cette portion du peuple qu'elle soumet au pouvoir féodal, parce qu'elle la condamne à tous les maux qui naissent d'une autorité héréditaire, et d'une supériorité qui n'a pas le mérite pour base. Mais de quoi servira-t-elle à ce noble qui la possède, à ce noble qui croit que la destruction du pouvoir féodal seroit une perte réelle pour lui, et que la noblesse, une fois privée de ses prérogatives, perdroit tout son éclat, toute sa dignité? Vaines et absurdes distinctions, hommages serviles, dignités vénales, pouvoir dont l'homme le plus vil de la terre peut être revêtu, pourvu qu'il ait de quoi le payer... tels sont les droits seigneuriaux auxquels les nobles de ce pays attachent tant d'honneur; telle est la juridiction précieuse qu'ils cherchent à conserver avec tant de soin, sans réfléchir aux maux qu'elle cause à la société, et aux sacrifices de toute espèce qu'elle exige chaque jour de leur fortune et de leur vertu.

O hommes ignorans et vains, jusques à quand les préjugés de votre éducation résisteront-ils aux efforts continus de la raison du siècle? jusques à quand conserverez-vous, avec une jalousie si inquiète et si ridicule, un pouvoir qui vous rend odieux au peuple, vous donne pour égaux des gens que vous avez eus pour serviteurs, et vous soumet à toutes les vexations d'un gouvernement qu'aigrit sans cesse une juridiction qu'il ne croit pas avoir la force de détruire? Ne gagneriez-vous pas beaucoup en perdant cette autorité abusive, si le prince renonçoit au droit de *dévolution*, et s'il obligeoit vos vassaux à vous dédommager, par un rachat forcé, de la perte de ces légers avantages qui naissent de vos absurdes prérogatives ? La pleine et absolue propriété de vos terres féodales ne seroit-elle pas plus utile pour vous, que ne peut l'être cette honteuse et détestable Satrapie qui vous condamne à tant de dépenses, et vous expose à tant de risques ? Ces terres, aujourd'hui inaliénables, n'acquerroient-elles pas une valeur nouvelle en rentrant dans la circulation ? Cette opération, rendant la liberté aux personnes et aux choses, animeroit tout à la fois l'industrie, l'agriculture, et la population. L'aliénabilité des terres féodales multiplieroit les hommes, en multipliant les propriétaires, et la liberté de diviser ces grandes masses entre tous les individus d'une famille, effaceroit ces ridicules distinctions qui séparent les enfans d'un même père, rétabliroit une grande partie des citoyens dans l'exercice de leurs droits naturels et imprescriptibles, diminueroit le nombre de ces célibataires nobles, plongés aujourd'hui dans des désordres que les menaces de la loi et de la religion ne peuvent arrêter. Aux avantages de la population, viendroient s'unir ceux de l'agriculture, puisque, comme nous l'avons observé dans le livre précédent (1), la plupart des abus qui arrêtent les progrès de l'agriculture, naissent des lois féodales. Enfin, l'industrie, excitée par la liberté personnelle et par la liberté réelle, et favorisée par l'équilibre que ce changement introduiroit dans les fortunes des citoyens, ajouteroit encore à la prospérité publique. Le trésor du fisc se ressentiroit, il est vrai, de ce sacrifice. En renonçant à la *dévolution* des fiefs, le roi perdroit une des principales sources de ses revenus; mais cette perte seroit compensée, d'un autre côté, par les avantages les plus importans. Les richesses du prince étant celles du peuple, ses revenus augmenteroient avec ceux de ses sujets; le pouvoir féodal entraîneroit, dans sa chûte, un des plus grands obstacles qui s'opposent à la réforme du système des contributions publiques.

(1) Tome 2, chapitre 12.

publiques. Le rétablissement des droits de la souveraineté, et leur réunion dans la personne du monarque, rappelleroient le bon ordre au milieu de la société. Un pouvoir étranger n'obscurciroit plus l'éclat de la couronne, et le prince, n'étant plus distrait par le desir de rentrer dans l'exercice de ses droits, pourroit s'occuper uniquement de sa gloire, c'est-à-dire, du bonheur de ses sujets. L'autorité souveraine, toute-puissante pour faire le bien, ne connoîtroit d'autres bornes que celles de la justice. Le prince, laissant toute la puissance exécutive aux magistrats, seuls capables d'arrêter les abus de l'autorité souveraine, pourroit alors corriger, réformer, perfectionner les lois, sans voir ses intentions bienfaisantes constamment traversées par un corps qui, ayant des intérêts directement contraires à ceux du peuple, ne manque jamais d'empêcher ou de calomnier toute innovation utile. Enfin, le plan universel de réforme pour le systême de la procédure criminelle que je propose ici, et le plan particulier que je vais exposer, sur la nouvelle distribution des fonctions judiciaires, pourroient alors être établis et exécutés, sans que l'autorité législative rencontrât le moindre obstacle.

CHAPITRE XIX.

Plan d'une nouvelle distribution des fonctions judiciaires dans les affaires criminelles.

Après avoir exposé le systême des Romains et des Anglais sur la distribution des fonctions judiciaires dans les jugemens criminels ; après avoir observé tous les défauts du systême qui règne chez nous et chez la plupart des nations de l'Europe ; après avoir montré combien il est facile de renverser les obstacles qui arrêteroient toute réforme en ce genre, il est tems de proposer un plan que l'on puisse substituer à l'ancienne méthode. N'imitons point ces politiques atrabilaires, qui épuisent leur éloquence à déclamer contre les maux qui tourmentent les peuples, sans leur offrir le tableau consolant des moyens qui doivent les ramener au bonheur. De tels écrivains sont plutôt des perturbateurs du repos public, que des bienfaiteurs de l'humanité. J'irois directement contre l'objet de cet ouvrage, si je tombois dans un pareil défaut. Quelqu'un me reprochera peut-être d'avoir perdu cet objet de vue, parce que j'ai exposé dans ce livre les usages de quelques peuples anciens et modernes; mais je le prie de ne point attribuer ces détails au desir de faire parade d'une vaine érudition : mon unique motif a été de disposer le lecteur en faveur de mes idées. Lorsque les opinions d'un écrivain ne sont point appuyées sur les faits et sur l'expérience, le plus grand nombre des hommes, toujours prévenu contre ce qui porte le caractère de la nouveauté, dédaigne et rejette ces opinions comme d'absurdes et inutiles spéculations. Le plan de réforme que je vais proposer sur cette partie de la Législation criminelle, relative à la distribution des fonctions judiciaires, n'est que le résultat du systême judiciaire des Anglais, combiné avec celui des Romains; j'y mêlerai quelques modifications, dont une étude profonde de cette matière m'a démontré la nécessité, et qui doivent lier ce plan aux principes que j'ai développés dans le premier livre, et l'approprier à l'état de chaque nation, à la nature de chaque gouvernement. Je passe à l'exposition de mon plan.

ARTICLE PREMIER.

Division de l'Etat.

L'Etat devroit être divisé en plusieurs petites provinces, et chaque province devroit avoir dans son centre un siège de l'autorité judiciaire. Cette distribution locale serviroit à accroître la vigilance de la justice, et accélérer ses opérations. Il en résulteroit un autre avantage considérable.

La connoissance du caractère et des mœurs de l'accusé, cette connoissance que la loi ne peut donner au juge ; qu'elle ne peut exiger de l'accusateur, qu'elle ne peut recevoir des témoins, est cependant d'une grande importance pour l'exactitude du jugement. Cette connoissance ne peut entrer dans le systême des preuves légales ; elle doit néanmoins influer beaucoup sur la détermination de la certitude morale du juge. Un homme, connu pour la douceur et l'aménité de ses mœurs, est accusé d'une action atroce ; une jeune personne, timide et foible, est accusée d'un crime difficile à exécuter, et qui suppose de l'audace ; un citoyen, estimé pour sa probité, est accusé, devant le tribunal, d'un attentat infame. Quel est le juge qui, dans ces cas, n'exigeroit pas, pour admettre l'accusation, des preuves beaucoup plus certaines qu'il n'en demanderoit s'il ne connoissoit pas le caractère de ces individus? Les preuves qui suffiroient pour déterminer sa certitude morale contre un accusé dont le caractère justifieroit l'accusation, pourroient-elles déterminer cette certitude dans les cas dont nous venons de parler? Qui de nous, malgré toute l'exactitude de la preuve légale, ne condamneroit pas plutôt *Anitus* comme calomniateur, que *Socrate* comme coupable? Il ne faut pas croire que tous les hommes soient capables de faire les mêmes choses; il ne faut pas croire que le vice naisse tout d'un coup avec tout son excès de force, et qu'un instant suffise pour passer de l'innocence à la perversité la plus profonde. Non, la nature n'a point ainsi formé le cœur de l'homme. Le crime a ses degrés, ainsi que la vertu, et dans le physique, comme dans le moral de l'homme, le bien et le mal croissent et se développent d'une manière insensible. Cette vérité est incontestable; d'excellens esprits l'ont démontrée avec beaucoup de force; mais elle n'a pu pénétrer encore dans les tribunaux, pour lesquels elle paroissoit surtout destinée.

Le systême judiciaire qui règne aujourd'hui, fait de cette vérité une simple notion spéculative. Dans un pays où la loi met une si grande distance entre l'accusé et le juge, comment pourroit-on espérer que celui-ci connût le caractère de l'autre? Le caractère d'un homme est indiqué par l'habitude de ses actions. Pour connoître le caractère de quelqu'un, il faut donc être accoutumé à le voir. Que l'on resserre, autant qu'il sera possible, l'espace qui sépare l'accusé du juge; que les magistrats qui doivent décider du fait ne soient ni en petit nombre, ni perpétuels; qu'on les choisisse dans la province même où ils doivent exercer leur ministère; que cette province n'ait pas beaucoup d'étendue, et alors le caractère de l'accusé sera plus facilement connu des magistrats, ou du moins d'une partie des magistrats qui doivent le juger.

ARTICLE II.

Choix des magistrats qui doivent présider.

Le prince choisiroit, parmi les personnes les plus respectables de chaque province, le magistrat qui, sous le nom de président, seroit chargé d'exercer les fonctions suivantes.

ARTICLE III.

Fonctions de cette magistrature.

Ce magistrat recevroit toutes les accusations produites avec les formalités de la loi (1), ou par les parties offensées, ou par des particuliers, ou par le *magistrat accusateur* (2), contre un citoyen ou un étranger; il indiqueroit à l'accusateur la formule d'accusation propre pour le fait qu'il dénonce, toutes les fois que cet accusateur lui demanderoit ses lumières sur cet objet (3); il remettroit au *magistrat accusateur* les accusations intentées par ceux qui n'auroient pas les qualités prescrites par la loi (4). Dans le cas où plusieurs personnes se réuniroient pour dénoncer le même crime et accuser la

---

(1) Voyez le chapitre 3 de ce livre.

(2) Je prie le lecteur de lire ce que j'ai dit sur ce magistrat accusateur, dans le chapitre 5 de ce livre.

(3) J'ai indiqué le motif de cette disposition dans le chapitre 4 de ce livre, page 60 et 61, note 1.

(4) Si l'accusateur particulier n'avoit pas les qualités prescrites par la loi, le magistrat accusateur seroit obligé de prendre sa place. Voyez ce que j'ai dit sur cet objet, chapitres 4 et 5.

même personne, le magistrat renverroit cet objet (1) au juge du droit, dont je parlerai tout-à-l'heure. Il feroit assigner l'accusé devant son tribunal, l'instruiroit de l'accusation formée contre lui, et s'assureroit de sa personne, ou en lui faisant donner une caution, si la nature du crime le permettoit, ou en le retenant dans les prisons, suivant la manière que nous avons indiquée (2). Il recevroit le serment de calomnie de l'accusateur, et présideroit au jugement, comme le préteur de Rome. Il veilleroit sur l'ordre de la procédure, et prendroit toutes les précautions nécessaires pour que les deux parties, ainsi que les témoins produits par elles, fussent présens le jour que le jugement seroit rendu. Il formeroit la liste des juges du fait, et les choisiroit parmi les citoyens de sa province, revêtus des qualités légales dont nous parlerons ci-après. Enfin, il feroit exécuter la sentence, résultat du jugement des juges du fait, combiné avec celui des juges du droit.

---

(1) Voyez le chapitre 2, page 23.

(2) Voyez le chapitre 7 de ce livre.

ARTICLE IV.

Durée de cette magistrature et ses honoraires.

On observe, dans le caractère moral des hommes, un penchant plus ou moins sensible vers le changement : cette inconstance se communique au gouvernement. Le seul remède que l'on puisse opposer à ce mal, c'est la courte durée des magistratures : les faits justifient cette assertion. On voit, dans nos monarchies, une fluctuation qu'on ne trouve pas dans les républiques. Là, toutes les lois passent, pour ainsi dire, de l'enfance à la décrépitude, de l'existence à l'oubli, avec une rapidité dont il n'est pas possible d'exprimer les degrés. Un torrent, formé tout d'un coup dans la saison des pluies, traverse, en grondant, les vastes campagnes, ravage, entraîne tout dans son cours. A peine l'été est-il arrivé, qu'on n'apperçoit plus les traces de son passage. Tel est le sort, telle est l'image des lois dans nos monarchies ; elles s'annoncent d'abord avec éclat : mais bientôt elles tombent dans l'oubli le plus profond.

Il n'en est pas de même dans les républiques; les lois y conservent, pendant plusieurs siècles, leur première énergie; on y voit les anciennes lois souvent corrigées, souvent abolies, rarement négligées. Il y a plusieurs causes de cette différence; la principale est que, dans les monarchies, les magistratures sont perpétuelles, et que, dans les républiques, elles ont une durée très-courte. Dans les unes, on laisse au magistrat le tems de se livrer à l'inconstance, de s'abandonner à une inclination naturelle à l'homme; dans les autres, on prévient cet abus par le changement continuel des magistratures: le citoyen y est magistrat pendant tout le tems où il peut montrer du zèle et de la constance, et c'est par cette combinaison de magistrats successifs, que se forme un gouvernement dont la base est immuable. . . . . .

Pour obtenir dans les monarchies cet avantage de l'état républicain, il suffiroit donc d'en adopter le système, autant que la nature du gouvernement peut le permettre. Si l'on se rappelle combien sont importantes les fonctions du président dont nous avons parlé, on doit sentir combien tout abus seroit dangereux sur ce point. On rendra donc cette magistrature annuelle; mais le prince pourra y nommer plusieurs fois la même personne, après l'intervalle au moins d'une année.

Une telle disposition auroit trois avantages : elle préviendroit les effets de l'inconstance du magistrat, par la courte durée de la magistrature ; elle l'empêcheroit d'abuser de son autorité, en ouvrant une voie aux accusations que toute personne auroit droit de former contre lui après l'expiration de sa magistrature ; enfin elle l'engageroit à exercer ses fonctions avec beaucoup de zèle, par l'espoir d'être nommé de nouveau, après un court intervalle, pour prix de ses lumières et de ses vertus.

Les honoraires assignés à cette charge seroient proportionnés à son éclat et à sa dignité. Le prince doit répandre ses libéralités sur les ministres de la justice. Le grand intérêt de l'Etat est que tout homme revêtu d'une portion de l'autorité, n'ait pas besoin d'en abuser, pour vivre avec cette décence qu'exige l'honneur de sa charge. Si les princes eussent connu cette vérité, ils auroient moins donné à leurs favoris, à leurs courtisans, aux instrumens de leurs plaisirs, et auroient mieux récompensé leurs magistrats. Ce que je dis ici sur les présidens s'applique naturellement à tous les autres ministres de l'autorité judiciaire.

ARTICLE V.

Des juges du fait.

Le président, comme nous avons dit, formeroit la liste des juges du fait. C'étoit là une des plus honorables prérogatives du préteur urbain chez les Romains, comme elle l'est encore du Sheriff chez les Anglais. Chaque président commenceroit l'exercice de sa magistrature par cette opération importante. Parlons maintenant des qualités que la loi devroit exiger de ces juges, de leurs fonctions, et de leur nombre dans chaque province et pour chaque jugement.

ARTICLE VI.

Qualités que la loi devroit exiger de ces juges.

Il suffit, pour examiner la vérité d'un fait, d'être doué d'un esprit juste : cette justesse est plus souvent un don de la nature, que l'ouvrage de l'éducation. Un homme qui n'est ni imbécille ni fou, qui a de la liaison dans les idées, et quelque connoissance des hommes et des choses, peut appercevoir la vérité ou la fausseté d'une accusation, d'après les raisons avancées par les deux parties. La plupart des hommes pourroient donc, à un certain âge, être chargés par la justice de constater les faits. Mais la probité n'est pas aussi commune que la raison. Les lois ne pourroient fixer, pour le choix de ces juges, que les qualités négatives ; la détermination des qualités positives seroit abandonnée à la volonté du président. Voici les qualités négatives.

Un âge au-dessous de vingt-cinq ans ; un patrimoine qui n'excède pas une valeur prescrite (1); l'imbécillité ou la folie, produites par l'âge, les maladies, l'organisation, ou quelque autre cause ; l'exercice d'un métier infame ; une instruction criminelle ; une condamnation à quelque peine afflictive ; telles sont les qualités négatives qui devroient être fixées par la loi pour déterminer l'incapacité. Le président choisiroit les personnes qui annonceroient le plus de dispositions pour remplir ce ministère.

---

(1) Je ne fixe pas ici cette valeur, parce que mon objet est d'exposer des idées générales, et non d'écrire pour un seul pays. Il faudroit, pour la déterminer, connoître l'état des richesses de chaque peuple : on sait quelle est cette valeur en Angleterre.

ARTICLE VII.

Fonctions de ces juges.

En exposant les règles de jurisprudence qui devroient déterminer la certitude de la loi, j'ai dit que les juges du fait seroient chargés de constater la vérité, la fausseté, ou l'incertitude de l'accusation, en combinant leur propre certitude avec la certitude légale. J'ai dit que d'abord ils décideroient de l'existence ou de la non-existence de la preuve légale, et ensuite de la vérité, de la fausseté, ou de l'incertitude de l'accusation. Pour ne pas répéter tout ce que j'ai établi à cet égard, je renvoie le lecteur aux deux chapitres qui renferment le développement de mes idées. J'ajouterai seulement ici, qu'il devroit être défendu aux juges de sortir de la salle du jugement, avant d'avoir formé une décision unanime. C'est une modification de la loi d'Angleterre, qui défend en outre aux juges, de manger, de boire et de se chauffer pendant tout cet espace de tems. Un juge, doué d'une constitution robuste, et capable de supporter patiemment la faim, la soif, et le froid, pourroit entraîner vers son opinion tous les autres juges.

La simple prohibition d'abandonner le lieu du jugement, seroit un moyen beaucoup moins dangereux pour faciliter l'unanimité des suffrages. Enfin ces juges, après avoir décidé de la vérité du fait, devroient décider du *degré* du crime. J'exposerai dans la seconde partie de ce livre, tout ce qui est relatif à cet objet, parce que c'est du développement de cette idée importante que dépend la certitude de ce principe, *que chaque crime soit puni d'une peine prescrite par la loi*. C'est dans cette partie de mon ouvrage que l'on pourra juger du plan général de procédure que je propose ici, comme du plan particulier qui concerne le systême des preuves et la distribution des fonctions judiciaires.

ARTICLE VIII.

Nombre de ces juges dans chaque province et pour chaque jugement.

C'est sur cet objet principalement qu'il faudroit adopter le systême de la Législation anglaise. Dans chaque province, la liste du président seroit composée de quarante-huit juges, choisis parmi les habitans de la même province; on choisiroit ensuite à chaque jugement, parmi ces quarante-huit juges, et du consentement de l'accusé, les douze juges qui devroient décider unanimement du fait (1). Ce nombre de quarante-huit, paroît suffisant pour favoriser la liberté des récusations, liberté si essentielle à la sûreté de l'homme qui est enveloppé dans les liens de la procédure, et si propre à lui inspirer cette confiance, sans laquelle les décrets de la justice inspireroient autant d'effroi que les attentats de la violence. Voyons donc de quelle manière on doit établir ces récusations.

ARTICLE IX.

Des récusations des juges du fait.

Nous profiterons encore sur cet objet des lumières de la nation anglaise, la seule en Europe où la liberté civile du citoyen soit respectée dans les jugemens criminels. Il faudroit,

(1) Il y a cette différence, entre le systême que je propose ici, et celui de la Législation anglaise, qu'en Angleterre, la liste que l'on nomme *pannel* se renouvelle tous les trois mois, c'est-à-dire, dans le tems des sessions ordinaires; et que, selon moi, il suffiroit, à l'exemple des Romains, de la renouveler à chaque nomination de président.

faudroit, à l'exemple de ce peuple, établir trois espèces de récusation. La première, qu'on appelleroit *récusation universelle*, auroit lieu toutes les fois que le coupable pourroit, par des raisons légales, prouver que le président est suspect. Alors toute la liste des juges, dressée par ce magistrat, seroit supprimée, et l'un des *juges du délit* de cette province, dont nous parlerons bientôt, formeroit une nouvelle liste, pour cette seule affaire. La seconde espèce de récusation, que l'on appelleroit *récusation pour cause*, auroit pour objet de faire réformer, non toute la liste des juges, mais seulement ceux d'entr'eux qui manqueroient des qualités prescrites par la loi, ou qui seroient suspects, soit par des rapports de haine ou de procès avec l'accusé, soit par des rapports d'amitié ou de parenté avec l'accusateur. Les motifs de ces récusations seroient déterminés par les principes du droit commun (1) : *les juges du droit* seroient les

(1) En Angleterre, outre ces motifs de récusation, il en est un autre, fondé sur l'inégalité de condition; car les *jurés*, comme nous avons dit, doivent être les pairs de l'accusé. Un lord ne peut être juge d'un citoyen qui n'a pas droit de siéger dans la chambre haute; et celui-ci, par la même

juges de ces deux espèces de récusation ; enfin, la troisième espèce de récusation seroit la *récusation péremptoire*, c'est-à-dire, que l'accusé auroit toujours le droit d'exclure vingt juges inscrits sur la liste du président, sans être forcé d'alléguer aucun motif.

En développant dans le seizième chapitre de ce livre, le système de la Législation anglaise, j'ai exposé les raisons sur lesquelles est fondé l'avantage de cette espèce de récusation. J'ajouterai seulement, que si la liste se trouvoit épuisée par toutes ces récusations, le président devroit compléter le nombre des douze juges du fait. Passons maintenant aux juges du droit.

ARTICLE X.

Des juges du droit.

Tout homme raisonnable et honnête peut, comme on l'a dit, juger de la vérité ou de

---

raison, ne peut être juge d'un lord. Mais si la féodalité étoit détruite dans les autres constitutions monarchiques, la noblesse n'étant plus alors qu'une simple distinction honorifique, il seroit inutile d'adopter cette espèce d'exception, et de choisir les juges du fait dans la condition de l'accusé.

la fausseté d'une accusation : mais les simples notions de la raison et la probité ne suffisent pas pour juger du droit : cette connoissance suppose une étude particulière et approfondie des lois nationales. Le jugement du droit doit donc être confié à ceux que l'autorité publique trouve dignes, par leurs lumières, du précieux dépôt de la Législation. Quoique chaque citoyen dût connoître les lois de sa patrie, il n'est pas coupable de les ignorer ; mais cette ignorance est un crime dans le magistrat qui fait profession de les savoir. Il y a plus, les lois criminelles doivent, par leur nature, être tout à-la-fois précises et étendues : précises, pour séparer les objets ; étendues, pour en développer les différentes parties. Les détails, toujours superflus et par conséquent dangereux dans les autres lois, deviennent nécessaires dans les lois criminelles, parce que les actions étant plus difficiles à déterminer que les droits, il est indispensable de décrire les unes, tandis qu'il suffit d'indiquer les autres. Si les peines doivent être proportionnées aux délits, il faut distinguer ces délits avec beaucoup d'exactitude, afin de ne pas établir des peines injustes, et c'est parce que le Législateur est obligé de faire cette distinction, qu'il doit entrer dans des détails immenses, s'il ne veut rendre arbitraire l'autorité des juges. Seroit-il possible de trouver toutes ces connoissances dans le citoyen que le président auroit choisi pour le jugement du fait ? Il faut donc établir dans un Etat un corps permanent de juges du droit.

ARTICLE XI.

Nombre de ces juges dans chaque province.

Il devroit y avoir dans chaque province trois de ces juges, parce que dans le jugement du droit, à la différence du jugement du fait, la pluralité des suffrages suffit pour la décision. Ces juges passeroient chaque année dans une nouvelle province, et ils ne pourroient revenir dans la première, qu'après avoir fait le tour de toutes les autres. Ce seroit un moyen de prévenir les dangers de la perpétuité nécessaire de leurs charges, puisqu'à la fin de l'année, chacun pourroit les accuser sans crainte. Le souverain choisiroit seul ses juges, et il auroit sans cesse auprès de lui un corps de magistrature, destiné à examiner les accusations intentées contre eux. Ce frein, joint à la connoissance publique des lois criminelles, rendroit impossible pour ces juges tout abus de leur ministère, ou du moins l'impunité de cet abus. Voyons quelles seroient leurs fonctions.

ARTICLE XII.

Fonctions de ces juges.

Nous avons dit qu'on ne peut espérer de trouver dans les juges du fait une entière connoissance du droit : or, dans plusieurs circonstances, l'examen de l'accusation exigeroit la connoissance des dispositions de la loi, ou au moins de quelques principes de jurisprudence. Dans ces cas, les juges du droit instruiroient les juges du fait de tout ce qu'il leur est essentiel de connoître pour prononcer leur jugement.

J'ai dit ailleurs que les juges du fait devroient d'abord décider si la preuve légale existe dans l'accusation intentée, et prononcer ensuite sur la vérité, la fausseté, ou l'incertitude de l'accusation, en combinant leur certitude morale avec la certitude légale (1). Or, comment décider de l'existence de cette preuve légale, si l'on ne sait quelle est la

(1) Je prie le lecteur de vouloir bien relire les chapitres 14 et 15 de ce livre, s'il veut entendre ce que je dis ici.

preuve que la loi exige ? Si l'accusateur, par exemple, a produit deux témoins oculaires, il faut que les juges sachent quelle est la preuve testimoniale que les lois regardent comme complète, et quelles sont les qualités qui constituent un témoin irréprochable. Si l'accusateur allègue des indices, il faut, par la même raison, qu'ils sachent quel est le nombre et quelle est la nature des indices nécessaires pour former une preuve légale d'indices, et par quels indices contraires l'accusé peut détruire cette espèce de preuve ; en un mot, il faut qu'ils aient devant les yeux les règles de jurisprudence qui déterminent la certitude légale. Comme on ne peut supposer toutes ces connoissances dans les juges du fait, il est essentiel de joindre aux autres fonctions des juges du droit, celle de les éclairer sur la loi qui concerne la preuve produite par l'accusateur.

Enfin, comme dans les disputes qui s'éleveroient entre l'accusateur et l'accusé, les juges du fait pourroient aisément perdre de vue la suite d'idées nécessaire pour appercevoir tous les rapports des faits et des raisons avancés de part et d'autre, il faudroit que les juges du droit, plus exercés à de pareilles contestations, fissent, en présence des parties, un résumé de tout ce qu'elles auroient dit; qu'ils réduisissent l'état de la question aux termes les plus simples, afin de faciliter aux juges du fait la découverte de la vérité. Le président chargeroit de cette fonction l'un des trois juges; mais les deux autres auroient toujours le droit de suppléer à ce que leur collègue pourroit omettre, ou par oubli, ou volontairement.

Ces fonctions des juges du droit précéderoient le jugement du fait, mais leur ministère ne se borneroit pas à cela. Lorsque les douze juges du fait auroient porté une décision unanime sur l'accusation intentée, les juges du droit prononceroient la sentence conformément aux dispositions de la loi, soit pour absoudre l'accusé, si les juges du fait avoient déclaré l'accusation fausse; soit pour laisser le jugement en suspens, s'ils l'avoient déclarée incertaine; soit pour condamner à la peine établie par la loi, suivant la *qualité* et la *gravité* du crime dont ils auroient déclaré l'accusé coupable.

C'est dans ces bornes que devroient être renfermées les fonctions des juges du droit. Fidèles dépositaires des lois, ils n'en seroient que les organes. Si ces lois gardoient le silence sur un crime, ils se tairoient comme elles. Tout fait qui ne seroit point compris dans la classe des délits contre lesquels la loi a prononcé sa sanction, resteroit impuni par cette seule raison.

Le mal qui naîtroit de cette impunité, mal qu'une loi nouvelle peut sur-le-champ arrêter dans sa source, ne peut être comparé à celui que produiroit l'étendue illimitée de l'autorité judiciaire. Le pouvoir d'infliger une peine ne pouvant être que dans la loi, le juge devroit en être le premier témoin, plutôt que l'auteur; il ne devroit faire autre chose que publier la condamnation déjà prononcée par la loi. Heureuse la nation dont le code pénal seroit conforme à ces idées! On appercevra dans la seconde partie de ce livre la possibilité d'établir ce systême.

ARTICLE XIII.

Des sessions ordinaires de justice.

Il est aisé de voir, d'après ce qui a été dit ci-dessus, que ces cours de justice ne pourroient être continuellement en action, sans causer au gouvernement une dépense énorme. Si les quarante-huit juges du fait, choisis par le président au moment qu'il entreroit en exercice, étoient obligés de rester toute l'année dans la capitale de la province, pour être toujours prêts à remplir leur ministère ; il faudroit que chacun d'eux fût, pendant toute cette année, entretenu aux dépens du gouvernement. Voilà donc une immense multitude d'hommes qui feront payer fort cher au peuple les bienfaits de ce nouvel ordre de choses.

Il y a plus ; si l'on forçoit ces juges à résider continuellement dans la capitale de la province, le président ne trouveroit personne qui voulût accepter une charge de judicature dont les fonctions l'obligeroient d'abandonner, pendant une année entière, sa famille et ses affaires. Le président de la seconde année pourroit encore moins confirmer dans leurs charges ceux qui auroient donné de plus grandes preuves de vertu, de talent, d'impartialité. Il faudroit, ou recourir à la violence, moyen très-propre à disposer les juges, par l'exemple, à toutes sortes d'injustices, ou laisser dans l'inaction les hommes les plus honnêtes et les plus éclairés, et se contenter de quelques gens désœuvrés, dont la vertu est d'ordinaire assez suspecte.

Le peuple seroit donc foulé par les dépenses nécessaires à cet entretien considérable de juges, sans qu'il pût se flatter d'avoir des magistrats dignes de sa confiance. Pour prévenir ces deux inconvéniens, je propose, à l'exemple des Anglais, les sessions ordinaires de justice, tous les trois mois dans les provinces, et toutes les six semaines dans la capitale. Chacune de ces sessions dureroit autant de jours qu'il en faudroit pour terminer les affaires qui seroient survenues, dans l'intervalle d'une session à l'autre. Le premier jour de la session, les quarante-huit juges du fait, nommés par le président, se trouveroient réunis dans la capitale de la province, et si quelqu'un d'eux n'avoit pu s'y rendre, par un motif légitime, le président nommeroit sur-le-champ un nouveau juge pour le remplacer : ils seroient, pendant tout ce tems, défrayés par le gouvernement. La session terminée, ils quitteroient la capitale, et retourneroient dans leurs familles.

ARTICLE XIV.

Sessions extraordinaires.

Quoique l'intervalle de trois mois, entre l'accusation intentée et le jugement définitif, ne soit pas considérable, si on le compare à la lenteur actuelle des jugemens, née du systême mystérieux de notre procédure, je crois cependant que, dans les crimes extrêmement atroces, dans ce petit nombre de crimes qui, seuls, seroient punis de mort dans une sage Législation, il ne faudroit pas attendre le tems ordinaire pour procéder au jugement. Le président de la province où l'attentat auroit été commis, convoqueroit alors une session extraordinaire. Cette marche précipitée de la justice n'enleveroit à l'accusé aucun des secours que la loi offre à sa sûreté personnelle : je crois même que la loi devroit redoubler de soins et de vigilance pour faciliter la défense de l'accusé, à proportion que ses crimes sont plus importans. Nous avons ailleurs développé ce principe (1). Mais dans la session extraordinaire que je propose, on ne feroit qu'avancer le tems du jugement, et un tel ordre de choses est nécessaire pour cette espèce de délits. Lorsqu'on est forcé d'arracher la vie à un homme, il faut profiter de ces momens où le peuple est encore pénétré de l'horreur du crime dont il vient d'être témoin. C'est surtout dans ces circonstances que le législateur doit faire ratifier, par le vœu général, le décret de la loi ; c'est alors qu'il doit en quelque sorte appeler les cris d'ap-

(1) Voyez le chapitre 9 de ce livre.

plaudissemens, sur la publication de la sentence, comme sur le signal de la paix et de la liberté; c'est alors, et alors seulement, que le théâtre de la mort, élevé sur la place publique, réveille des idées de justice, et non des sentimens de pitié; que les citoyens accourent au spectacle terrible de l'exécution, comme au triomphe des lois; que l'honnête homme, voyant encore dans le coupable son ennemi, bénit la justice de la loi qui va le rassurer pour jamais contre ses attentats; c'est alors enfin que le scélérat, prêt à commettre un crime, est épouvanté de la multitude d'ennemis qui vont s'élever contre lui, du spectacle affreux de la peine qui lui est réservée, et des applaudissemens dont elle sera suivie.

Tels sont les effets de la punition, lorsque le tems n'a point diminué l'horreur du crime: mais si cette impression s'affoiblit, si l'intervalle qui sépare le délit de la peine a déjà calmé la première effervescence des esprits; alors le supplice devient inutile ou dangereux. Vainement s'efforcera-t-on de rappeler l'idée d'un ancien attentat; ce ne sera point la froide proclamation d'un héraut qui produira cet effet. L'appareil lugubre de la justice n'offrira plus dans le criminel qu'un homme malheureux; la compassion parlera pour lui, la compassion prendra dans tous les cœurs la place de la haine et de l'indignation, et la justice restera seule au milieu des spectateurs muets, qui maudiront en secret sa sévérité, et desireront d'arracher de ses bras la victime qu'elle va immoler.

A ces idées, dictées par l'intérêt public, il s'en joint une autre qui naît de l'intérêt particulier de l'accusé. Qu'il soit coupable ou innocent, la célérité du jugement ne fait qu'affoiblir dans son ame les horreurs de l'incertitude. S'il est innocent, chaque jour de délai est pour lui, pour sa famille, un nouveau jour de tourment, de honte, de mépris; pour ses calomniateurs, c'est un jour de plus de triomphe : s'il est coupable, le moment où le terrible décret de mort lui est annoncé par la justice, est souvent le moment où il commence à jouir de la tranquillité. Convaincu de la justice de sa condamnation, il va goûter dans sa solitude, aux approches du supplice, cette espèce de repos que le crime peut laisser. La religion vient à son secours; elle remplit son ame des idées consolantes d'une vie à venir; elle oppose à la justice rigoureuse et implacable des hommes, la clémence d'un Etre tout-puissant, toujours prêt à pardonner et à recevoir dans ses bras paternels le scélérat qui lui offre un instant de repentir. Son imagination, animée par cette espérance, lui montre, dans le terme de sa vie, le commencement de sa félicité, et dans le supplice auquel la loi le condamne, la plus douce expiation de ses fautes. Ces idées ne se forment dans son esprit qu'après le moment où la justice a prononcé le décret de sa mort (1). Tout l'intervalle qui s'écoule avant ce décret est véritablement effrayant. C'est donc commettre un crime contre la société, c'est dévouer un malheureux à des tourmens inutiles, que de retarder l'instant de sa condamnation. Tels sont les motifs qui m'engagent à proposer les sessions extraordinaires, pour lesquelles il ne seroit pas nécessaire que tous les quarante-huit juges du fait se rendissent dans la capitale de la province. Le président pourroit d'avance donner à l'accusé la liste des juges, et en choisir, avec son consentement,

(1) Ces idées deviennent le plus cruel des tourmens, si l'on retarde beaucoup l'exécution. Les premières impressions s'affoiblissent à mesure que le tems se prolonge; et les horreurs de la mort viennent s'emparer de l'ame, après ces idées consolantes, comme nous l'observerons bientôt.

douze pour juger cette affaire particulière (1). C'est ainsi que la peine seroit toujours à côté du délit.

ARTICLE XV.

Magistrature pour chaque communauté.

Il devroit y avoir dans chaque communauté un magistrat chargé d'y conserver la paix et le bon ordre. Il est des délits

---

(1) Je corrige ici un défaut de la Législation anglaise. Il est plusieurs cas où le Sheriff nomme un *spécial jury* : c'est une liste de quarante-huit jurés pour la décision d'une accusation particulière. Mais cette méthode peut devenir funeste dans plusieurs circonstances : elle l'a été souvent en Angleterre. En effet, dans les affaires qui intéressent particulièrement le gouvernement, le Sheriff peut former une liste de personnes dévouées à la cour; et alors, avec toutes les récusations permises par la loi, l'accusé sera jugé par des magistrats prévenus. Or, cela ne peut arriver, si, d'après notre plan, la liste que le président a publiée, en entrant en exercice, est la même dont on est obligé de tirer, dans les jugemens extraordinaires, les juges du fait On ne doit former une nouvelle liste pour un jugement particulier, que dans le cas dont nous avons parlé à l'article 9; c'est-à-dire, lorsque l'accusé peut, par des raisons légales, déclarer suspect le président qui l'a formée.

légers qui ne méritent pas l'appareil d'un jugement, mais qu'il ne faut pas néanmoins laisser impunis. Une procédure *sommaire* suffit pour les juger ; et la promptitude de ces jugemens est nécessaire pour maintenir l'ordre public, et éviter de plus grands maux. Les lois romaines et celles des autres peuples libres attestent cette vérité (1). *Les injures de paroles*, par exemple, entre personnes de même condition ; de légères offenses que la loi ne punit pas, ou qu'elle ne punit que d'une peine pécuniaire, ou d'un emprisonnement de quelques jours ; la désobéissance aux ordres d'un magistrat, et d'autres délits de cette nature que l'on peut nommer des transgressions, plutôt que des crimes, et dont nous parlerons dans le cours de ce livre, devroient être jugés *sommairement*, et punis suivant la loi, par le magistrat que les habitans de la communauté choi-

(1) Voyez les lois suivantes. *Leg. Levia* 6, *ff. de accusat.* ; *leg. unius* 18, *ff. de quæst.* ; *leg. nec quicquam* 9, §. *de plano*, *ff. de offic. proconsul.* Voyez Blackstone, code criminel d'Angleterre, chap. 20, où il parle de la procédure *sommaire* ; et un ouvrage qui a pour titre, *Elémens de la procédure criminelle de France, de Savoie, et de Genève*, chap. 2.

siroient

siroient chaque année, avec l'approbation du président de la province à qui les parties pourroient appeler de la décision du magistrat. On exigeroit des prétendans à cette place, une probité reconnue, un revenu fixé par les lois, et un état honorable.

Il ne lui seroit permis de faire arrêter et conduire personne en prison, à moins qu'il ne s'agît de prévenir un grand crime, de punir la désobéissance à ses ordres, ou un de ces légers délits auxquels la loi a assigné pour peine quelques jours de prison, et dont la connoissance lui auroit été dévolue; enfin, il auroit droit de faire arrêter provisoirement l'homme coupable d'un délit grave et notoire, qui seroit soupçonné avec raison de prendre la fuite. Dans ce dernier cas, il seroit obligé d'avertir tout de suite le président, et d'attendre ses ordres. Ce magistrat, comme je l'ai dit, seroit chargé du maintien de la paix. Ses principales fonctions consisteroient à mettre les parties d'accord autant qu'il seroit possible, et à épuiser tous les moyens de conciliation pour les empêcher de plaider. Il entretiendroit le bon ordre dans sa communauté, il y formeroit les établissemens les plus propres à éviter ou prévenir les troubles intérieurs; enfin, chargé de l'inspection générale, il feroit part au président de tous les crimes qui se commettroient dans son district, sans être obligé d'en indiquer les auteurs, afin que le président pût donner les ordres convenables au magistrat accusateur, lorsqu'un particulier ne se présenteroit pas en jugement pour exercer ce ministère : il devroit encore, suivant l'expression des Criminalistes, *constater le corps du délit*, dans tous les cas où cet examen est nécessaire (1).

D'après une telle combinaison d'opérations, cette magistrature seroit toujours exercée par des personnes dignes de la confiance publique : l'élection faite par le peuple favoriseroit cette opinion. La courte durée de la magistrature (2) engageroit celui qui en seroit revêtu à l'exercer avec zèle, avec honneur, dans l'espérance d'y être rappelé. Le consentement du président seroit nécessaire pour exclure celui qui se trouveroit inscrit sur le registre des jugemens publics, soit comme condamné, soit comme *sub judice*, ou qui, dans l'examen établi pour

---

(1) C'est-à-dire, lorsqu'il s'agit de ces crimes qu'on appelle, au barreau, *facti permanentis*. Voyez le chapitre 15 de ce livre, règle dernière.

(2) Elle seroit d'un an.

cette partie de la jurisprudence criminelle, relative à son ministère, ne montreroit pas les lumières qu'on a droit d'exiger de lui. L'appel de ses jugemens au président seroit un excellent moyen pour mettre les parties à l'abri de toute décision dictée par des rapports de parenté ou d'amitié. Enfin, les autres conditions d'un revenu annuel déterminé par la loi, et d'un état honorable, rendroient la prévarication de ce juge plus difficile, sa charge plus illustre, et inspireroient au peuple plus de confiance dans ses décrets.

Je ne crois pas devoir entrer ici dans un détail plus étendu sur cet objet; j'ajouterai seulement, que dans les capitales et dans les grandes villes, où cette magistrature ne pourroit être exercée par un seul homme, il conviendroit d'établir une division de quartiers, dont le nombre fût proportionné à la population, et de laisser à chaque quartier le choix de son magistrat, sous la dépendance du président de la province, et de la même manière que s'il s'agissoit du magistrat unique d'une communauté.

Que le lecteur réfléchisse maintenant à ce plan de répartition des fonctions judiciaires; il verra que, sans aliéner le pouvoir, on peut en diviser l'exercice d'une manière très-utile à la société.

La puissance législative laisseroit aux magistrats l'autorité judiciaire ; mais cette autorité ne seroit pas entièrement dans leurs mains. Celui qui a le dépôt de la force publique et l'administration de la souveraineté, ne pourroit en faire usage contre un membre de la société, sans le consentement de ceux qui ont le dépôt des lois et l'exercice de l'autorité exécutive ; et ceux-ci, retenus par un frein également puissant, ne pourroient faire parler la loi, sans le consentement d'autres hommes qui n'appartiendroient pas à leur corps, et ne seroient pas revêtus de la même dignité. Celui qui a dicté la loi, ne pourroit l'appliquer au fait, et ceux qui doivent l'appliquer au fait, ne pourroient décider de l'existence même de ce fait. Cette dernière fonction, sans laquelle l'autorité législative et l'autorité exécutive resteroient dans l'inaction, ne seroit point confiée à un corps permanent, dont les membres eussent le tems de connoître de quelle manière ils peuvent faire servir à leur intérêt l'exercice du pouvoir. Choisis parmi le peuple, ils y retourneroient sans cesse ; revêtus d'un ministère momentané, ils ne pourroient prévoir les occasions de l'exercer ; leur nombre, la courte durée de leurs fonctions, la multiplicité des récusations accordées par la loi à l'accusé, produiroient cet effet précieux. Tout seroit combiné de manière, que le pouvoir judiciaire, ce pouvoir si formidable de sa nature, qui dispose, sans obstacle, de la vie, de l'honneur, de la subsistance des citoyens ; ce pouvoir qui, malgré toutes les précautions que l'on peut prendre pour le restreindre, demeure toujours arbitraire à quelques égards ; ce pouvoir seroit limité autant qu'il peut l'être, et répondroit mieux à l'objet de sa destination. Il n'y auroit pas dans la société un seul individu, dont le citoyen pût dire en le voyant : « Cet homme a le droit de décider de ma vie ou de ma mort ».

Tels seroient les résultats de ce nouveau plan de répartition des fonctions judiciaires, déduit des principes que j'ai établis plus haut. Je répondrai aux objections que l'on pourroit me faire, dans les chapitres suivans, destinés à développer les deux dernières parties de la procédure, et à exposer l'ordre des jugemens, et surtout dans la seconde partie de ce livre, relative au code pénal.

Qu'il me soit permis, en terminant ces réflexions, de desirer qu'un plan si simple, si favorable à la liberté civile, soit un jour substitué à un systême où l'innocence est exposée à une foule de dangers, et l'impunité assurée aux coupables. C'est dans le siècle où nous vivons, qu'on peut, avec raison, concevoir cette espérance et former ces vœux. Une émulation glorieuse de bien public anime tous les souverains de l'Europe. L'opinion qui règne sur les rois, et la philosophie qui aujourd'hui dirige l'opinion, ont promis l'immortalité au monarque qui honorera son règne par une réforme dans cette partie de la Législation, si importante pour la sûreté civile. Heureux le peuple qui éprouvera cette grande révolution ; mais plus heureux encore le prince qui en donnera l'exemple. « La porte du bien est ouverte. Souverains, disputez à qui passera le premier ; les fleurs de la couronne de la gloire se fanent sur la seconde tête (1) ».

---

(1) M. Servan. (Réflexions sur quelques points de nos lois.)

CHAPITRE XX.

CINQUIÈME PARTIE DE LA PROCÉDURE CRIMINELLE.

La défense.

JE ne tracerai point ici tous les moyens de défense qu'on pourroit offrir à l'accusé pour soutenir son innocence. Comme ces moyens naissent de l'esprit même de la Législation criminelle, une telle énumération seroit inutile et étrangère à mon sujet. J'écris, non pour les jurisconsultes, mais pour les législateurs, et le législateur ne doit point faire des lois, dans la vue d'indiquer à l'accusé les preuves par lesquelles il peut se justifier. En déterminant la valeur des preuves légales, l'ordre et les formalités des jugemens, il fournit à l'accusé les moyens propres à appuyer sa défense : cette matière embrasse plusieurs objets dignes d'observation. Voyons d'abord si l'art oratoire doit être admis dans les tribunaux ; il ne s'agit à cet égard que de consulter les simples lumières de la raison.

Le juge qui monte sur son tribunal n'est

que l'organe de la loi ; il doit être inflexible comme elle ; comme elle, il ne doit connoitre ni l'amour, ni la haine, ni la crainte, ni la pitié : l'unique objet de son ministère est d'appliquer le fait à la loi. S'il a une ame trop facile à s'émouvoir, il peut devenir à chaque instant l'ennemi de la justice : l'impartialité de son jugement exige une fermeté qui seroit dangereuse dans toute autre circonstance ; or, quel est l'objet de l'éloquence du barreau, suivant l'idée qu'on attache communément à cette expression ? C'est d'attaquer cette fermeté du juge dans l'exercice de ses fonctions. Exagérer l'atrocité du crime, si l'on est accusateur ; exagérer les motifs qu'on a eus de le commettre, si l'on est accusé ; saisir toutes les affections des juges, pour les porter sur l'objet qui intéresse ; exciter, au gré des circonstances, la haine et l'amour, la fureur et la pitié ; faire passer l'enthousiasme dans tous les esprits, parler au cœur lorsqu'on ne peut séduire la raison, voilà ce qu'on appelle ordinairement l'éloquence du barreau ; talent perfide, également propre à égorger l'innocence et à sauver le crime.

Rappelons-nous les lois de ces peuples chez lesquels la sévérité de la justice ne laissoit pas aux juges ce pouvoir funeste, à qui l'on donne parmi nous le vain nom d'*équité*; nous y verrons l'art oratoire proscrit du barreau. Chez les Egyptiens, l'accusateur ne pouvoit accuser, et l'accusé se défendre que par écrit (1) : c'est à cet interprète muet de leurs sentimens qu'ils devoient confier la défense de leur cause. Les législateurs de ce peuple craignirent que les gestes, le ton, les larmes d'un homme animé d'une forte passion, et qui voit devant lui les arbitres de son sort, n'eussent le pouvoir d'ébranler la fermeté des juges et d'émouvoir leur sensibilité. Dans la Chine, où, malgré les vices apparens de la constitution, ce sont les lois, non les hommes, qui commandent, le même usage existe depuis un tems immémorial (2).

A Sparte, il n'étoit pas défendu de plaider de vive voix ; mais le langage de la plaidoierie devoit être précis et court (3). A Athènes, l'Aréopage n'avoit pas permis d'abord aux parties de se servir du ministère

---

(1) Diodore, liv. 1, pag. 86., 87.

(2) Ancienne relation des Indes et de la Chine, pag. 194, 203 ; Recueil des voyages hollandais, tom. 1, pag. 351, 552.

(3) *Ubbon. Emm. descript. Reip. Lac. in Thesaur. Grævii*, tom. 4.

des orateurs (1) : la loi craignoit les séductions de l'éloquence. On donna ensuite à l'accusé le droit de se faire défendre ; mais l'orateur ne pouvoit employer aucun exorde, aucune digression : il lui étoit défendu de chercher à émouvoir les juges (2). Socrate, appelé devant cette auguste assemblée, s'interdit toutes les ressources de l'éloquence. Un orateur qui auroit voulu attendrir les juges, eût été chassé sur-le-champ comme un vil prévaricateur. Un hérault lui rappeloit la loi avant qu'il commençât à parler, et lui imposoit silence dès qu'il sortoit de la question (3). Je ne sais pourquoi on punit le défenseur d'un accusé qui tente de corrompre les juges avec de l'argent, lorsqu'on lui permet de le séduire par les artifices d'une éloquence pathétique. Les moyens sont différens sans doute ; mais l'effet n'est-il pas le même ? La loi, dans l'un et l'autre cas, devroit punir un ministre infidèle, qui viole, autant qu'il est en lui, le respect dû à la jus-

---

(1) *Sext. Empir. advers. Rhet. lib.* 2, *pag.* 304.

(2) *Neque præfantor, neque affectus movento, neque extra rem dicunto. Pollux, lib.* 8, *cap.* 10 ; *Aristot. Rhet. lib.* 1, *cap.* 1, *initio.*

(3) *Aristot. loc. citat.; Quintilian. instit. lib.* 6, *cap.* 1.

tice. Ce principe, établi en Egypte, dans la Chine, à Sparte, et à Athènes ; ce principe, si bien développé par Platon (1), fut négligé par les législateurs de Rome.

L'institution des jugemens populaires fit naître ce funeste abus de l'éloquence. Dans les grands comices, le peuple étoit en même tems législateur et juge : chaque sentence étoit une loi, chaque décret un acte de souveraineté. L'orateur avoit donc sans cesse devant les yeux, non le juge, mais le souverain, qui pouvoit révoquer la loi, ou en suspendre l'exécution : il en imploroit la faveur, lorsque la cause de son client n'étoit pas appuyée sur la justice. Il y auroit eu de la cruauté à lui interdire les moyens propres à exciter la pitié d'un juge, qui, sans abuser de ses droits, pouvoit absoudre le coupable.

Les blessures reçues à la guerre, les services rendus à la patrie, les larmes des en-

---

(1) *Qui judicaturi sunt nullo modo litigantes permittant aut jurare persuadendi causa, aut sibi generique suo imprecari, aut turpiter supplicare, aut commiseratione muliebriter uti ; sed quod justum putant, mansuete doceant, et docentem audiant. Quod si ab his aberrat, ad rem a Magistratu reducatur.* (*Plato. de legib. dialog.* 12.)

fans et des parens, les prières de l'accusé, quelque évènement imprévu, réveillèrent plus d'une fois la reconnoissance, la sensibilité, ou la superstition du peuple, et firent absoudre plusieurs coupables convaincus (1). Valère-Maxime nous a transmis une foule d'évènemens qui attestent l'usage que le peuple faisoit de ses droits souverains dans les jugemens, et qui justifient les ressources des orateurs pour l'émouvoir et le diriger à leur gré (2); mais cette méthode

---

(1) Cicéron loue beaucoup l'expédient auquel eut recours l'orateur Marc-Antoine, aïeul du Triumvir, pour délivrer Manlius-Aquilius, déjà convaincu de concussion, de la peine qu'il méritoit : il déchira tout d'un coup la robe de son client, et montra au peuple les cicatrices dont sa poitrine étoit couverte. (*Cicero. in Brut., c. 62; et in Verr. lib. 5, cap. 1.*)

Cum à Libone Tribuno plebis, dit Valère-Maxime, *Ser. Galba pro rostris vehementer increparetur........ Reus pro se jam nihil recusans, parvulos liberos suos, et Galli sanguine sibi conjunctum filium, flens commendare cœpit; eoque facto mitigata concione, qui omnium consensu periturus erat, pene nullum triste suffragium habuit.* (*lib. 8, cap. 1.*)

Le peuple s'étoit assemblé pour juger P. Claudius; mais la pluie força l'assemblée de se séparer à la hâte, et il fut décidé qu'on ne se réuniroit plus pour cet objet, afin de ne pas s'opposer à la volonté des Dieux. (*Cicer. 1, de divinat. et 2, de natura Deorum.*)

(2) *Lib. 8, cap. 1.*

devoit cesser du moment que les jugemens eurent été renvoyés aux préteurs et à leurs tribunaux. Après avoir établi les *questions perpétuelles* et *ordinaires*, la loi devoit mettre un frein à cet usage de l'art oratoire. Il falloit observer que le préteur, dans son tribunal, n'étoit pas, comme le peuple, législateur et juge en même tems ; que ce tribunal ne pouvoit s'écarter de la loi, sans abuser de son autorité ; qu'il n'avoit pas droit d'absoudre lorsqu'il falloit condamner, ni diminuer la peine, lorsqu'elle étoit fixée par la loi. Les louanges, les supplications, les larmes et les soupirs des femmes, des enfans, des parens, tous ces pièges que l'on tendoit à la justice des juges, devoient alors être proscrits comme toute autre espèce de séduction oratoire (1) ; mais les législateurs négligèrent cet objet important. L'usage fit

(2) Voyez Sigonius *de judiciis, lib.* 2, *cap.* 19 *de laudatione ;* et Pollet, *Historia fori romani, lib.* 2, *cap.* 4, §. *Laudatores et deprecatores.* Voyez surtout le passage d'Asconius *in orat. pro Scauro*, qui commence ainsi : *Laudaverunt Scaurum Consulares novem*, etc. ; on y verra une peinture exacte de l'excès où cet abus étoit parvenu à Rome. Voyez encore ce que dit le même auteur sur cet objet *in Cornelian.*

taire la raison, et l'on continua de suivre devant un préteur, dépositaire de la loi, une méthode qui s'étoit établie devant un peuple législateur.

Il ne faut donc point justifier, par l'exemple de Rome, un désordre qui règne aujourd'hui dans toute l'Europe. On peut conclure de tous les faits rapportés ci-dessus, que dans les pays où la liberté civile du citoyen a été le plus respectée, les séductions de l'éloquence ont été proscrites des tribunaux, et que, si elles étoient permises à Rome, c'étoit par un autre motif que celui de favoriser la défense de l'accusé.

Le législateur, en refusant à l'accusé tous les moyens de séduction, devroit lui accorder tous les moyens possibles de défense ; il devroit lui permettre de se faire assister par un ou plusieurs avocats dans tous les actes de la procédure, de se servir de leur ministère, soit pour récuser les juges du fait, soit pour écarter les témoins produits par l'accusateur, et de faire parler pour lui ses défenseurs, dans l'exposition du fait, comme dans celle du droit. Ces avocats auroient, d'ordinaire, au moins dix jours pour préparer leur défense (1), et un

(1) Cela auroit lieu lorsque l'accusation seroit intentée dans le tems même de la session, ou qu'elle

plus long délai, si l'accusé, par les circonstances du fait, en avoit besoin pour se justifier. Le président transporteroit alors le jugement dans une autre session (1); mais, dans tous ces cas, il faudroit, je le répète, interdire sévèrement à l'accusé et à son défenseur tout ce qui auroit pour objet d'émouvoir la pitié des juges, et non d'éclairer leur justice. Le président veilleroit à l'observa-

---

devroit être discutée dans une session extraordinaire. Dans toute autre circonstance, il y auroit nécessairement cet intervalle entre l'accusation et le jugement, puisque, selon le plan proposé, il y auroit un intervalle de trois mois entre chaque session : ainsi, l'accusation seroit toujours antérieure au jugement, au moins de dix jours.

(1) Il peut arriver que la défense de l'accusé dépende du témoignage d'un absent. Dans ce cas, l'accusé se feroit présenter en jugement à ses propres frais, ou bien le président le feroit interroger par le juge du pays où il se trouve : cette opération exige un certain tems. Il est encore d'autres circonstances pour lesquelles il est essentiel de retarder le jugement. Je ne les rapporte pas ici ; et je me contente de renvoyer le lecteur aux lois suivantes, où elles sont toutes renfermées. *Leg. 1 et 2, cod. de dilationib.; leg. quæsitum 60, ff. de re judicata; leg. 36 et leg. 45, ff. de jud.; leg 23, §. ult. ff ex. quib. caus. maj.* Voyez encore ce que dit Cicéron, *in Verrem. lib. 1, c. 9; et ibi Asconius.*

tion de cette loi, et, à l'exemple des Aréopagites, il feroit taire et puniroit celui qui oseroit la violer.

Les Romains avoient deux espèces de plaidoyers, l'un appelé *continu*, l'autre *interrompu*. Celui-ci étoit mêlé d'interrogations des témoins, de représentations des pièces, et de disputes des parties ; dans l'autre, tout cela étoit renvoyé à la fin (1). Il seroit utile d'adopter la première espèce de plaidoyer ; il n'y a peut-être pas de méthode plus sûre pour découvrir la vérité. Si l'une des parties pouvoit répondre à chaque moyen de l'autre, sans être obligée d'attendre que celle-ci eût fait de tous ses moyens, foibles ou faux, un corps d'objections capable de séduire les esprits ; ces illusions de l'éloquence s'évanouiroient bientôt, et la vérité se montreroit dans tout son éclat et dans toute sa simplicité.

Quant aux défenseurs, le choix devroit en être libre ; et la loi ne pourroit, sans injustice, porter atteinte à cette liberté. Tout ce qu'elle pourroit faire, seroit de donner un défenseur à l'accusé, lorsque sa pauvreté ou d'autres motifs ne lui permettroient pas

(1) Pollet, *Historia fori romani*, *lib.* 4, *cap.* 12, 13.

d'en trouver. Il faudroit donc établir un magistrat défenseur. Chaque province en auroit un, ou plusieurs, suivant sa population. La fonction de ce magistrat ne seroit pas seulement de défendre les accusés qui, par leur indigence, ne pourroient être défendus par d'autres personnes; il assisteroit encore à tous les jugemens, quand même l'accusé n'auroit pas réclamé son appui.

La loi, toujours disposée à donner à l'accusé des secours plus importans, à mesure que ses crimes sont plus considérables, lui offriroit, dans ces jugemens, une nouvelle ressource contre la mauvaise foi ou l'ignorance du défenseur particulier que cet accusé auroit choisi. La personne chargée d'un si noble ministère, jouiroit d'une très-grande considération; sa charge seroit perpétuelle, et conduiroit aux premières places de la judicature. Dans l'exercice de ses fonctions, il seroit sujet aux mêmes règles qu'un défenseur particulier. On exigeroit de lui une probité reconnue, et une profonde connoissance des lois. Il n'auroit besoin d'autre talent que de celui de développer ses idées avec méthode : la sensibilité de l'ame et l'amour du travail lui feroient surmonter aisément toutes les difficultés attachées à son ministère.

CHAPITRE XXI.

SIXIÈME PARTIE DE LA PROCÉDURE CRIMINELLE.

La sentence ou le jugement définitif.

Je dois ici ramener l'attention du lecteur sur les idées que j'ai développées ci-dessus.

On voit, d'après ce que j'ai dit, que la sentence devroit être précédée de quatre jugemens : les trois premiers appartiendroient aux juges du fait, et le dernier aux juges du droit. Le premier jugement des juges du fait auroit pour objet l'existence ou la non-existence de la preuve légale (1); le second, la vérité, la fausseté, ou l'incertitude de l'accusation; le troisième, la *gravité* du crime. Le jugement des juges du droit n'embrasseroit que l'application du fait à la loi.

Lorsque la défense seroit terminée, et que l'un des juges du droit auroit récapitulé tout

(1) Voy. chapitre 15, règle 12, et la note qui la développe.

ce qu'on a dit de part et d'autre, le président demanderoit d'abord aux douze juges choisis pour décider du fait, quel est leur jugement sur l'existence ou la non-existence de la preuve légale. Les juges du droit n'auroient d'autre influence, dans ce jugement préliminaire, que celle que leur donne la connoissance des lois : ils instruiroient en détail les juges du fait, des dispositions de la loi dont il s'agit, et leur en montreroient ensuite l'application au fait. Si l'accusateur, par exemple, avoit produit une preuve testimoniale, ils leur exposeroient quels sont, suivant la loi, les témoins irréprochables, de quelle nature doit être leur témoignage, et combien il faut de témoins pour former une preuve légale; ils appliqueroient ensuite cette règle à la preuve fournie par l'accusateur; ils leur apprendroient si les témoins sont irréprochables, s'ils sont au nombre fixé par la loi, et si leurs dépositions ont le caractère qui constitue la preuve *testimoniale*.

Après cela, les douze juges du fait délibéreroient sur l'existence ou la non-existence de cette preuve. Comme c'est là une partie du jugement du fait, et que la loi ne confie ce jugement qu'à eux seuls, il est clair qu'ils pourroient s'éloigner de l'opinion des juges du droit, sans abuser du ministère qui leur est confié. Il est nécessaire, selon notre plan, qu'ils soient instruits des dispositions des lois, et il est utile qu'ils soient encore éclairés sur l'application; mais il doit être en leur pouvoir d'adhérer ou non à l'opinion du juge qui les instruit. La différence qu'il y auroit entre ce premier jugement sur l'existence de la preuve légale, et le second sur le mérite de l'accusation, est que dans le premier une décision injuste seroit punissable, et que dans le second elle ne le seroit pas. Je m'explique.

Le jugement de l'existence ou de la non-existence de la preuve légale dépend, non de la certitude morale du juge, mais des caractères de la preuve même. Le juge, malgré l'existence de cette preuve, peut n'être pas persuadé de la vérité de l'accusation; mais il ne peut douter si la preuve légale existe ou non. C'est une question que la loi a déjà décidée, lorsqu'elle a dit : « Si la preuve produite par l'accusateur a telle qualité, je veux qu'elle soit considérée comme une preuve légale ». Lorsqu'il s'agit de décider de l'existence ou de la non-existence de la preuve légale, le juge ne peut donc se tromper que volontairement; il est donc punissable. On ne doit pas dire la même chose du second jugement sur le mérite de l'accusation. Ici le juge ne fait qu'indiquer sa certitude morale : or je puis, sans crime, regarder comme vrai ce qui est faux, et comme faux ce qui est vrai (1). La loi ne doit pas punir une erreur involontaire; et si je puis me tromper involontairement, je ne dois pas être puni lorsque je commets dans ce cas une erreur volontaire, parce que personne ne sait si je dis réellement ce que je crois. Dans le second jugement, le juge, quand même il trahiroit sa conscience, ne doit donc pas être puni, parce que Dieu seul peut savoir quelle est sa véritable opinion.

La loi placeroit ici le frein de la preuve légale. Lorsque le juge auroit décidé de l'existence ou de la non-existence de cette preuve, sa volonté seroit enchaînée par ce jugement; et s'il pouvoit être injuste avec impunité dans le second, il ne le seroit pas dans le premier. Il seroit encore arrêté par le respect pour l'opinion, si toutes les dispositions préparatoires du jugement étoient publiques; si l'accusé ne pouvoit être forcé de comparoître et de répondre que dans un lieu dont l'accès fût ouvert à tout le monde;

(1) Voyez ce que j'ai dit dans le chapitre 13 sur la certitude.

si l'accusateur, les témoins, l'accusé, et les juges du droit eux-mêmes, lorsqu'ils instruisent les juges du fait sur les dispositions de la loi relatives à l'accusation et à la preuve, avoient tous devant les yeux le public pour les juger; enfin la loi de l'unanimité des suffrages arrêteroit, par les lumières et les vertus d'un seul juge, les effets de l'ignorance, de l'injustice, de l'erreur de ses onze collègues (1).

Suivons le cours de ces idées. Lorsque le premier jugement sur l'existence de la preuve légale seroit terminé par le suffrage unanime des douze juges, on passeroit au second. Le président leur demanderoit : « Que pensez-vous de l'accusation »? Alors les douze juges se retireroient, pour la seconde fois, dans un lieu séparé, et y resteroient jusqu'à ce qu'ils eussent formé un jugement unanime. Ils devroient, dans ce jugement, comme je l'ai dit (2), combiner leur certitude morale avec le jugement qu'ils ont porté sur l'existence ou la non-existence de la preuve légale. Si dans le premier jugement ils avoient dit que la preuve légale

(1) Je prie le lecteur de relire ce que j'ai dit sur ce sujet dans les chapitres 13 et 14.

(2) Chapitre 14.

n'existe pas, ils seroient obligés, dans le second, de déclarer l'accusation *fausse* ou *incertaine*. Ils la déclareroient *fausse*, si leur certitude morale leur montroit l'accusé innocent du crime qu'on lui impute ; ils la déclareroient *incertaine*, si, malgré le défaut de la preuve légale, ils le croyoient véritablement coupable.

Si dans le premier jugement on avoit décidé que la preuve légale existe, on ne pourroit, dans le second, déclarer l'accusation *fausse* : il faudroit la déclarer *vraie* ou *incertaine*. *Vraie*, si les juges avoient une certitude morale de la vérité de l'accusation ; *incertaine*, si malgré l'existence de la preuve légale, ils la croyoient ou fausse ou équivoque (1). Le troisième jugement détermineroit enfin la *gravité* du crime, si l'accusation étoit déclarée vraie.

Le sort de l'accusé dépendroit de ces trois jugemens. Dès que les douze juges auroient annoncé au président leur jugement sur la *vérité*, la *fausseté* ou l'*incertitude* de l'accusation, et sur la *gravité* du crime, le résultat ne seroit plus douteux: Le jugement des juges du droit, qui formeroit la sen-

(1) On a vu dans le chap. 14 les motifs de cette disposition.

tence, ne pouvant tomber que sur l'application du fait constaté à la disposition expresse de la loi, il seroit circonscrit, d'un côté, par le jugement du fait, et de l'autre, par la loi. Si le code pénal avoit la perfection dont il est susceptible, ils ne pourroient juger d'une manière arbitraire, sans se rendre manifestement coupables d'injustice (1).

La sentence, résultat de ces jugemens, ordonneroit l'absolution de l'accusé, ou suspendroit le jugement, ou condamneroit à la peine établie par la loi. L'accusé seroit absous, si les juges du fait déclaroient l'accusation *fausse*; on suspendroit le jugement, si l'accusation étoit déclarée *incertaine*; on condamneroit l'accusé à la peine établie par la loi contre tel crime, si l'accusation étoit déclarée *vraie*. Dans le premier cas, l'accusé recouvreroit, avec sa liberté, son honneur, et toutes les prérogatives de la cité; il ne pourroit plus être appelé en jugement pour le même crime; il auroit le droit, sans un nouveau jugement, d'obliger l'accusateur à réparer le dommage qui seroit résulté de son accusation, ou d'intenter contre lui l'action de calomnie. Nous

(1) Nous parlerons de la composition du code pénal dans le livre suivant.

parlerons bientôt de cet objet avec plus de détail. Dans le second cas, l'accusé devroit recouvrer sa liberté personnelle ; mais il n'auroit pas le droit, en restant *sub judice*, de participer aux prérogatives de la cité (1). On pourroit toujours le rappeler en jugement pour le même crime, si l'accusateur produisoit de nouvelles preuves contre lui (2); mais il auroit aussi la liberté de demander un autre jugement, s'il étoit en état de montrer des preuves nouvelles de son innocence. Enfin si la sentence prononçoit une condamnation à la peine établie par la loi, il n'auroit pas le droit de l'attaquer. Dans un systême judiciaire, si favorable à l'accusé, on pourroit, sans danger, ne pas lui accorder, après la condamnation, le droit d'appeler. Quel appel seroit plus favorable que le jugement de douze juges, sur le choix desquels l'accusé, suivant notre plan, auroit

(1) Il faudroit lui rendre sa liberté personnelle, car il est injuste d'infliger une peine certaine pour un crime incertain : il suffiroit de le priver provisoirement des prérogatives de la cité, parce qu'un homme qui est *sub judice* pour un crime, c'est-à-dire, qui n'a point démontré son innocence, ne mérite pas la confiance publique. Cet usage existoit à Rome.

(2) Voyez le chapitre 13.

une si grande influence (1)? quel appel seroit plus favorable que cette opinion uniforme de douze citoyens honnêtes? et quand même ils seroient tous disposés à trahir leur conscience, ou prévenus aveuglément contre l'accusé; quand, parmi eux, il n'y auroit pas un seul homme assez éclairé pour appercevoir la vérité, ou assez juste pour la défendre; quand toutes ces impossibilités morales existeroient, on ne pourroit déclarer l'accusé coupable, s'il n'y avoit au moins contre lui une preuve légale.

Mais on dira : Ne sont-ce pas ces mêmes juges qui décident de l'existence de la preuve? Il est vrai que dans cette décision leur mauvaise foi ne peut rester secrète, comme on l'a prouvé; il est vrai qu'alors leur jugement sera évidemment injuste; mais si vous ne venez pas au secours de l'innocent, il sera la victime de cette injustice. Quelque éloigné que ce danger puisse être, la loi ne doit-elle pas s'occuper de le prévenir? Sans doute; et je crois devoir proposer ici, avec quelques modifications, une méthode adoptée par la Législation anglaise. Ni l'accusateur, ni l'accusé ne peuvent, en Angleterre,

(1) Voyez le chapitre 19.

appeler du jugement des jurés : mais si ce jugement est injuste et erroné, et qu'il soit, non en faveur de l'accusé, mais contre lui, alors le magistrat qui préside, peut demander un second jugement. Lorsqu'il en a obtenu la permission, l'affaire est renvoyée à la cour du banc du roi; on convoque une nouvelle assemblée de petits jurés, et l'on reprend la cause à son origine (1). Pour adapter à notre plan ce remède de la Législation anglaise, et pour le rendre encore plus efficace, nous proposons que, lorsque le premier jugement des juges du fait, sur l'existence de la preuve légale, sera manifestement erroné, et que cette première erreur aura conduit à une seconde, c'est-à-dire à déclarer *vraie* l'accusation, le président puisse, avant que les juges du droit aient prononcé leur sentence, demander au roi un nouveau jugement, qui seroit rendu par d'autres juges tirés de la même liste. Alors si l'iniquité des premiers juges est prouvée, ils subiront la punition de la loi. A l'exemple des Anglais, nous n'accordons pas à l'accusé la liberté de demander ce nouveau jugement; ce seroit faire naître un mal habituel, pour un danger éloigné. Chaque ac-

(1) Voyez le chapitre 16.

cusé, condamné justement par la sentence des juges du fait, appeleroit; et la justice perdroit ainsi cette célérité, si nécessaire au maintien de l'ordre public. Ce droit ne devroit appartenir qu'au magistrat qui préside, et dans le seul cas d'un jugement évidemment erroné.

A l'exception de cette circonstance, la décision des juges du fait suivroit immédiatement celle des juges du droit, qui, appliquant le fait à la loi, prononceroient la sentence.

Telles sont les formes qui devroient précéder et accompagner cet acte de la procédure criminelle. Examinons maintenant celles qui devroient le suivre. Si la sentence peut absoudre l'accusé, suspendre son jugement et le condamner, voyons quels doivent être les effets de chacune de ses décisions.

CHAPITRE XXII.

Suites de la sentence de l'absolution, ou de la réparation du dommage et du jugement de calomnie.

La loi ne peut refuser à l'accusé, dont le tribunal a prononcé l'absolution, le droit de demander l'une de ces deux choses. Que l'accusation ait été intentée par le magistrat accusateur ou par un simple citoyen, l'accusé qui a été obligé de sacrifier sa tranquillité à la vigilance du gouvernement et à l'ordre public, doit être dédommagé de ce sacrifice; il doit de plus être vengé, si c'est, non par l'erreur, mais par la mauvaise foi de son accusateur qu'il a été exposé aux dépenses et aux risques d'une procédure criminelle. Pour obtenir la réparation du dommage, on ne devroit pas recourir à un nouveau jugement. Si je nuis involontairement à quelqu'un, la loi ne me punit pas; mais elle me condamne à réparer le tort que j'ai causé. Ma bonne foi peut me mettre à l'abri des remords; mais elle ne doit pas me dispenser de remplir un acte de justice. Ainsi, quoique l'accusateur ait pu raisonnablement croire coupable d'un délit celui qu'il a appelé en jugement, dès que cet accusé est déclaré absous, l'erreur doit être considérée, non comme un délit qui mérite punition, mais comme la source d'un dommage qu'il est nécessaire de réparer. Il faudroit donc que la sentence d'absolution condamnât l'accusateur à une réparation. Mais le magistrat accusateur sera-t-il soumis à la même loi ? Si l'on ne peut découvrir aucun trait d'injustice et de mauvaise foi dans son accusation, devra-t-on le condamner à réparer le dommage ? Ne seroit-ce pas là un moyen très-propre à l'éloigner de l'exercice de son ministère ? Ne doit-on pas excuser l'erreur dans celui qui est obligé d'accuser d'*office*? Les lois romaines portèrent leur indulgence, envers le magistrat qui accusoit d'*office*, jusqu'au point de laisser impunie sa *simple calomnie*. J'ai ailleurs attaqué ce vice de la Législation romaine (1); mais je ne crois pas qu'il fût juste de le condamner à la réparation du dommage, si son accusation étoit déterminée par une erreur involontaire, et qu'il n'y eût aucune trace de calomnie *simple* ou *manifeste*. Pour remédier à cet

(1) Voyez les chapitres 2 et 3 de ce livre.

inconvénient, il seroit utile d'établir une *caisse de réparation*; elle seroit destinée à réparer les dommages causés par les accusations involontairement injustes que le magistrat accusateur auroit intentées. Il est bien extraordinaire qu'on n'ait pas encore songé à un établissement si nécessaire. La justice a, dans tous les États, des fonds pour payer ses ministres; pourquoi n'en auroit-elle pas pour réparer leurs erreurs?

Mais si c'est, non l'erreur, mais la mauvaise foi qui a dicté l'accusation du magistrat accusateur ou du simple citoyen; si au dommage se joint encore le crime; alors la loi ne doit pas se contenter de la seule réparation; elle doit permettre à l'accusé de former une action contre l'accusateur : c'est le jugement de calomnie. Chez les Romains, les mêmes juges qui décidoient du sort de l'accusé, devoient prononcer sur la bonne ou la mauvaise foi de l'accusateur (1); et ce second jugement suivoit immédiatement celui par lequel l'accusé avoit été déclaré absous (2). Cet usage se lioit très-bien au

(1) Voyez *Sigonius de judiciis, lib.* 2, *cap.* 25; *Mathæus, comment. ad lib. Dig.* 48, *tit.* 17, *cap.* 3.

(2) *Leg.* 1, *Cod. de calumniator.; leg. inter* 10, *ff. de public judic.; leg.* 1, *ff. ad S. C. Turpilianum.* Voyez encore le chapitre 12 de ce livre.

système des jugemens criminels des Romains; mais on ne pourroit l'adapter à notre plan, sans rendre périlleuse la condition de l'accusateur. Chez les Romains, comme on l'a vu, l'accusateur et l'accusé influoient également sur le choix des juges (1); dans notre plan, nous n'avons laissé cette influence qu'à l'accusé. Il n'est donc pas juste que l'accusateur soit jugé par les juges qu'a choisis son ennemi. Le calomniateur devant être puni de la même peine qu'auroit subie l'accusé, s'il eût été convaincu, et de la peine particulière de l'infamie (2), il ne faut pas, dans une affaire d'une telle importance, refuser à l'accusateur, devenu accusé, les secours que la loi lui accorderoit pour toute autre délit. Lorsque l'accusé déclaré absous, ou tout autre citoyen, voudra former une action de calomnie contre l'accusateur, on procédera donc dans cette affaire comme dans toutes les autres.

La seule différence à cet égard est, que si l'homme accusé de calomnie étoit absous, il ne pourroit, à son tour, soumettre son accusateur à un jugement de calomnie. Le

(1) Voyez le chapitre 16 de ce livre.

(2) Voyez les chapitres 2 et 3 de ce livre.

motif

motif de cette disposition est évident. Pour faire condamner un accusateur comme coupable de calomnie, il faut démontrer la mauvaise foi de son accusation; il faut prouver qu'il n'avoit aucune raison de regarder telle personne comme coupable, ou que s'il avoit quelque foible indice contre elle, il avoit en même tems des preuves évidentes de son innocence. Or, dans notre hypothèse, il seroit impossible de démontrer cette mauvaise foi. L'absolution de l'accusé, après une instruction si rigoureuse, suffit pour attester la bonne foi de celui qui appelle en jugement l'accusateur, comme coupable de calomnie.

Il naîtroit de là deux grands avantages : l'un, de mettre un terme aux suites du jugement; l'autre, d'épouvanter l'accusateur de mauvaise foi, en exemptant de toute récrimation celui qui, après le jugement d'absolution, voudroit l'accuser de calomnie.

CHAPITRE XXIII.

Autre suite de la sentence qui absout, et de la sentence qui suspend le jugement.

En rétablissant la liberté d'accuser, il faudroit prévenir un abus qui favoriseroit l'impunité des crimes ; c'est la collusion de l'accusateur avec l'accusé.

Dès qu'un crime a été commis, tout citoyen doué des qualités requises par la loi, a la liberté, suivant notre plan, de devenir accusateur (1). Le magistrat accusateur n'ayant le droit de paroître en jugement qu'au défaut d'un accusateur particulier, il ne peut empêcher le citoyen qui a appelé l'accusé devant le tribunal, de poursuivre l'accusation jusqu'au terme du jugement. Or il pourroit quelquefois arriver que l'accusé, pour arrêter le zèle du magistrat accusateur, fît paroître lui-même un accusateur particulier, avec lequel il seroit d'accord ; ou que, n'ayant pas choisi son accusateur, il

(1) Voyez les chapitres 4 et 5 de ce livre.

corrompît celui qui s'est volontairement présenté; qu'il l'engageât à supprimer de son accusation les véritables preuves du crime, et à ne montrer que celles dont il seroit facile de détruire ou d'attaquer la force. L'impunité seroit l'effet constant de cet accord secret entre l'accusateur et l'accusé, et l'injustice pourroit alors échapper à la rigueur des lois. Pour prévenir ce désordre, les lois romaines établirent, comme nous l'avons observé, le jugement de *prévarication* (1), et prononcèrent des peines très-graves contre ce délit : elles voulurent que la punition du prévaricateur fût la même que celle du calomniateur, c'est-à-dire, qu'à la peine d'infamie, on joignît la peine à laquelle il avoit, par ses ruses, dérobé l'accusé (2). Pour adapter à notre plan ce sage établissement des lois romaines, nous proposons le jugement de *prévarication*, comme une suite de la sentence qui absout ou qui suspend le jugement. Dans ces deux cas, il

(1) Cicero. *in partitionibus*; *Plin. lib.* 3, *Epistol.*; *Sigonius*, *de judiciis*, *lib.* 2, *cap.* 25; *Marcianus*, *leg.* 1, *ff. ad. S. C. Turpill.* Voyez le chapitre 2 de ce livre.

(2) *Rescript. divi. Severi*, *et Heliogabali apud Jul. Paul. in leg.* 6, *ff. de prævaricat.*

devroit être permis à tous les citoyens, et principalement au magistrat accusateur, d'appeler en jugement l'accusateur soupçonné de collusion avec l'accusé. Si celui-ci avoit déjà été absous, l'action intentée contre son accusateur ne l'exposeroit à aucun risque; mais s'il étoit *sub judice*, et que la sentence ne fît que suspendre le jugement, alors la condamnation de l'accusateur feroit appeler de nouveau en jugement l'accusé, ou par le magistrat accusateur, ou par le citoyen qui auroit formé l'accusation de *prévarication*.

Tel est l'obstacle que la loi devroit opposer à la *prévarication* des accusateurs. Voyons maintenant quelles sont les suites de la sentence de condamnation. Les unes sont relatives à l'accusateur, et les autres à l'accusé (1).

---

(1) Afin de ne rien négliger dans ce plan, j'ajoute, que si la sentence qui suspend le jugement, tombe sur un crime dont la peine est pécuniaire, ou entraîne la confiscation des biens, le juge du droit doit déclarer nulle toute aliénation que l'accusé pourroit faire de ses biens, soit en partie, soit en totalité. Le motif de cette disposition est assez évident.

CHAPITRE XXIV.

Suite de la sentence de condamnation : conclusion de ce plan général de réforme.

JE passerai rapidement sur ces objets, dont les détails pourroient fatiguer le lecteur. L'effet immédiat de la sentence de condamnation est l'exécution de la peine. Voyons donc ce que doit embrasser cette dernière partie de la procédure criminelle.

Le principal objet de la peine est d'offrir un exemple pour l'avenir. La vengeance est une passion, et les lois en sont exemptes ; elles punissent sans haine et sans malignité. Si, en épargnant le coupable, elles pouvoient inspirer la même horreur pour le crime, et maintenir la même sûreté parmi les hommes, elles l'abandonneroient au supplice des remords.

Lorsque les lois punissent, c'est moins au coupable qu'elles songent, qu'à celui qui seroit disposé à le devenir ; elles cherchent moins à multiplier dans l'ame de l'un les motifs de repentir, qu'à étouffer dans l'ame de l'autre la séduction du vice (1).

De cet objet principal de la peine, nous pouvons déduire les principes qui doivent diriger l'exécution de la sentence. Le premier est la promptitude de cette exécution. Elle est utile à la société et à l'accusé ; à la société, parce qu'elle lie très-fortement dans l'esprit des hommes l'idée de *crime* à celle de *peine*. En effet, plus y a d'intervalle entre le crime et la peine, plus l'horreur pour le crime s'affoiblit, plus la pitié pour le coupable augmente (2). Elle est utile à l'accusé, parce qu'elle accélère le terme de la peine, lorsqu'elle a une durée déterminée, et qu'elle le soustrait aux tourmens de l'imagination, lorsqu'il doit être puni d'une peine capitale.

Les douces illusions de l'espérance, qui n'abandonnent le coupable qu'au moment où il va être séparé de la société ; les consolations de la religion, les soins affectueux de ses ministres, tout concourt à distraire cet infortuné, et à le dérober au sentiment

---

(1) Chapitre 19, article 14.

(2) *Et pœna ad paucos, metus ad omnes perveniat.* (Cicer.)

horrible de sa destinée. Mais condamner un homme à la mort, lui annoncer sa sentence, et le laisser pendant long-tems dans cette affreuse situation, c'est lui faire endurer des supplices qu'il n'est pas possible d'exprimer (1).

Cette cruauté est souvent dictée dans ce pays par un faux principe de religion, que nous devons peut-être à la superstition des Grecs (2). On ne peut faire aucune exécution de mort dans les neuf jours qui précèdent une fête solennelle, et dans les huit jours qui la suivent. Si un coupable a le malheur d'être condamné la veille de cette neuvaine, il doit souffrir les angoisses de la mort pendant un espace de vingt jours au moins : le concours de deux fêtes peut, en certains cas, en prolonger encore la durée.

---

(1) *Morsque minus pœnæ, quam mora mortis habet.* Ovid. Heroïd. Ep. 1, 10, v. 82. Sénèque, dans sa tragédie d'Agamemnon, fait demander par un des interlocuteurs : *Mortem aliquid ultra est?* L'autre répond : *Vita, si cupias mori.* (*Act.* 5, *scen. ult. vers.* 147.)

(2) Voici la loi d'Athènes qui renfermoit une pareille disposition. *Deliorum festos dies, dum Delum itur ac reditur, damnatorum suppliciis ne funestato.* (*Plat. in Phædon.*)

Une religion qui ordonne si hautement la justice, doit-elle, dans quelque tems que ce soit, avoir de l'horreur pour les décrets de la loi ? doit-elle, afin de ne pas troubler la majesté de ses cérémonies, aggraver la peine d'un malheureux (1) ?

---

(1) En Angleterre, lorsque le voleur est condamné à mort, on lui lit sur-le-champ sa sentence ; mais on en renvoie l'exécution à la session suivante. On fait languir l'accusé dans cette agonie au moins pendant six semaines : ainsi, dit un écrivain célèbre, après lui avoir ôté l'espérance, on lui laisse la vie, comme pour lui faire sentir plus douloureusement les angoisses de la mort. Il semble, en effet, que la loi se plaise à faire souffrir à un malheureux cette torture d'esprit, plus cruelle que celle du corps qu'elle a proscrite : elle n'abandonne à la mort sa victime, qu'après avoir confié au plus terrible des bourreaux, à l'imagination, le soin de lui déchirer le cœur par le spectacle habituel d'une mort inévitable.

Les législateurs de Rome ne commirent point cette cruauté ; ils sentirent tous les avantages de la prompte exécution de la sentence. Dans la loi 5, *cod. de custodia reorum*, on voit le mot *statim* destiné à indiquer cette promptitude d'exécution. Il est vrai que dans la loi *si vindicari* 20, *cod. de pœnis*, on trouve un délai de trente jours, prescrit pour l'exécution de la sentence ; mais Cujas, dans ses *observations*, montre que c'étoit une exception à la règle générale, laquelle n'avoit lieu que dans les cas où le-

Voici une autre conséquence des mêmes principes. Si l'objet de la peine est, non la vengeance, mais l'instruction, l'exécution de la sentence doit donc être déterminée par les lois, de manière qu'elle soit pour les autres la plus utile, et pour le coupable la moins dure qu'il est possible. Je développerai ailleurs mes idées sur ce sujet.

Enfin, la dernière conséquence qui résulte de ces principes, est la plus grande publicité de l'exécution. Si la peine qu'on inflige au coupable est un acte public, dont le premier objet doit être le respect des mœurs, toute sentence pénale qu'on exécute dans le silence de la nuit, ou dans les lieux qui ne sont ouverts qu'aux ministres secrets de la justice, est donc un acte de férocité, qui viole le principal objet de la loi dans la punition des crimes, le seul qui puisse, dans certaines circonstances, en justifier la sévérité (1).

---

prince avoit prescrit une plus grande ou une moindre sévérité de peine. La loi *cum reis* 18, *cod. de pœn.*, confirme l'opinion de Cujas.

(1) *Quid tam inauditum, quam nocturnum supplicium? Cum latrocinium tenebris abscondi soleat; animadversiones, quo notiores sunt, plus ad exemplum emendationemque sufficiunt.* (*Senec.* 3, *de ira.*)

Législateurs de l'Europe, continuerez-vous, dans un siècle de lumières et d'humanité, d'autoriser, par des lois d'une ancienne et détestable politique, les exécutions secrètes de ces infortunés, qui, n'étant coupables d'ordinaire que d'imprudence ou de sottise, ont eu le malheur d'être, sans le savoir, des criminels d'Etat ? souffrirez-vous que la justice prenne les formes de l'assassinat, qu'elle cherche les ténèbres de la nuit ou le silence de la solitude ; pour y ensevelir ses terribles décrets ? Lorsque le public ne connoît ni le crime, ni le coupable, ni la peine, quel peut être le motif de cette exécution ? Si l'homme qu'on vous a dénoncé est véritablement criminel, pourquoi craignez-vous d'offrir publiquement le spectacle de sa punition.

Ah! laissez, laissez à des tyrans imbécilles et lâches ces foibles appuis d'un trône qui chancelle. Vous n'avez plus besoin de ces moyens pour maintenir vos empires dans le repos : les grands et les petits connoissent également l'étendue de votre autorité. On ne lutte plus aujourd'hui contre le pouvoir suprême, et la plus haute ambition ne demande qu'à s'approcher de vous, pour vous plaire, pour fixer vos regards. Vous n'avez plus de rivaux à combattre, de mécontens à faire surveiller ; vous n'avez que des sujets à gouverner, et s'ils ont des vices, ce ne sont malheureusement que les vices de la servitude.

Profitez donc des circonstances heureuses où vous vous trouvez, pour abolir ces punitions secrètes, si inutiles et si absurdes tout-à-la-fois. Vous le savez : elles n'éloignent pas du crime le méchant qui les ignore; mais elles troublent, elles épouvantent le citoyen honnête qui voit enlever son voisin, son ami, son parent, sans savoir quel est son crime et quelle sera sa destinée. Loin de conserver la tranquillité dans l'Etat, elles sèment la défiance entre le prince et le peuple ; elles avilissent les opérations du gouvernement, en confondant les décrets de la justice avec les attentats de la force. Ordonnez que l'exécution de la sentence, pour quelque crime que ce soit, ait la même publicité que l'instruction judiciaire qui la précède ; substituez aux délations secrètes les accusations publiques ; accordez à tous les citoyens la liberté d'accuser, et multipliez les inspecteurs de leurs actions ; créez dans toutes les provinces de l'Etat un magistrat accusateur, chargé seulement d'accuser dans le cas où personne ne se présenteroit ; épouvantez le calomniateur et le prévaricateur par la peine du talion et de l'infamie; rassurez l'innocence en lui offrant tous les moyens possibles de défense; faites connoître sur-le-champ à l'accusé, et l'accusation formée contre lui, et le nom de son accusateur; ne souffrez pas qu'il soit traité comme coupable avant d'être convaincu du crime; laissez-lui, dans les délits ordinaires, sa liberté sur la parole d'une caution; si ce premier moyen ne suffit pas pour empêcher sa fuite, gardez-le dans une prison qui ne soit pas indigne d'un innocent; qu'il puisse, durant tout le cours de la procédure, conférer avec ceux dont il croit avoir besoin; ne le séparez pas du commerce des hommes, avant d'être bien sûrs qu'il mérite cette peine; ne l'obligez pas à vous faire un aveu, inutile lorsqu'il est arraché par la force, absurde lorsqu'il est volontaire; ne lui cachez, ni les noms des témoins qui parlent contre lui, ni leurs dépositions; que les juges les écoutent en sa présence, et qu'il puisse, à son gré, les interrompre, les interroger, leur montrer l'iniquité de leur témoignage; ne rejetez pas les témoins produits par l'accusé, comme si ceux qui déposent contre lui pouvoient être seuls les organes de la vérité; distribuez les fonctions judiciaires, de manière que chaque juge ait assez de force pour sauver l'innocence, et qu'aucun d'eux n'en ait assez pour l'opprimer ; dépouillez les seigneurs d'un pouvoir que nul titre ne doit rendre légitime, et qu'on ne peut leur laisser sans perpétuer les désordres qui nous privent de la sûreté et de la liberté ; ne flattez plus un monstre qui a perdu sa force : vous pouvez aujourd'hui l'anéantir sans crainte ; jetez dans les flammes ces monumens de servitude et d'anarchie, que la puissance de quelques sujets orgueilleux a, dans des siècles d'infortune, arrachés à la foiblesse de vos prédécesseurs ; leur énergie s'est éteinte au moment où votre peuple a eu le premier sentiment de sa dignité ; profitez, pour achever ce grand ouvrage, des vertus et des lumières de quelques membres de ce corps funeste, qui détestent un pouvoir dont l'usurpation les a revêtus ; mais en renversant la puissance des seigneurs, réformez aussi l'ordre de la magistrature ; substituez à l'ancienne distribution de l'autorité judiciaire, un plan de répartition plus juste ; que les juges du droit ne soient plus les juges du fait ; que les uns soient permanens, que les autres changent chaque année ; donnez à l'accusé une plus grande liberté dans ses récusations, afin qu'il soit sûr de n'avoir pas un ennemi pour juge ;

ne permettez pas qu'il soit regardé comme convaincu, si douze de ces juges du fait, combinant leur certitude morale avec la certitude légale, n'ont pas déclaré unanimement l'accusation vraie, en déterminant la *qualité* et la *gravité* du crime; laissez ensuite aux juges du droit le soin d'appliquer ce fait à la loi, et de prononcer la sentence; faites exécuter ce jugement avec célérité, afin que l'idée du crime soit toujours étroitement liée à celle de la peine; qu'il soit exécuté sous les yeux du public, afin que personne n'ignore les suites de l'accusation; ordonnez que le coupable soit puni, lorsqu'il est encore l'objet de la haine générale, et que la voix publique, augmentant la rigueur de la peine, fait passer un nouveau sentiment d'effroi dans l'ame de celui qui seroit disposé à suivre cet exemple; qu'auparavant, un héraut assemble le peuple, et lui annonce le coupable, le crime, et la condamnation; environnez cette exécution de tout l'appareil propre à augmenter l'horreur pour le crime, sans soulever les spectateurs contre la dureté de la loi; rendez-vous dignes, en un mot, du siècle où vous vivez, en adoptant un plan de procédure criminelle, qui puisse en même tems offrir le plus de sûreté possible à l'innocence, inspirer de l'effroi au méchant, et enchaîner la volonté des juges. Après avoir corrigé cette partie du code criminel, tournez vos regards sur l'autre; elle n'offre pas moins d'abus, et la réforme en est aussi difficile.

Fin du Tome troisième.

TABLE

DES CHAPITRES ET ARTICLES,

Contenus dans ce volume.

LIVRE TROISIEME.

Des lois criminelles.

Fin de la Table.